做一個優秀的心理諮商師

BECOMING A GOOD COUNSELING PSYCHOLOGIST

心 理 諮 商 師 面 談 訓 練 手 記

嚴文華 博士——著

有時我們以為自我成長是個神秘的領域，沒有人帶領我們將寸步難行。其實，那扇門從來都沒有對誰關閉過。進入那扇門的方式多種多樣，方式之一就是成為一個心理諮商師。透過不斷地探詢自我內心和幫助他人，你就有可能成為一個優秀的心理諮商師。

我們為什麼出版這本書？

隨著社會經濟快速發展，人們在物質生活水準提高的同時，所承受的精神壓力也不斷增加。由於社會競爭加劇、收入差距拉大以及突發事件等，不同階層、不同年齡的人都面臨著越來越大的心理壓力。不同的社會問題反映在個體身上，呈現出來的一個共同特點是人們對生活幸福的期望值普遍提高，由此也造成了憂鬱情緒人群的增加。

世界衛生組織的統計顯示，平均每 39 秒就有一個人自殺，使自殺成為全球主要致死因素之一。據估計，每年約發生一千萬～兩千萬起自殺未遂。

自殺的原因多和心理層面相關，因此是心理學的研究課題之一，另外也與憂鬱症、躁鬱症等精神疾病有相當的關連，所以亦為精神醫學的研究範疇。在現代精神醫學中，對自殺有一個基本的假定：「自殺總是發生在非正常狀態下，或是社會偏離了常態，或是一個人的精神狀況偏離了常態。」

其實，我們只要注意及早發現和預防心理病症，進行必要的自我調節，就會有助於減少精神疾病的發生，進而預防了自殺行為的發生。

身體感冒了，我們要去看醫生，心理「感冒」了，我們首先需要懂得自我調節或者尋求親友師長的幫助取得身心的平衡，如果是「大感冒」，那麼就必須透過專業諮商心理師的協助。

本書作者嚴文華博士是中國大陸知名的心理學者，目前任教於華東師範大學心理學與認知科學學院副教授，她不單有著深厚的心理學根底，並曾擔任華東師範大學心理諮詢中心、心理健康輔導中心兼職諮詢師，實務操作經驗也相當豐富。

這本《做一個優秀的心理諮商師》跳脫了學院派艱澀的理論陳述，而以淺白易懂的文字呈現，不但是正在從事或準備從事心理諮商人士必備的專業書籍，也適合一般人閱讀。

多懂一些心理諮商的知識，除了可以給自己正向能量，調節自我身心，還能當一個稱職的「張老師」、「生命線」，幫助親友走出人生的低潮，也許因為你看過這本書而挽救了一個人的生命也説不定。

為了讓更多人有能力透過心理諮商的過程自我成長和幫助他人，所以我們出版這本書。

編輯部

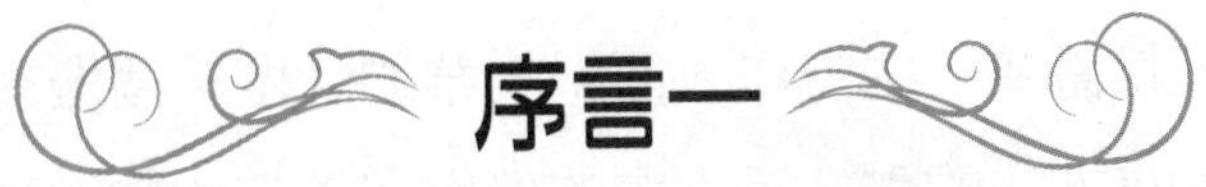

序言一

二○○四年時我們系上曾接待過一個美國心理諮商代表團。當他們問起中國心理諮商師的培養工作，在得知中國心理諮商師的職業培訓只有數月時，不約而同地笑了。相比美國精雕細琢式的培養，中國的培訓確實是速成。但中國的現實與美國不同。相比於基礎心理學、教育心理學等學科，應用心理學學科的發展在「文化大革命」後屬於較晚的。雖然起步較晚，但社會需求量非常大，培訓是解決社會需求大、心理諮商工作人員數量有限的矛盾的最有效方法。這幾年的運作表明：人們學習心理諮商的積極性很高。

我想到自己當年的經歷。當時自己有胃病，能夠找到的醫生只有赤腳醫生（註 1），我只能嘗試自己來做赤腳醫生。當時找到一本赤腳醫生宣傳手冊，找到一根針，對著鏡子往自己身上扎針。胃病得到了緩解和控制，也由此瞭解了很多人體的穴位，對生活非常有幫助。在有限的時間和資源裡，由於自己學習的意願非常強烈，所以可以學習得很快。而現在人們學習諮商師的積極性和熱情是非常高的。這種強烈的學習動機和意願往往會讓人們走得很遠，更何況現在能夠利用的資源比我當年要豐富得多。

透過這幾年在上海職業技術指導中心考務工作及教學實踐的摸索，我認為目前中國心理諮商師的培訓既要提高學員的理論素養，又要教會其實行能力。需要兩條腿同時走。要在有限的時間裡完成這兩件事情，就需要一些方法。而嚴文華的《做一個優秀的心理諮商師》就是一本有方法的書。這本書的好處在於它能夠從實踐中、從實例出發，進行分析和評論，一步步地教新手該怎麼做。雖然新手一定要經過自己的實行、感悟和反思才能有成長，但本書確是雪中送炭，能夠讓新手在迷惘時辨別方向，在苦苦思索時看到一些光亮。這本書強調了短、平、快，是一種和中國心理諮商師培訓實踐相貼合的做法，也是嚴文華在心理諮商師實習中總結出的一種有效方法。能夠把這些經驗介紹出來，是一件有意義的事情。

心理諮商師培訓的工作道路還很長。我經常在思索將來的路該怎麼走。如何在品質、需求與市場等方面找到平衡點。很多工作需要大家一起來做。希望有更多的人來做更多有意義的事。

欣聞此書的繁體版即將出版，非常高興。能夠和台灣的讀者和同行交流是一件很有意義的事情。作為從一開始就參與上海的國家心理諮商師資格培訓和考試工作的專家，我想有必要介紹一下書中所涉及到的背景：上海是從二〇〇三年開始著手國家職業資格心理諮商師培訓和鑒定工作的，當時作為試點，沒有參加全國統一考試的系統，單獨制訂了自己的考試模組。在上海勞動和社會保障部的牽頭下，我們的專家委員會制訂了三大考試模組：基礎理論知識、情景分析和面試。面試採用的是考生在考場裏直接和扮演來訪者的模特面談，然後由考官就面試過程及理論知識提問。這本書涉及到的培訓，就是針對面試的。目前這個考試模組仍然沿用，但我們一直在不斷改進。

這本書的簡體版是在二〇〇八年出版的，現在四、五年過去了，上海的心理諮商發展很快。新的命題又出來了：一方面更多的人參加心理諮商師的考證，一方面拿到國家二級心理諮商師資格證書的人需要進一步的培訓和督導。還是我之前說過的話：心理諮商師培訓的工作很多，希望有更多的人來做更多有意義的事。

吳慶麟

華東師範大學心理與認知科學學院教授、博士研究生導師
上海市心理學會副理事長
中國心理學會教育心理學專業委員會副主任委員

註 1：赤腳醫生是中國史上的一個特殊產物，即鄉村中沒有納入國家編制的非正式醫生。他們有一些衛生知識，可以治療常見病，能為產婦接生，主要任務是降低嬰兒死亡率和根除傳染疾病。赤腳醫生通常來自兩個方面，一是醫學世家，二是高、初中畢業生中略懂醫術病理者。挑選出來後，到學校接受短期培訓，結業後即成為赤腳醫生，但沒固定薪金，許多人要赤著腳，荷鋤扶犁耕地種田，赤腳醫生名稱由此而來。

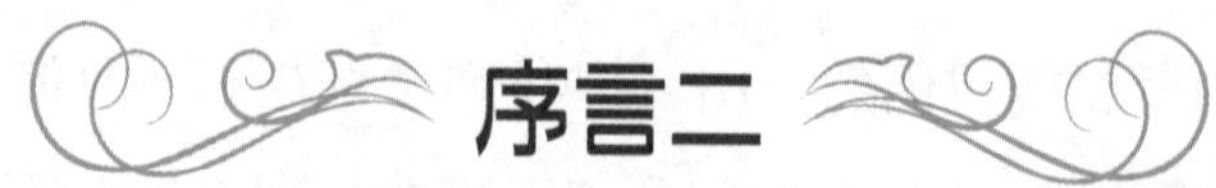

序言二

看到這本紀錄中國心理諮商師培訓心路的書讓人由衷地高興，這本書不但是送給心理諮商新手的一本較為有系統、從心理學角度表達對心理諮商師培訓理念及操作實務的手冊，它還從一個側面紀錄了上海國家心理諮商師培養的歷程。在嚴文華的筆下，心理諮商師的訓練不光包括面試技術的訓練、個人在團隊中的成長，更包括心理諮商師的個人修練和成長，以及形成心理諮商師新的行為方式、生活方式和生活態度。

這是一本來自中國的心理學工作者的實踐，發自內心、有自己獨到看法的書。發展性的諮訪關係與障礙性的諮訪關係相比，更強調「我——你」之間的平等的、親密的、建設性的關係，而不是「我——他」之間的關係；它更重視的是諮商師的傾聽、共感、真誠、積極無條件關注和營造安全、自由談話氣氛的能力，而不是對來訪者的分類、鑑別和診斷能力，它重視的是如何培養諮商師激發和喚醒來訪者內在的力量，而不是給出治療方法和技術。本書正是從這些理念出發，構架其心理諮商師面試的訓練實務。

我讀過 Irvin D. Yalom 的《給心理治療師的禮物》，我覺得那是一本很好的書，但它畢竟是西方學者的思考和心路。中國心理學向西方學習了很多東西，但除了學習、吸收，我們能否給世界的心理學輸送具有東方思想的東西呢？嚴文華的這本書正是中國學者送給心理諮商的有中國特色的禮物。

中國的心理學工作者們正在中國這塊土地上實行、摸索適合中國的心理諮商之路，本書就是紀錄這種嘗試和探索。它可能還不成熟，但這種真誠、勇氣和熱情卻是極其可貴和有價值的。它的價值在於它的原創性。它忠實地紀錄了指導老師和心理諮商學員在教與學中的互動，紀錄了心理學界的學者和學員一起成長的過程，紀錄了他們的思考和成長。這本書除具有指導心理諮商師學習面談等作用外，還具有一定的史料價值。

隨著政治、經濟文化和科學技術的發展，世界正在重新發現東方和中國。人本主義和後人本主義的心理學家們欣喜若狂地發現了東方古老文明和心理思想。中國的心理學者也應該對世界心理學有所貢獻，本書就在做這樣的嘗試。書中闡述的培訓方式和理念、案例評論和示範中都反映出了中國學者獨特思考的心理諮商理論和實踐。作者嚴文華和案例演示者孫新蘭都是嚴謹、認真且有諮商師的天賦和靈氣的人。孫新蘭的諮商示範個案也充滿著東方的理念和思想。我看到中國學者在學習西方的同時也在探索走出有中國特色的道路。

中國的心理學之路註定無法和西方一樣。上海的國家心理諮商師資格培訓在四、五年前開始時，那時包括我自己在內的很多業內人士都很茫然，甚至充滿了困惑、擔心。幾年下來回頭看看雖然存在很多有待解決的問題，但總的看還是令人振奮的，甚至感覺到這是一大創造，它把心理學從心理學家的課堂上和書本裡解放出來，變成了提高大眾生活品質和幸福感的有效工具，中國社會對心理學巨大的社會需求成了推動中國心理學進步的巨大動力，同時心理學也在為推動和構建中國的和諧社會做出了自己的貢獻。

它把心理諮商從一門技術和學科變成一個新的看待問題的角度和一種新的、先進的生活方式，並滲透到社會的各行各業和生活的各方面。同時它也從各行各業和各門學科吸收了很多養料，滋養壯大了自己。我個人和同行們也為能親歷和參與這一歷史過程而自豪和慶幸。我高興地看到嚴文華繼《心理畫 2—畫中有話》之後又為心理諮商的同行們寫出了這本樸實而有份量的好書，也為中國心理諮商師培訓做出了自己的貢獻。

這本書能在臺灣出版，本身是一件很有意義的事情。大陸和臺灣、香港心理諮詢同行有越來越多的交流，很多人都受惠於這個互動過程，我本人也是一個受惠者。在面對面之外，文字和書的交流還能傳遞更豐富的資訊。希望這樣的交流讓我們在中國的心理學之路上走得更順利，走得更深遠。

孫時進

復旦大學心理系主任
上海市心理學會副會長
上海高校心理諮商協會會長

作者自序

在心理學的大花園中，除了自己的專業跨文化心理學，心理諮商是我最喜歡的一朵花。我久久停留在這朵迷人的花面前。怎樣才能成為一個心理諮商師？輕回首，曾經走過漫漫路。這次，在本書中，我將帶著學員進行一次心理諮商師訓練之旅。旅途上有許多迷人的景點和花朵，但我們只駐足在如何與來訪者進行面談這朵美麗的花下。

這次訓練之旅有以下特點：

一是它採用了從錯誤中學習的培訓方法，真實地呈現學員們犯的錯誤，然後進行分析，並且示範正確做法。它有考試中考生典型錯誤的列舉和分析，有學員所做訓練案例的實錄和評論，有資深諮商師所做成功案例的示範。這和單純只透過指導「什麼是正確的」來學習不同。心理諮商訓練的特殊性在於它就是從錯誤中學習正確。沒有人能從一開始就做得很好，都是從不斷改正錯誤中做得更好。但當旅程即將完成時，你將會看到心理諮商示範的現場實錄，看到好的心理諮商可以這樣做。

二是它關注培訓方法和培訓理念。在中國，關於國家二級心理諮商師面試培訓的具體方法和操作這一塊基本處於空白。這本書做了一些嘗試和探討，把目前培訓界的框架、概念用在心理諮商師的培訓當中，使得培訓體系化、可操作化，在培訓方法上強調豐富性、立體性。

三是除了關注學員要透過考試外，還關注其心理諮商面談技術的實際提高，關注其個人成長。目前的考試標準和實踐對諮商師諮商能力的要求之間有差距。本書力求既讓學員透過考試，同時也掌握更多的接見來訪者的現實能力。除去技術因素，心理諮商師本人成長到哪一步，其諮商中個人的能量就會呈現到哪一級。

四是嘗試透過看電影來學習心理諮商。心理諮商的學習不光是在諮商室。處處皆可學，時時皆可學。電影中的心理諮商秀與真實心理諮商有一定差距，但透過電影中的心理諮商元素，來掌握心理諮商的技術，是一種有效的方式。那些和我一樣喜愛電影的人，可以在享受視聽的同時，思索心理諮商的原則。

五是把指導老師和學員的心路歷程展現出來。心理諮商是情理交織的精細活動。心理諮商面談訓練不單純是一個技能訓練，也是一個觸動人心的過程。在旅程中，透過二十一篇學員手記和七篇指導老師手記，你將會看到指導老師和學員們的喜樂，看到他們的自我懷疑、脆弱和眼淚，看到他們的相互支持，見證他們的成長。你會透過他們的故事獲得成長。

我從來不認為自己在旅程中所展示的是「最正確」的諮商方式。心理諮商的迷人處在於它的個性化。它們是帶有我個人風格的、我認為「合適」的方式。

對於繁體版的讀者，我覺得有必要再多一些背景說明，希望讀者瞭解這本書的時空背景後，能更好地理解這本書。這本書雖然書名是《做一個優秀的心理諮商師》，但書的內容更多涉及新手如何跨進心理諮商這扇門，成為一名諮商師。

本書所涉及的培訓，是為考生通過上海的國家二級心理諮詢師鑒定考試中的面試而設置的。由於訓練的目標是希望學員通過國家二級心理諮詢師考試中的面試，而考試中面接的時間是十五分鐘，隨後會是考官的提問所以有一些諮詢片斷和實例是以十五分鐘為限。而這十五分鐘，是諮詢師與來訪者面談的第一個十五分鐘。我所在的華東師範大學對「面接實習」這門課程的設置是二百四十個學時。考生們上理論課時可以上大課，但面接訓練都是小班制，通常十~二十人。這本書生態地呈現了我帶一個小組面接實習訓練的全過程。當時是二〇〇七年的下半年。本書中的全部手記均來自那個小組的成員和我與他們的互動。這些手記生動地展示了諮詢新手如何學習諮詢技術，同時進行個人成長。為典型地呈現新手所出現的問題，練習案例的呈現不局限於這個小組。希望這樣的界定讓讀者理解這本書所涉及的範圍和特定之處。

在簡體版基礎上，我對這本繁體版做了細細的修訂，不光是改正了一些原書中的錯誤，而且增加了一些新的內容，尤其是對案例、手記、電影點評的部分，因為現在對有些東西的理解會更深刻。希望這些精心打磨會讓這本書更溫潤、更有營養。

目錄

第一部　準備

第二部　面談技術訓練

第三部　面談示範

第四部　電影中的心理諮商

第五部　結語

Section 1 準備

01 心理諮商面試考試中的常見錯誤

好的心理諮商如同杜甫在《春夜喜雨》中所描繪的：好雨知時節，當春乃發生。隨風潛入夜，潤物細無聲。

國家勞動和社會保障部上海市二級心理諮商師考試中，面試的通過率較低，它是最難、最見學員功底的，也是最具動態性、評分最為主觀的。做為一名考務工作者，我想談談在面試中考生常見的錯誤，涉及諮商面談以及回答主考官問題。

共感缺失

錯誤：缺乏共感，或不會共感。

這是考生們最常見的一個錯誤，共感也是考生失分最多的一項。真正的共感是發自內心的。冷漠的人只能做一個冷漠的諮商師。我們可以看一些諮商片段：

片段一：

「你是做什麼工作的？」

「我沒有工作。」

「你的專業和工作是否對口（指雙方在工作內容和性質能相一致）？」（來訪者已經說自己沒有工作，仍問這個問題。）

「我沒有工作！我也沒有上過大學。」

（由於諮商師傾聽不夠，來訪者以為諮商師在嘲弄他，所以有憤怒！）

「哦，不上大學也挺好。你家庭條件不好，你有自卑心理嗎？」

（「不上大學也挺好」，本意是安撫來訪者，卻讓來訪者聽上去刺耳。後面的一個問題跳躍得非常厲害，而且從「家庭條件不好」推斷到「自卑」，非常主觀武斷。）

「我不知道什麼叫『自卑』。」

（來訪者不可能沒有聽說過「自卑」這個詞，這種回答流露出來訪者的阻抗。）

「你有沒有女朋友？」

（當來訪者已經有阻抗時，仍用封閉式問題，會讓來訪者更加封閉。）

「沒有。」

「你和誰住？」

（跳躍的問題。）

「我一個人住。」

「你的父母很早就離開了你？」

「對。」

「你的童年缺乏父母關愛。」

（這個結論片面、主觀，沒有根據。無法體會到來訪者的心情。）

「他們想關愛也沒法關愛我！」

（不同意諮商師的總結，感覺諮商師似乎在指責父母沒有盡到責任。更加阻抗。）

……

「你目前能否先找份工作呢？反正這不難。」

（無法體會到來訪者的心情，如果工作容易找，來訪者早就去找了。這個問題本身會讓來訪者更加沮喪。）

「這對我來說很難。」

「那你上學時學的是什麼東西？」

「我只上了職高，學的是機床製造。」

（來訪者已在借用諮商師的眼睛看自己，所以用『只上』一詞，流露出不自信。）

「那這很好啊！你的同學都找到工作了嗎？」

（輕易地把來訪者和別人對比，增加來訪者的不安。）

「他們都比我過得好。」

「你看到的只是表面現象。」

（本意是想讓來訪者寬心，客觀效果卻是指責來訪者。）

來訪者沉默。

（阻抗到拒絕對話，因為諮商師根本不理解他！）

「我建議你尋求社會援助，或者去當慈善義工，你看可以做到嗎？」

（非常突兀的建議，沒有事實的鋪墊，對來訪者來說沒有任何可操作性。）

來訪者沉默。

結論：諮商師無法感受來訪者內心的焦慮、無助、不自信、懷疑、苦悶等，只是像一台提問機器，終於使得來訪者像另一台機器一樣停止運轉。

片段二：

來訪者：「我沒有考上研究所學生……我寫了……遺書……」

（內心有很多的掙扎和痛苦。）

考生：「你考研考了多少分？」

（竟然冷漠至此！來訪者都在考慮離開人世了，考生居然不關心來訪者死活的問題，而只關注考分！）

「我覺得特別痛苦。」

「你是個負責任的人。」

（和上下文沒有任何關係，讓來訪者莫名其妙。）

「沒有考上研究所學生，我真的不知該怎麼辦！」

（來訪者無助、沮喪甚至絕望。）

「這僅僅是人生中一點小小的挫折。」

（試圖讓來訪者感覺好過一些，但無法體會到來訪者的感受。）

「這對我來說是太大的挫折！！」

（來訪者被激怒。）

結論：共感意味著諮商師要體會到來訪者的心理感受，而且要正確地體會。沒有共感和錯誤共感都不會讓來訪者有溫暖感。

片段三：

來訪者說自己近一年沒有找到工作，諮商師說：「找工作應該做相應準備，那你做了哪些準備？！你學過什麼技能？！」

一副責備的口吻。在找工作中備受煎熬的心靈不僅沒有得到安慰，反而又被狠狠地責備一通。

片段四：

聽完來訪者訴說想退學的情況後，**考生說：「我很同情你。」**

同情不是真正的共感，同情是高高在上的人對對方所說的話，而諮商關係的建立需要平等相待。所以來訪者眉毛往上一挑，出現阻抗。

片段五：

來訪者因男朋友和自己生氣時出車禍死亡而心懷內疚，無法快樂生活。

考生說：「關於車禍，交通部有沒有說責任在哪一方？」

看看來訪者沒有回答，**考生又說：「那你有考慮到車禍有其他的可能原因嗎？」**

來訪者氣呼呼地看了考生一眼，低頭不再說話。

考生的本意是想讓來訪者換個角度考慮問題，不要把所有的錯誤都往自己身上攬，但由於談到這一點時沒有任何鋪墊，而且語氣過於輕率，讓來訪者誤以為諮商師是個冷冰冰的人，不理解自己的傷痛，所以會有阻抗。

傾聽不到位

錯誤：傾聽不到位。

傾聽是諮商的基礎，但有些考生這項基本功不過關。有些關鍵資訊抓不住，有些來訪者說過的資訊沒有記住。有時同樣一個問題在諮商中會被問 2 ～ 5 次，這樣的諮商師無法讓來訪者產生信任感。在考試中，如果考生說得比來訪者還要多得多，主考官就會給予特別的關注，分析其中的原因。心理諮商是聽來訪者訴說還是聽諮商師訴說？

片段一：

「我在家總是擔心自己生病。」

「你在家總是無緣無故地擔心生病？」

本來只是一個簡單的重述，但考生加上了「無緣無故」這個詞，來訪者當時就不高興了：「我不是自己無緣無故想生病啊！」

片段二：

對一個抑鬱症的來訪者，**考生一開始就問：「你有什麼感興趣的事嗎？」**這個問題在短短 15 分鐘諮商中被問了 3 遍！

傾聽不到位還表現在無法耐心傾聽來訪者說完，就開始諮商。具體表現為諮商目標不明確。

諮商方向錯誤

錯誤：諮商目標不明確。

有一類考生是帶著捕蝶網進來，還沒有聽來訪者說完，就開始揮舞著捕蝶網四處亂撲，能抓住蝴蝶最好，抓不住也網一兜空氣，完全沒有諮商目標和方向。

還有一類考生是帶著自己的故事進考場，來訪者所述說的情況被完全放在一邊，完全沒有耐心，沒有傾聽，考生按自己的主觀臆想來提問，來訪者所講的重要資訊會被漏掉，整個諮商是在按考生的主觀意願在進行，根本不是來訪者所想表達的情況。完全用自己的想法重構來訪者的述說，其實是諮商師極度自戀的表現。這兩類傾聽不良會帶來諮商方向不明確或錯誤。

片段一：

來訪者是一個高二學生，近一年來學習壓力大，有睡眠困難，出現反覆關門、拉窗簾、擺弄手機和筆等儀式化動作，每天時間長達2～3小時。

考生在聽到睡眠困難後，就以此為重點，圍繞睡眠大談特談，

「你每天睡幾個小時？」

「睡覺時做什麼夢？」

「你知道夢的解釋嗎？」

「你有沒有嘗試睡前喝牛奶？」

「你鍛鍊身體嗎？」

「你睡覺時是不是要求環境特別安靜？」

從睡眠的性質、意義，談到夢的解釋，並且給出了怎樣克服睡眠障礙的具體建議，15分鐘的面試，用了13分鐘在談睡眠！這是非常明顯的諮商方向錯誤。避免這種錯誤的方法：傾聽傾聽再傾聽，和來訪者確定諮商目標，而不是自己想當然地確定一條路，然後帶著來訪者一路狂奔下去。

片段二：

來訪者是大學一年級第二學期的學生，二個月前被診斷為抑鬱症，正在服藥期間，因學習遇到困難想退學。

考生問：「你把想退學的事情跟周圍人講過嗎？」

「我跟男朋友談過。」

接下來所有時間裡，考生就圍繞著男朋友侃侃而問，把整個個案做為一個情感諮商。考生為什麼判斷諮商的重點是戀愛而不是學業或抑鬱症呢？當主考官問考生時，考生說：「能讀大學是很不容易的，退學太可惜了，可能來訪者主要是情感問題想不開吧！」

這種諮商是在滿足考生自己的意願，而不是尊重來訪者的意願。

片段三：

一位高三的考生因強迫觀念前來諮商。

「你能具體談一下從什麼時候心情開始不好的嗎？」

「高二下學期。」

「你和父母溝透過嗎？」

「無法跟他們溝通。」

「為什麼？」

「他們無法理解我。」

「那你現在與其他人的溝通怎樣？」

「一般，同學們也都在緊張地複習。」

「那你能談談你怎麼和父母溝通的嗎？」

「我……平時很少和他們溝通。」……

一直到諮商最後一分鐘，來訪者說：「我總睡不好。」

「為什麼睡不好？是在擔心和父母的溝通嗎？」

「不是……我總要花很多時間檢查門有沒有關上。」

時間到。

前面那麼長時間，考生都是偏離主要方向的。直到最後一分鐘才找到正確方向。這和考生主觀意識過強、傾聽不夠有關。

把個人價值觀強加給來訪者

錯誤：把自己的價值觀帶進諮商。

心理諮商不是法庭詢問，諮商師不是法官，也不是道德審判官。充當審判官，把自己的價值觀強加於來訪者，是一種錯誤的做法。

片段一：

來訪者說到自己很難受，因為不知該怎樣處理和男生的關係。

考生：「你短短兩個月就談了兩個男朋友，你是怎麼看待戀愛問題的？！」

來訪者抬起頭看了考生一眼，有些詫異，沒有回答。

過了一會兒，**考生又問：「你為什麼會在那麼短的時間裡和兩個**

男朋友分手？」言下之意是來訪者做錯了事，不應該在那麼短的時間裡談兩個男朋友，既然談了，就不要那麼輕率地分手。在考生的質疑當中，來訪者怎麼可能與諮商師建立信任關係？

片段二：

來訪者因為親子關係前來諮商。上大學的女兒和家境一般的男生談戀愛，來訪者想要女兒找一個家境更好的。

考生說：「在戀愛中，應該看重人品，你女兒做得沒有錯。」

來訪者並不是來求證誰對誰錯的，而是來解決困擾自己的問題。如果得到這樣的答復，豈不是帶著更激烈的內心衝突離開諮商室？

片段三：

來訪者提到自己的兒子剛剛離婚、自己帶著孫女，**考生說：「真是可惜！小孩很可憐的！」**

這樣的「共感」隱含著諮商師自己的判斷：婚姻的維持比離婚更好；孩子是離婚的受害者。但這樣的判斷對來訪者未必合適。共感不應是人之常情的簡單再現，更不應建立在強烈的價值觀基礎上。心理諮商中的共感應該表現出專業性。

無法創建諮商氛圍

錯誤：不會創造建立放鬆的、相互信任的氛圍。

創建諮商氛圍是諮商開場時的主要任務，它的主要目的是為了讓來訪者放鬆，信任諮商師。有些考生因過分緊張無法完成這一任務，或者忘記介紹自己，或者忘記問對方怎麼稱呼；有時是考生沒有經驗，錯誤地以為親密的社交關係就是諮方關係；有些考生完全是缺乏相應的訓練，連最基本的要領都做不到位，根本不知道該怎樣建立諮訪關係。

片段一：

考生坐下來後問：「怎麼稱呼你？」

「我姓張。」

「您年齡比我大，我就叫你張大哥吧！」

小小一個稱呼，看似只是一個細節，卻反映很多問題：張大哥的稱呼是一個社交稱呼，是比較親近的稱呼，雖然突出了禮貌，但在諮商室使用是否恰當？如果這是為了突出諮商師在年齡上較來訪者小，來訪者內心會不會有失望的想法：「諮商師年齡比我小，他能明白我遇到的問題嗎？他的諮商經驗會不會不夠豐富？」真正的諮商關係不同於社交關係，它是一種專業關係，親切，但並不親近，更不親暱。

片段二：

雙方一坐下來，**考生就嚴肅地說：「請你自我介紹一下。」**

來訪者吭哧了半天就是沒說完整，不是他不知道，而是他不願意說。這架式很像員警審犯人。

片段三：

雙方一坐下來，**考生就用緊張的語調說：「你有什麼問題？」**沒有任何過渡地切入、緊張的語調，都會讓來訪者無法放鬆。

片段四：

考生上來第一個問題是：「請問你叫什麼名字？」

第二個問題是：「你在什麼公司？」這兩個問題已足夠讓來訪者心生戒意。

片段五：

考生沒有作任何自我介紹，聽來訪者說在大學讀書，**第一個問題就是：「那你是哪個學校的？」**考生有點不情願地說了一所學校的名字，**考生說：「哦，學校還挺好的，那你考進來挺不容易的。你家是上海的還是外地的？」**

來訪者冷淡地回答了。「你家裡父母是幹什麼的？」來訪者沒有回答。

在一開始就問這些非常個人化的問題，來訪者覺得諮商師對自己真正的問題並不關心，而只是關心個人隱私，加上諮商師的語氣又非常公式化，所以諮商氛圍構建不良。

片段六：

考生在諮商過程中不時地流露出過分隨意的口氣，這與諮商氛圍不符。在上海考試中，還有些考生上海話和普通話混雜著用，而來訪者一直在說普通話，這種混雜讓來訪者不舒服。

用說教代替心理諮商

錯誤：把諮商當作說教。

心理諮商有自己的專業性，它和平常的說教不同。有些考生由於職業習慣或角色定位錯誤，在諮商當中用說教代替諮商。

片段一：

來訪者在求職中遇到挫折，自信心降低。**考生說：「你不可能不如別人。」「現在工作很多，你肯定找得到工作。」「如果電腦專業找不到工作，你還可以學其他的嘛！」**

長篇大論的說教，說的話比當事人多得多，來訪者根本沒有機會傾訴！

片段二：

來訪者是一名高三學生，突然想要遊遍中國，想要退學。

考生聽到來訪者説要退學，就開始喋喋不休地説：「如果你退學，你父母會多傷心呀！」「你退學後，找不到工作怎麼辦？」「你一個人去旅遊，遇到壞人怎麼辦？」「你現在的主要任務是努力學習，將來你出去旅遊的機會多得很，不要説全國旅遊，全世界旅遊都有可能。但如果你不努力學習，你哪來的錢旅遊？又不可能一輩子靠父母！」

這些話來訪者應該在父母或老師那裡聽得厭煩了，諮商師說了這麼多，能發揮什麼諮商效果？只能讓來訪者帶著對心理諮商的反感離開。

缺乏診斷功力

錯誤：診斷不出來或診斷錯誤。

有些考生基礎知識不紮實，即使收集到足夠資訊，也無法對來訪者做出正確診斷，因而沒有正確的諮商方向，更無法給出有針對性的建議。

片段：

一位大學二年級的來訪者，兩年前頭腦中開始冒出：「人為什麼活著？」「我是誰？」這些問題。成績下降。自己很煩惱。

諮商師和來訪者有以下一段對話：「你怎麼知道別人沒有想這些問題？」

（諮商師本意是想安慰來訪者：「這是正常的，不用過於擔憂。」但這種安慰本身是乏力的。另外，用質問的語氣問出來，很像是在責難來訪者。）

「我側面問過別人。」

（把諮商師的安慰之路堵死。）

「你為什麼覺得自己比別人倒楣？」

（諮商師本意是想糾正來訪者的不合理認知，但來訪者的理性邏輯是非常強大的，所以從這一點上切入，是無法達到效果的。）

「因為想這些問題佔去很多時間，讓我無法專心學習。你說我是不是神經有問題？」

（來訪者迫切想要知道從心理諮商角度對自己的判斷。）

「你現在的成績怎樣？」

（完全忽略來訪者的問題，沒有對其迫切和焦急情緒做任何回應，用提問的方式迴避。這會讓來訪者產生不好的感受，甚至會認為不回答就是默認。）

「不好。」

（不願意多說，有阻抗情緒產生。）

「你是否和家人、同學說過？」

（沒有任何過渡或小結，從成績跳躍至溝通。）

「我不敢說。怕別人說我神經病。有什麼辦法可以不想嗎？」

（再次急切地想要得到幫助。）

「你很怕同學發現。同學有發現嗎？」

（再次迴避，既沒有共感，也沒有直接回答問題。）

「沒有。」

（不願意多說，不是來訪者想要關注的重心。）

「那你有沒有和家人說過呢？」

（第二次提同樣的問題，大概是該考生頭腦中一片空白。）

「沒有。」

（停頓數秒）

「對你飲食有什麼影響嗎？」

（這個問題本身是可以問的，只是跳躍式提問會讓來訪者不舒服。）

「還好。」

（停頓數秒）

「你父母是做什麼的？」

（明顯是在用問題湊時間。）

「一般上班族。」

（阻抗情緒越來越濃。）

「同學怎樣評價你？」（停頓數秒）

（可以看出諮商師明顯已經亂了陣腳，沒有任何方向，只是在亂撲騰。）

「不清楚。」

總結和建議：「你這是青春期出現的問題。你需要和同學加強溝通，做適當運動。」由於沒有診斷出來這是強迫症，給出的結論是完全錯誤的，提出的建議沒有針對性。

無力處理來訪者的阻抗

錯誤：無法化解來訪者的阻抗。

其實，比化解阻抗更重要的是盡量不要讓來訪者產生阻抗。來訪者是為解決自己的問題走進諮商室的，不會輕易對諮商師產生反感。如果諮商師能夠建立相互信任的氛圍，有恰到好處的共感，能夠尊重、理解和接納來訪者，來訪者產生阻抗的機率也較低。如以上例子所示，很多阻抗是來訪者對諮商師沒有共感、不理解自己、反覆糾纏、錯誤解讀的反應。

由於經驗不足，一些考生遇到來訪者阻抗的情況就會心裡發慌，解決的方法就是拼命提問，一個又一個問題像炮彈一樣發射過去，想用提問去打開來訪者正在關閉的心門。誰知越問越堵，最後門被全部

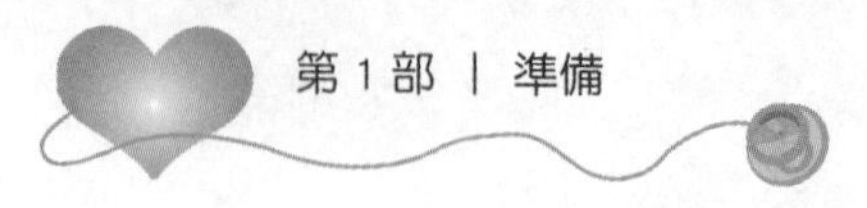

關閉。其實這時可以調整一下，放慢速度，讓自己有可能在腦子裡迅速搜尋可能導致來訪者阻抗的原因，然後從那裡重新開始。盡可能用開放性提問，而不是封閉性提問。提問速度不要太快，要讓來訪者有時間思考和組織回答。

給出不恰當的建議

錯誤：給出不正確的、空洞的建議。

這種給建議反映出一些考生對心理諮商師的角色認識有錯誤，他們可能把心理諮商師的角色等同於「權威」、「提供建議者」，表現出好為人師，喜歡指點別人。另外，這也是基本功不紮實的表現。諮商師並不是不可以給來訪者建議，關鍵是給建議之前要評估來訪者對建議的反應和實施的可能性。那些空洞無力的諮商建議，不如不給。

片段一：

來訪者因對找工作沒有信心來諮商。

考生最後給的建議是：「不要心急，慢慢找。」

片段二：

一個大學四年級的來訪者，考研究所的成績尚未下來，對求職沒有信心。

考生最後的建議是：「你不要有太大壓力，應該更放鬆。」

以上這種建議對來訪者有什麼具體幫助？和他周圍人所給建議有何不同？怎樣表現心理諮商的專業性？

片段三：

諮商結束時，考生最後總結道：「……所以，你現在應該盡量去想高興的事情。」這種空洞的建議對來訪者是沒有用的。

片段四：

對一個總是想「人為什麼活著？」「我是誰？」的強迫症來訪者，一位考生的建議是：「第一，你可以多看一些哲學書、自然科學方面的書，從中尋找答案；第二，你可以問問自己，這些問題有意義嗎？第三，你可以用代幣療法。」

第一個建議可能不僅不能減輕來訪者的焦慮和症狀，說不定會加重；第二個建議除了加重來訪者的內疚感和罪責感，沒有任何實際意義，來訪者早已表明自己明知不合理，但無力自我控制；第三個建議聽上去很專業，但來訪者聽不懂，請考生解釋，考生解釋得滿頭大汗，仍然說不清楚。讓來訪者在家中用代幣法治療強迫觀念，確實少見。不知考生打算怎樣實施並讓其有效。

片段五：

對一位懷疑自己喉嚨部位患有癌症的退休工人，一位考生在諮商開始 5 分鐘後給出第一個建議：「建議您再到醫院去檢查一次，然後把檢查結果帶過來給我看。」

暴露出來的問題有兩個：一是資訊還沒有收集充分時就過早地給出建議；二是建議的目的性非常含糊，如果是為了讓來訪者不再懷疑或停止反覆檢查，隱含的假設是：考生認為自己比醫生更權威，來訪者可以不聽醫生的解釋，但一定會相信自己的解釋。

主考官的提問是：「你看得懂醫院的檢查報告嗎？如果你能看懂報告，當你給來訪者解釋時，你的身份是醫生還是心理諮商師？為什麼他會相信你？」

片段六：

一位鰥居的來訪者因退休引發抑鬱情緒。考生和來訪者有下面一段對話。

「你喜歡做什麼事情？」

「我沒有什麼喜歡做的事情。以前只關注工作了。」

「那你可以到以前的同事家走動一下啊！」

「離得有點遠，再說他們都有事，不像我這麼閒。」

「那你就到社區老年活動室走走吧！」

「那些人都是沒什麼文化的，我去了也沒有共同語言。」

「你有孩子嗎？可以讓他們多陪陪你。」

「有一個女兒，每週都來看我，但平時還是很忙的。」

「那你有什麼感興趣的事嗎？」

「我剛才說過了，沒有。」

「那你在家可以看看電視。」

「那也不能看 24 小時。」

「你要不找個朋友和你住在一起？」

「啊！」

從這段諮商中可以看到考生在不斷地提建議，而來訪者兵來將擋、水來土掩，最終考生黔驢技窮，就差親自上陣當「媒婆」了。這種談話不是真正意義上的心理諮商。

把諮商師等同於提問機器

錯誤：面談做滿 15 分鐘非常重要，所以盡量用提問來湊夠時間。

面試部分的考試時間是 15 分鐘。在生活中，15 分鐘並不漫長。但對有些考生來說，這可能是人生當中最漫長的 15 分鐘，因為說著說著，他們的大腦一片空白。考官還沒有叫停，怎麼辦？用提問湊夠時間。一個問題接一個問題。終於考官敲了敲桌子，示意 15 分鐘到了。

送走來訪者後，考官問：「在剛才的諮商過程中，好幾個問題你

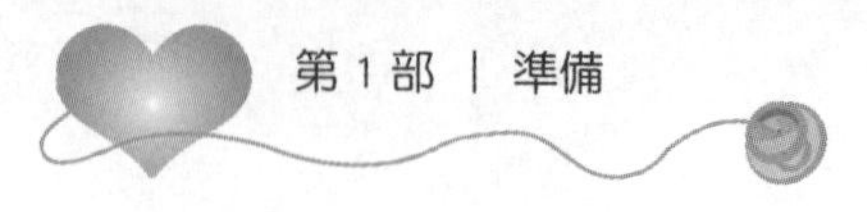

都反覆問了好幾遍，比如『你父母怎麼看待這件事情的？』『你自己想過哪些辦法？』你為什麼問三遍？」

「因為……我覺得這些問題很重要。」

「那你談談這些問題為什麼重要。」

「這……可以讓來訪者更清楚這個問題。」

「到底是讓來訪者更清楚這個問題，還是你為了湊夠時間而問？或者你忘記自己已經問過？」

考生不說話了。

儘管時間是硬性要求，但主考官不僅看考生是否做滿了 15 分鐘，還要看 15 分鐘的品質。考生一定要清楚自己問每個問題的目的。如果考生只是一台「提問機器」，即使做滿 15 分鐘也無法透過。

妨礙諮訪關係的小動作

錯誤：諮商師不能正確地運用和控制非言語信號。

這方面常見的是一些小動作，在諮商過程中讓來訪者非常不舒服，考生自己卻渾然不覺。

鏡頭一：

考生聽完當事人的訴說，把自己的右胳膊搭在桌子上，撐著自己的頭，身子向來訪者極度傾斜，另一隻手指著來訪者，開始說教，有幾次手指差點碰到來訪者的鼻子！來訪者嚴重阻抗，忍無可忍，最後提前中止諮商；

鏡頭二：

考生在整個過程中來回晃動身體，怡然自得，來訪者非常不舒服，幾次挪動椅子，身體盡可能遠離考生；

鏡頭三：

考生在諮商中翹起二郎腿，而且還在不斷地抖動架在上面的那條腿。來訪者的眼睛不時地滑落到那條腿上，最後低垂下自己的目光。

鏡頭四：

考生在整個過程中不停地翻飛著自己的雙手，過多的手勢讓來訪者眼花繚亂、心神不定。

鏡頭五：

考生眨眼頻率過高，讓來訪者不舒服，並且感到緊張，只能迴避和考生的目光接觸。

回答主考官提問時常犯的錯誤

錯誤：只要運用印象整飾、迎合主考官就能過關。

在心理學中，印象整飾是指人們根據別人的反應即時調整自己的行為，以期給對方留下好印象。在面試當中，考生尊重主考官是必要的，但一味迎合主考官並不能決定考生能否過關。有一些考生整飾過度或靈活過度，結果反而弄巧成拙。

有一位考生在 15 分鐘面談後，主考官問他：「你的診斷結論是什麼？你的依據是什麼？」

聽到正確的診斷結論、錯誤的診斷標準後，主考官接著問：「你反覆強調來訪者的焦慮症狀，那你為什麼沒有診斷成焦慮症？」

考生一愣，馬上說：「謝謝老師提醒！應該是焦慮症！還是老師的經驗更豐富！」

主考官一愣，接著問：「那請你談談焦慮症的診斷標準是什麼？」考生抓耳撓腮，無所適從。

雖然面試中沒有給考生的職業素養（著裝、言談舉止、語音、語調等）打分，但這些其實對諮商的構面非常重要。建議考生在平時訓練時從這些細節入手。心理諮商的面試不同於一般的面試，考生面對的都是有諮商經驗的主考官，他們個個都是火眼金睛，靠一些小伎倆蒙混過關，比較難。

錯誤：在諮商和回答提問過程中，遇到自己不會的問題不懂裝懂。

在企業的招聘面試中，企業不是錄用那些做得最好的人，而是那些與企業錄用標準相吻合的人。心理諮商面試考試的目的也一樣：讓那些達到面試標準的人通過。考生有些方面做得不夠好是正常的，他們畢竟是新手。主考官們深諳這一點。考試的目的不是為了挑出這些做得不夠好的方面，而是把考生的表現與評分標準相對比，做到哪一級，就給哪一級的分數。這是一個與絕對標準相比較的過程，所以考生在諮商過程中或回答問題時沒有必要掩飾自己的無知，不懂裝懂。

有一次，一個考生給來訪者的建議是讓他回家去進行放鬆訓練。看著 50 歲左右的來訪者唸叨著「放鬆訓練」，懵懵懂懂地走出去，主考官問：「什麼是放鬆訓練？你能詳細談一下嗎？」

「它是行為療法中的一種。」

「對，你說得對。你能詳細談一下該怎麼做嗎？」

「就是肌肉放鬆、深呼吸。」

「你自己會嗎？能給我們演練一下嗎？」

考生的肌肉非但沒有放鬆，反而僵硬起來。

主考官又問：「你為什麼給來訪者這個建議呢？你認為來訪者回家後會不會做你規定的這個練習？你判斷的依據是什麼？」

「我覺得放鬆訓練很簡單，人人都可以做。」

「那你自己平時做過嗎？」

考生遲疑了一下，聲音很低地說：「我……沒有。但我們在講行為療法時提到過它。」

僅僅知道名詞就貿然讓來訪者去完成作業，這種輕率的態度會讓主考官焦慮：如果讓這樣的考生過關，來訪者會受到怎樣的傷害？

還有一次，在諮商結束後的提問時，主考官問：「在諮商過程中，來訪者數次問到你他該怎麼辦，為什麼你每次都避而不答呢？」

「因為我學過，諮商師不可以替來訪者做決定。」

「那請你談談做為諮商師，你在諮商過程中發揮的作用。」

「我傾聽了來訪者的問題，並且提了問題，瞭解了事情的經過。」

「那來訪者來找你談，和他去找自己的好朋友談，達到的效果有什麼區別？」

「因為我是心理諮商師，所以他的情緒應該得到宣洩。」

（難道來訪者會因為面對的是心理諮商師，其情緒會自動得到釋放？）

「你怎麼知道對方的情緒得到了宣洩？」

「因為開始來訪者的話很多，後來他就不講話了，說明他的情緒得到了宣洩。」

主考官：「……」（無語。）

來訪者開始時還有目光接觸，坐姿輕鬆，後來陰沉著臉、目光盯著地面，這麼明顯的阻抗居然會被當作情緒宣洩的表現！

另外，考生用所謂的「不介入」來掩飾自己的不知所措，用「不替來訪者做決定」來推卸諮商師應該盡到的責任，這屬於基本素養較差，連心理諮商師的角色和定位、心理諮商師的基本品格都不瞭解。雖然後者不屬於評分要素，但它一定會反映在引導、解釋和支持等評分要素上。考生一定要有明確的自我意識，敢於面對自己的不足和弱點。對自己都沒有把握的建議寧可不提。

結語

本章的目的是想讓新學者透過看到別人的錯誤來學習。做得好的方面沒有在這裡列出。希望這不會讓讀者誤解整體考生的水準，也希望這些列出的錯誤不要嚇倒正在學習心理諮商的新手。從這裡出發，我們可以走得更遠。

02 心理諮商面談培訓中的常見錯誤

恰當和不恰當的培訓方式，表面貌似一樣，其效果卻不同，如同雪與梅的區別。

遙知不是雪，為有暗香來。

——詩出王安石《梅花》。

國內有一些學者對整個心理諮商師的培訓機制提出了反對意見，認為與國外長期學習和實習的正規培訓機制相比，中國的速成培訓有極大的破壞性和傷害性。這個說法有一定道理。

在我看來，不當的速成培訓至少有三重傷害：

一重是對當事人，如果諮商師不具備基本功底，當事人的症狀有可能不僅得不到緩解，而且還帶了錯誤的建議走出諮商室。在我接待的當事人當中，就曾經有這樣一位受傷害者。她曾在某心理諮商機構有十多次的心理諮商，但覺得自己的問題沒有解決，轉到我這裡。

在諮商開始，她有非常強烈的情緒感受，但她的眼淚始終沒有流下來，好像有一種東西阻擋著她。在她迂迴曲折的表述背後，我觸摸到的是深深的內疚和自責，還有憤怒夾雜在其中。當我說到：「你背了一個很重的包袱，這個包袱裡裝滿了內疚、自責和對自己的不滿，這個包袱隨時隨刻壓在你的身上，你想去除它，是嗎？」她的眼淚下來了，如滂沱大雨。在號啕大哭終於轉變成抽噎聲之後，她問我：「我是不是真的一無是處？以前那個心理諮商師說我很多方面做得不好，我嘗試去做得更好，但我發現我這樣做了之後更難受，事情變得越來越糟糕……為什麼，為什麼會這樣？！」

我的內心一下子充滿了複雜的情緒：心理諮商竟然可以做成這樣！這個當事人的第一症狀不僅沒有解決，反而因諮商產生第二症狀：內疚、自責和加倍的無助感，以及因而對諮商師產生的憤怒感！而她此前的這個諮商持續了十多次！可以想見在諮商過程和諮商之後，她的不良狀況持續了多久！我的內心有深深的歉意，為她所遭受的這些；也有深深的悲哀，為我們的心理諮商師培訓體制；還有一絲憤怒，為我們的心理諮商收費制度——這位當事人給前一位諮商師每小時的付費是 300 元。並不是這個數字本身過高，而是和效果相比，她付出得太多。

第二重傷害是對諮商師本人。沒有經過充分訓練就開始諮商的諮商師，就像赤身裸體上戰場的士兵，帶著僵硬、不自在，而且沒有任何能夠防護自己的武器。在心理諮商師的培訓中，除了強調心理諮商師必須恪守職業道德，還應強調心理諮商師必須學會自我保護，學會專業的自我保護。

如果他們沒有紮實的功底和素養，沒有實習期的過渡，直接面對

當事人，他們自己的心靈也極易被捅出一個個傷口，那些曾經的傷痛會更痛，那種面對當事人的無助和束手無措會讓他們對自我評價降低，當事人那些出乎意料的反應甚至中止諮商會讓他們質疑自己的能力……僅僅讓諮商師憑著速成培訓和一腔熱血就開始正式的諮商，對諮商師的成長非常不利。

第三重傷害是對心理諮商行業的發展。心理諮商行業在中國是新生事物，就像剛從泥土裡鑽出的嫩芽，還帶著鵝黃和嫩綠，特別需要充足的陽光、恰當的水分。如果過分急躁，讓剛剛鑽出的嫩芽擔負起重任，結果必然是毀掉這棵嫩芽。不規範的行業操作、不負責任的心理諮商師、為了吸引目光，不顧心理諮商的基本守則而開展的心理諮商作秀等，可能都會敗壞心理諮商行業的名聲。受到影響的將是整個行業及其未來發展。

即使有以上這些方面的顧慮，我並不簡單地反對心理諮商的速成培訓，關鍵是培訓的目標是什麼、如何達到這些目標。中國的具體國情決定了在培訓心理諮商師方面的操作和國外不同，我們可以在理論上論證更科學的方法是什麼，但實踐已經走在了前面。與其躲在象牙塔裡論證最佳培訓方法，不如參與實踐中，力爭找到更有效的方法。這也是一種中國式的妥協。

下面我將談談感受到的心理諮商面談培訓中的錯誤。

第一個錯誤：培訓目標是把受訓者培訓成能獨立面談的從業者

就目前而言，在中國不論是二級還是三級心理諮商師的培訓，都還是初級培訓，即使通過全部的考試，受訓者也只有能力做 15 分鐘的心理諮商面談。而一個完整的心理諮商則遠比這個複雜：不僅每次一個小時左右的面談，而且常常需要持續數次。

一個完整而深入的心理諮商包括建立信任關係、傾聽、共感、提問、引導等技術，包括收集資訊、推進和行為改變，包括處理移情和反移情，這些無法靠速成完成。所以要在培訓之前就把目標非常清晰地鎖定在做 15 分鐘的面談上。這樣幫助受訓者對自己的能力有清楚的界定，也幫助其正確地處理在諮商過程中的無力感和無助感，因為按這種界定，在面談中碰到各種問題是正常的，是處於成長過程中。

另外，如果培訓老師不做這樣的界定，設定過高的目標，培訓起來會舉步維艱，而且培訓老師自己會體驗到深刻的挫敗感，因為在有限的時間內，面對基礎薄弱的受訓者，讓他們在業餘學習中，一下子進步到可以獨立面接當事人，實際上幾乎是不可能完成的事。

第二個錯誤：把受訓者培訓成「提問機器」

有些培訓老師帶著這種想法從事培訓：「面試不就 15 分鐘嗎？好，那我就訓練考生利用 15 分鐘來收集資訊，可以一個問題接一個問題。」比如：「你出現這種情況多久了？」

「出現這種情況後你做了一些什麼？」

「這種情況對你的生活、工作或學習有什麼影響嗎？」

「在這個情況出現前，發生過什麼事情嗎？」

「有沒有出現這種情況：你預感情況會出現，但結果沒有出現。能具體談談嗎？」

「出現這種情況的當時，你的感受是怎樣的？」

「這種情況過去後，你的感受是怎樣的？」

「你自己有嘗試過什麼解決方法嗎？」

「你有跟家裡人或其他人談起過這個情況嗎？他們是怎麼說的？」

「如果讓你給這個情況取個名字，你會取個什麼名字？」

「除了這個情況之外，你還有什麼其他情況嗎？」

「能談談你和家裡人的關係嗎？」

「你平時和同學／同事的關係是怎樣的？」……

在我自己第一次訓練學員時，我也採用了同樣的策略，因為那時根本不知道該如何在課堂上而不是心理諮商室訓練心理諮商師的面接（面談、接見、面試）。在我的理解中，心理諮商面接的訓練必須要結合在心理諮商室的觀摩、見習，它更多是學習者自我內心的體驗、思索和成長。面對大規模的培訓，這一點只能是奢望。

我能夠想到的，是那些能夠在心理諮商中被技術化和結構化的知識，比如說提問。我的第一批學員個個是提問高手，他們思維縝密，何止可以問 15 分鐘的問題，他們可以問更長時間。但我總覺得有什麼地方不對勁。琢磨了很久我終於想到：他們缺乏共感，真的像提問機器一樣，面對當事人，他們沒有溫暖的接納、支持和回應。而且，他們缺乏解決問題的能力，他們只能停留在收集資訊的層面上。在後來的訓練中，我反覆強調的就是諮商師要清楚為什麼要提問題。諮商師的目標不是要瞭解資訊，而是幫助當事人解決問題。如果受訓者真的成了提問機器，那真是培訓的悲哀了。

第三個錯誤：會心理諮商就能擔任心理諮商面接培訓老師

數年前我也曾有過這樣的誤解。但在經歷過挫折和沮喪後，我開始注意到：能做心理諮商和擔任心理諮商面接培訓是兩件不同的事情。能做心理諮商只是一個基本前提。

心理諮商面接培訓不是一般的教學活動，它更強調的是實踐。而當前，非常有限的訓練時間、眾多的人數，都絕對不可能像正規大學教育中訓練心理系的學生那樣去訓練這些速成學員。

心理諮商活動說到底其實是當事人的內心活動與心理諮商師內心活動的交流，而不僅僅是他們表面的語言交流。諮商師在短暫的時間內要完成非常複雜的思維活動：要觀察來訪者的非言語信號，要思索其沒有說出來的話，要分析其背後的動機，要在態度上接納對方，同時還要回應對方，引導諮商的深入。更為重要的是，這些思維活動是連成一個整體的。

而在培訓活動中，要把所有這些要素進行分離、抽取，並且要把它結構化，成為沒有任何基礎的人也能學會的知識和技能。目前，尚未聽說中國有心理諮商師面接培訓老師的培訓，但如果要提高考生的品質，這項工作則必須列入議事日程上。

第四個錯誤：心理諮商面接培訓是純粹的教學或實踐活動

如我前文所說，如果把面接培訓當作一個純粹的教學活動，是對心理諮商面接性質的誤解。面接活動應該是各種知識和技能的綜合運用和集中表現，它不是單純以知識的形態出現，更多是以技能形式出現，受訓者必須完成從知識到技能的轉化。如果把它做為一個純粹的教學活動，無法完成這種轉換。

把心理諮商面接當作一個實踐活動沒有錯，但如果僅僅是把它當作一個實踐活動，又會侷限了培訓的意義，讓受訓者無法走得更遠。我在這方面的體驗是：如果在培訓面接技巧的同時關注受訓者的自我成長和心理健康，心理諮商面接的培訓就能夠提升到一個新的層面：既能獲得心理諮商面接的技巧，又能透過自我成長把這些技巧內化於心。當然，這需要培訓老師具有一定的團體培訓、團體輔導的經驗，並有能力創造、引導團隊互動。

第五個錯誤：通過率說明培訓老師的能力

儘管大多數培訓老師不會有這個的錯誤，但仍有一部分老師為自己學生通過率不夠理想而苦惱。儘管在心理諮商訓練中常常會用到關於歸因的理論，但這並不等於說培訓老師就自動地能夠正確歸因，尤其是培訓機構在有意無意當中，會把各培訓老師所帶學生的通過率進行比較。心理諮商師培訓班大多數都是業餘來參加學習的在職人員，每個人來學習的動機不同，能夠投入的精力和時間不同，基礎和底子不同，因而效果完全有可能不同。通過考試與否並不單方面取決於培訓老師。如果培訓老師能正確歸因，總結經驗，將對自我成長和今後培訓有益。

結語

真正的心理諮商面談培訓其實是一種心靈的活動。比較理想的培訓是以團體培訓的形式展開，既有面談本身的訓練，又關注受訓者的自我成長。

要培訓出合格的心理諮商師，培訓老師自己必須先接受嚴格的、系統化的訓練。只是在中國目前這一部分工作是缺失的，只能靠每個培訓老師自我的修練來完成。

03 心理諮商面談培訓的方法

等閒識得東風面，萬紫千紅總是春。

——語出朱熹《春日》。

心理諮商就是這樣一個迷人的世界。只是要打開它的大門，首先要找到合適的路。

由於心理諮商面談的培訓是一項強調實踐，同時輔以理論的活動，所以培訓方法不同於一般的教學活動。這裡分享我自己常用的一些方法：演示評論法、觀察員法、分組訓練法、影像資料法、示範法、理論講授法。這些方法是針對上海地區的培訓實際情況而提出的，由於各地情況不同，每個培訓老師又有自己獨特的方法，因而在現實中使用的方法可能比這更多。

在培訓開始時，有一件事情必須做：教會學員扮演來訪者。由於不可能每次訓練都能找到真實的或「專業的」來訪者，需要學員學會扮演來訪者。這並不是一件容易的事情。在最初的訓練中，經常會出現這樣的情況：扮演來訪者的學員在諮商過程中忍不住大笑起來，或者諮商師自己笑場，或者全體學員一起笑場。好不容易建立起來的氛圍頃刻間煙消雲散。來訪者扮演得越真實，學員們會更進入狀態，類比會越真實，技能可能會提高得越快。

隨著學員技巧的提高，這時扮演來訪者的學員可以做更多的貢獻：在諮商結束後談談自己的感受。什麼地方感覺很好，什麼地方感覺不舒服，有沒有阻抗，對諮商師的滿意度等。這既是為了讓諮商師多一個反觀的視角，也是為了讓扮演者體驗諮商室中來訪者真實的感受。這對共感的訓練非常重要。

演示評論法

演示評論法是請兩位學員分別扮演來訪者和諮商師，在全體學員面前進行諮商面接。諮商結束後，先由學員提問和評論，最後由培訓老師總結。

這個方法的好處有：一是可以鍛鍊兩位演示者的自信心，在眾目睽睽之下做諮商，需要承受較大的壓力；二是全體學員都可以透過觀察、評論和培訓老師的總結受益，能集中地解決暴露出來的問題；三是培訓老師可以透過此活動觀察全體學員的進展情況，即時調整自己的培訓節奏。

要想使這種方法更有效，需要做好以下幾件事：

一需要提前安排好學員扮演來訪者。好的個案會讓學員受益更大，而價值不大的個案會浪費大家寶貴的時間。培訓老師要指定學員做準備，並指導其如何準備個案。培訓老師要控制個案的內容和難度，要根據培訓主題來確定個案的內容，根據學員的進度來確定個案的難度。太難的個案會讓學員們有沮喪感。

二是引導學員們如何在個案結束後進行反應。雖然這是一個小小的細節，但如果學員們不會建設性地反應，只是挑演示者做得不好的方面，很快就不會有人願意做演示者了。老師可以在最初示範如何積極反應。在第一次時，甚至可以只肯定演示者做得好的方面，不必去提那些做得不好的地方，因為畢竟是第一次，不可能做得完美，它的主要作用是起個好頭，讓學員們敢於上台做演示。如果學員們都抱著學習的態度、用積極的方式進行反應，會有助於建立良好的團隊氛圍，促進大家更快進步。

三是老師的總結和反應既要關注實踐層面，又要兼顧理論。這種演示的功能不光是解決一個個案中的問題，而是解決一類問題，所以最後的總結既要入戲，又要出戲，讓學員們知道今後遇到同類問題該如何解決。只有從理論高度總結，才能具有這種指導作用。

觀察員法

觀察員法是指把學員分成三至五人一組，其中兩人分別扮演來訪者和諮商師，其餘人為觀察員。在諮商結束後，觀察員進行提問和反應。

這個活動的好處是組的規模小，扮演者的壓力較小，每個人的參與機會比較多。做好這個活動的關鍵是教會學員們如何觀察。做為一名諮商師，觀察是非常重要的一項能力。雖然它沒有被列入到評分項目中，但傾聽、反應、提問、共感和解釋、引導、支持等能力哪一項也離不開它。

諮商面談中的觀察要細緻、精準和敏捷。細緻是指觀察要全面、關注細節，不光聽其言，還要關注其非言語信號；精準是指正確解讀所觀察的現象；敏捷是指反應速度要快。

分組訓練法

這個方法是把學員分成兩個人一組，讓其輪流扮演諮商師和來訪者。這種方法的好處是每個人都可以充分參與訓練中，弊端是老師沒有辦法照顧到每一個小組。

如果想讓這種方法效果更好，可以做以下幾件事情：一是培訓老師有針對性地參與某一個小組，例如進步不夠快的一組，或有明顯缺點需要提醒的學員組，或是平時比較羞怯、不敢上臺做演示的學員組。老師可以藉此機會給這些學員多一些反應、鼓勵，以便其成長得更快；二是在分組訓練結束後，給全體學員提問和分享的時間，對一些有意義的問題進行共同探討。

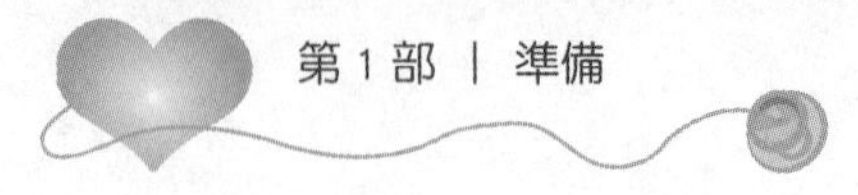

影像資料法

所有的電影都可以用作心理學的教學影片，關鍵是要根據教學目的來選用。根據心理諮商面談的特點，有兩種影像資料比較合適：一是專門的教學影片，二是一些涉及到心理諮商的電影。專門的教學影片是那些以教授心理諮商面談技術為目的而拍攝的影片，具有很明確的目的，結構化非常強，選擇這樣一些影片可以讓學生迅速學習到相應的知識，而且接受過程較為直觀。涉及心理諮商的影片很多，需要培訓老師的精挑細選，明確自己的目標，提前確定要放映的片段。

要想使這種方法效果更好，需要做好以下工作：一是對影片要有深刻理解。學員由影片引起的思索、老師對影片的評論是學員真正的收穫，看電影本身並不能自動讓他們獲得相關知識；二是如果選用了國外的影片，需要注意一些理論在跨文化情境中的適用問題。本書第四部將用具體電影闡述這一方法。

示範法

示範法是指老師或心理諮商專家向學員示範如何進行面談，可以是 15 分鐘的諮商，也可以是一個完整的諮商。它的好處是可以讓學員瞭解好的諮商面談是怎樣進行的，弊端是學員有可能機械地照搬（照原樣不動地搬用）示範中的做法。

要想讓這種方法達到更好的效果，需要做到：一是為示範做充分準備，包括來訪者和案例本身的準備；二是建議不要在培訓早期進行，防止學員機械照搬或過度印刻。

在開始階段，學員處於技能嚴重匱乏狀態，像一張白紙，只要有可以模仿的榜樣，馬上就照搬，但這樣可能限制了學員自身的探索和發展。即使在做了這樣的示範之後，也要告誡學員：心理諮商面談是非常靈活、非常個人化的活動，沒有唯一正確的模式。在諮商技術和診斷正確的前提下，可以有多種諮商風格、多種諮商方式，不必迷信示範時所用的方法。

理論講授法

理論講授是指結合現場案例，有針對性地講解涉及到的相關理論知識點。學員們有專門的課程來學習理論知識，但由於他們是處於高密度、高強度的訓練當中，無法一下子吸收所有的知識。適當的講授可以發揮複習、強化和鞏固的作用。

結語

形式是為內容服務的，培訓方式是為培訓目標服務的。每位帶教老師都可以根據自己和學員的特點，摸索出有效的方法。

04 受訓者團隊的組建及目標設定

受訓者團隊如同青青園中葵，朝露待日晞，而團隊的成長如同陽春布德澤，萬物生光輝。

——詩出《漢樂府》。

組建團隊的目標和意義

目前心理諮商面談的訓練通常一組學員由一個老師來訓練（在上海，通常一個老師帶 10 ～ 20 個學生）。由於訓練一直在這一組學員內展開，而心理諮商又是一種涉及到心靈的活動，所以把受訓者組建成一個團隊就非常重要。它直接涉及今後活動展開的品質，以及老師與學員、學員與學員之間的互動。

組建團隊的目標有以下幾方面：

一是團隊成員相互瞭解，創建相互信任的氛圍。這主要是為今後訓練的順利展開奠定基礎。只有大家相互瞭解、相互信任，才能夠敞開心扉，才能在今後的活動中更多相互鼓勵，即使批評，也能夠接受。心理諮商面談是一種非常精細的專業溝通，在訓練過程中可能觸及學員的心靈，因此組建團隊的鋪墊就非常重要。如果這一步沒有做好，整個訓練都會受到影響。在相互介紹時，最好介紹一下每個人學習心理諮商的動機。動機是和個人經歷、學習意願、學習效果直接聯繫在一起的。

二是明確培訓計畫、目標和各自的職責。明確的計畫和目標會讓學員們內心有踏實感，並激發其學習動力。需要學員們承擔的職責，也可以在團隊組建時一併宣佈。

三是制訂大家約定共同遵守的團隊規則。僅僅有共同目標、計畫，對一個團隊來說還不夠完善，還需要制訂大家共同遵守的規則。這不是走形式。這些規則必須保證會被執行，所以需要學員們自己提出或老師補充，然後多數通過。

組建團隊的活動

組建團隊的遊戲和活動有很多，建議選用和心理學有關的破冰活動。選用的原則：一是全體人員都能參與；二是能運用自我揭示技術；三是具有一定的深度；四是要輕鬆、活躍。

這裡推薦的方法是圖畫心理技術，可以透過學員的畫讓其自我介紹，讓別人深度瞭解，同時也運用了心理學的投射技術，並且這種技術將來也可以用在諮商中。

運用圖畫心理活動時，可以讓受訓者畫人（自畫像或雨中人）、畫樹、畫屋一樹一人等。可以根據培訓者想要總結的關鍵點而定：自畫像主要和自我形象、自我概念有關；雨中人主要和應激應對有關；樹木人格圖主要和個人成長有關；屋一樹一人主要和家庭、成長、自我有關。而這每一個主題又都是和將來訓練的諮商主題聯繫在一起。

自畫像活動

這裡以自畫像活動為例，詳細介紹其準備及指導語。關於圖畫技術更多的運用，詳見嚴文華著：《心理畫 2——畫中有話》（台灣宇河文化，2012 年出版）。

自畫像活動需要提前準備的材料：12 色彩色水筆數盒，一般 2～3 人一盒；A4 白紙，一人一張，但需要多備幾張，以防有人重畫；書面指導語一份。

指導語如下：現在請大家用水彩筆在 A4 白紙上畫自畫像。你可以用任何顏色來畫自畫像。不要畫成火柴人或漫畫人。在作畫過程中，請大家保持安靜。

火柴人是指五官和四肢都被高度簡化的類似火柴擺成的人，漫畫人是指用畫卡通、漫畫的方式畫成的人。因為這兩類畫都被高度抽象化或程式化，能夠提供的資訊非常少，一般建議不畫這樣的人。

如有人提出「我不會畫畫怎麼畫？」可以回答說：「這不是測驗你的美術能力，請不用擔心。只要畫出你想的即可。」

一般情況下不用限定時間。通常大多數人需要用 15 分鐘左右。

對那些飛快完成和用時很長的人，可以給予特別關注。飛快完成有時表示行動力強，但有時也可能是過於防禦的結果，或者態度不認真的表現。而時間過長的人，有可能是慢性子，也可能是被畫出來的東西嚇壞了，畫了數幅，也有可能要追求完美。

通常我不建議在作畫過程中播放背景音樂。畫圖是一種投射技術，對所給的每一個刺激都要進行控制。相對來說，刺激越少、越模糊，作畫者能夠表現的自由度就越大。如果播放背景音樂，音符也會成為一個刺激信號，而這個信號在每個作畫者那裡引發的反應是不同的。分析圖畫時，就不能區分哪是語言刺激、哪是音樂刺激帶來的反應。為了保持語言刺激的純粹性，一般情況下不用背景音樂。

結語

有經驗的老師不僅會精心設計團隊組建活動，而且會在其中觀察學員們的表現，對今後訓練過程中可能出現的團隊動力結構做出預見，即時地微調自己的培訓策略或計畫。對那些表現處於兩端的學員，如過分活躍、不斷搶奪話語權，或過分沉默、幾乎不發言的學員，要給予特別關注。

指導老師手記一：第一次活動——組建團隊中的觀察

每次帶一個新的實習小組都會讓我有很多期待。我會精心設計第一次活動的內容。這次我設計的組建團隊活動是畫雨中人，透過圖畫介紹自己，包括學習心理諮商的動機。畫完畫，我沒有強制要求從哪個人開始介紹，只是請大家自願。組員自我介紹的順序是有意義的信號。

第一個跳出來的組員剛開始自我介紹，其他的人就變成很起勁地介紹起很多他做過的事情，看到我一臉茫然的樣子，就有一本書遞過來，封面上的照片，就是這個組員。

他說：「我對傘有一種情結，非常不願意打傘。因為在父親離去的前一陣，有一天我們帶傘去醫院看他，因為預報要下雨，回來時天氣晴朗，所以把傘忘記在醫院裡。不久父親去世。所以總是把傘和分離聯繫在一起。到現在都不願意打傘。為什麼要和大家一樣呢？要表現出獨特。」

這在小組中是個很好的開始，因為他用了比較深的自我揭示，會把整個小組帶到相互信任的氛圍中。但問題是：這個小組是否準備好？從遞過來的書和這個組員的自我介紹來看，他是有準備地在展示自我，或者說他隨時隨刻準備展示自我，將來小組的發展將會有他個人的烙印。

組長是一個熟悉的陌生人，因為我們已就第一次活動的細節透過數次電話，感覺到他是非常負責任、非常關注細節、溝通意願非常強的人。我發現大家都在叫他的綽號，他樂呵呵地應著。在自我介紹中，他沒有衝在前面，反而是鼓勵別人先做。在團隊中，他是個很好的支持者。後來他確實發揮了這樣的作用。

還有一位組員介紹自己時，話語間透出一股豪情壯志，但他的圖畫卻透露出很強的安全需要，透出一種在新環境中的羞怯和小心翼翼。看得出他是一個戴著很厚的面具的人，呈現給別人的只是他認為安全的資訊。這樣的人意識層面的力量非常強大，在諮商中主要訓練的是其感受力，不是腦子，而是心。

大部分學員都很有時間感，對佔用團隊多少時間來介紹自我能有控制力。但有一位學員花了好幾分鐘來講述他所在學校一個小學生的故事：「這個小男孩非常聰明，我從來沒見過這麼聰明的學生。他想做一件事情就沒有做不成的。剛進學校沒多久，他就想學騎自行車。他自己沒有自行車，看到操場上誰的車子停在那裡騎上就走，摔了爬起來再騎，受傷了也不在意。後來大家看他這樣就把車子鎖起來，他就找那些鎖得不結實的車子，弄開了在操場上騎。一個星期後就騎著車子滿操場跑了。

二年級時他突然迷上了抓蝴蝶，天天抓，時時抓。那時校園操場上、草叢裡到處都是蝴蝶，他抓得多了就開始練兩根手指夾蝴蝶，一夾一個準，沒有失誤過。一下課就有一大群學生跟在他後面跟他學，校園的蝴蝶都被他們抓光了。但他就是不願意學習。上課時找不到他，他或者躲在哪裡，或者藏在樹林裡。

我一直關注他，我對一些老師說：『把他帶到西昌火箭發射中心，讓他參觀。問他想不想發射火箭。如果想，給他兩屋子書，讓他看完了，他一定可以發射火箭。』我自己想幫助他，但覺得沒辦法。所以我來學心理諮商了。」可以看出他對孩子有愛，能夠從孩子的角度看待教育的意義，但他介紹自己的方式和他的圖畫有一致性：不把細節描述出來就不舒服，有一定的完美傾向，有時可能過分關注細節。

一位組員的介紹讓大家笑起來：「我小時候特別叛逆，被爸爸不正確的教育方式錯誤地教育成非常安靜的淑女，但骨子裡還是有那種情結。」非常直接，不掩飾。（她後來的諮商風格也是如此，在面質時非常有震撼力。）

一位學員的畫引起大家的驚呼：「這麼大的一把傘！」「簡直是超級大傘！（圖1）」人和傘都是紅色的。代表著作畫者對壓力有很好的心態，對壓力有積極的預防措施。在團隊中這種類型的人永遠發揮著「悲觀性預防者」的作用，會預想最壞的結果可能是什麼，然後盡量避免這些最壞的結果。

還有一幅畫也引起大家的發問：「帶了傘，為什麼還要躲在樹下（圖2）？」雨很大，表明作畫者感受到的壓力較大，但她有自己的方法應對。引人注目的是她沒有打傘而是在樹下躲雨。畫中人明顯是個小女孩模樣，與現實的她存在較大年齡差異。但整個畫面的構圖屬於比較美的，作畫者具有較強的審美意識。

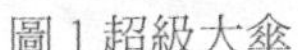

圖 1 超級大傘

圖 2 帶傘躲雨

圖 3 雨中的母女

大部分人的畫都強調個體如何面對壓力，有一位學員比較特別：「這張圖表現的是我下班回家、女兒打著小傘迎出家門的情景。我很開心。邊上畫的是棵樹（圖 3）。」這幅畫表明作畫者最主要的應對壓力的支持力量來自家庭，來自家人。

第一次帶教在不知不覺中進行了四個小時。在互動中，我感到這是一個非常特別的團隊。他們似乎早已完成了建立團隊的工作。他們彼此瞭解，用綽號和小名來稱呼對方，說到某些辭彙時會有默契地笑起來。我走進教室時注意到他們甚至連手中的晚餐都一模一樣：清一色的漢堡。據說是下午下課晚了，怕遲到，讓一個同學統一買來的。團隊中每個人認領了不同的角色，而且團隊是積極的、向上的。面對這樣一個團隊，我期待著有一次精彩的帶教之旅。有時候，不單是我想把他們帶往什麼國度，還取決於他們想去哪個風景點、想在那裡停留多久。

指導老師手記二：心理諮商不是諮商師和當事人的智力競賽

回顧第二次帶教，一個深刻的感觸是有些學員把心理諮商當作諮商師與當事人的智力競賽或辯論賽，兩個人比賽看誰佔上風。我應該提醒大家：心理諮商不是智力競賽，也不是辯論賽。即使心理諮商師贏了，對當事人有什麼意義呢？純粹意識層面的較量，不是心理諮商的全部。

他們現在還不能理解諮商師與當事人關係的定位，不是把它處理成一般的社交關係，就是處理成權威與服從者的關係，或者是老師與學生的關係。他們或許可以從理論上理解心理諮商，但他們沒有坐在心理諮商室面對真實當事人的經歷，他們沒有見過當事人頹廢的樣子，沒有親眼看到當事人掙扎在不同的自我中，沒有和當事人一起回溯過生命中重要的時刻，沒有感受過當事人成長給自己帶來的快樂。

這個小組中有人非常「貪婪」，想在一夜之間學到成為心理諮商師的秘訣。這是一個危險的傾向。有些技術是可以被教授、學習的，而有些東西是需要靠感悟的，比如說深層次的共感。而被他們忽略的方面，可能是最核心的。

今後的帶教要控制一下整個小組的進度，因為往前衝的人總是那些最活躍的人，他們會把自己的感悟和進步毫不掩飾地表現出來，而那些慢慢走在後面的人，則會不聲不響。如果老師不主動關注，恐怕他們一直不會發聲音。

控制速度的方式之一就是每次評論我只關注某一方面，對其他方面暫時不關注，否則我們會牽扯太多的問題、走得太遠。另外，請扮演當事人的學員一開始不要帶太難的個案來做，這對初學者挑戰太大。

Section 2 面談技術訓練

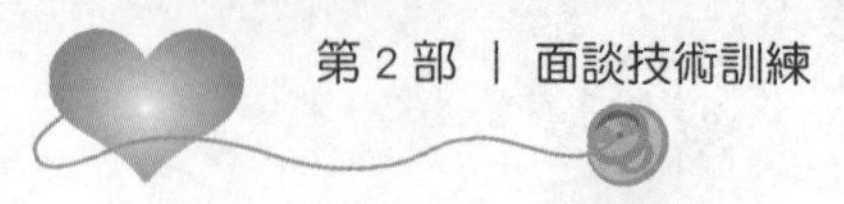

05 諮商新手面臨的問題及處理

我歌月徘徊，我舞影零亂。

——詩出李白《月下獨酌》。

在諮商面接最初的訓練中，新手其實是在和自己的「影子」做遊戲，他們還無法顧及來訪者。

諮商新手面臨很多問題，在很多專業書中都可以看到關於諮商新手應注意的問題，本書中，我們關注的是面談訓練開始前學員的狀態。

揭開諮商神秘的面紗——正視諮商焦慮

在訓練中遇到大量的情形是：扮演諮商師的學員比扮演來訪者的學員更加緊張、更加焦慮。如果重播訓練錄影，扮演諮商師的學員會驚見他們的手緊張得捏成拳頭，身體筆直而僵硬地靠在椅背上，眼睛專注地盯著對方，卻沒有聚焦，說話也有些語無倫次。在前幾次訓練結束後，學員們會有這樣的感慨：「活了這麼多年，第一次知道自己不會說話了！」戲謔的背後，是諮商新手的焦慮。

諮商新手在面對來訪者時，腦子裡盤旋的問題常有：「我該說些什麼？他這句話是什麼意思？我接下來該問什麼？他為什麼不說話了？我是該微笑還是面無表情？我是不是做得不好？對方會怎麼看我？大家會怎麼看我？」腦子裡有這麼多問題，怎麼還能聽得進來訪者的話？怎麼還有精力處理來訪者的問題？

對新手而言，哪怕是在訓練中做演示，還是會緊張。因為心理諮商畢竟是一項精細的工作，諮商師會影響到來訪者，肩上的責任重大。新手會因為這種責任感與自己的實力不相符、對自己能力的不確信、缺乏經驗而有焦慮。有焦慮是正常的，但過度焦慮會腐蝕諮商師的信心和能力，使得思維無法正常運行，面談往往因此而艱澀，甚至中止。因此，諮商新手要正視自己的焦慮，處理自己的焦慮。

處理焦慮的第一步是承認自己的焦慮，這是一種勇敢。對新手而言，自我懷疑、不自信是完全正常的。第二步是看看焦慮背後是什麼：有時它是對自己的能力不自信，有時是擔心別人會看到自己的無能，有時是擔心自己會出錯，有時是擔心自己會傷到來訪者。它其實是新手本人心理的一種投射。第三步是和指導老師、學員討論這種焦慮。學員們會發現：不僅自己有這種焦慮，其他人也有這種焦慮，那些資深諮商師在剛入門時同樣也體驗過焦慮。

心理諮商確實不容易，正視焦慮是學習的第一步。可以引導學員透過這種焦慮來關注自己的情緒，開始學習共感。

「誰不會說話？」——把諮商看得過於簡單

由於來參加心理諮商師學習的學員背景不一樣，對有些社會經驗豐富、常與人打交道的學員來說，他們會把諮商看得過於簡單：「諮商不就是說說話嗎？電視上我都看過心理諮商節目了，誰不會說話呀？！」這些人需要處理的不是諮商焦慮，而是諮商中過強的自我意識。他們往往把自己在生活中的角色過多地帶入到諮商中，把諮商簡單化為貼了「心理諮商」標籤的日常談話。

對學員而言，首先需要澄清的一點是：電視上的心理諮商秀和心理諮商室中的諮商不太一樣。心理諮商是諮商師和來訪者之間非常精細的互動，如果有一架攝影機架在那裡，這會微妙地影響諮商師本人和來訪者的表現，並影響兩者之間的關係。

電視上的心理諮商節目中，雙方除了解決問題之外，他們還需要考慮別人會怎樣看他們此時的表現。還有，電視編導需要從收視者的角度要求諮商師和來訪者的表現，並按觀眾的口味來剪輯錄影，最後呈現的是經過加工的、片段式的諮商。它強調的是可看性、故事的完整性，甚至獵奇性等。而在心理諮商室中發生的過程，可能更緩慢，推進也是漸進的、逐步的；更細緻，很多關鍵細節需要瞭解和處理；更乏味，有時一個問題需要拉鋸式的翻來覆去很多次才能理清。

的確，心理諮商藉助的主要工具是語言，但單純的說話並不能自動解決來訪者的問題。它需要諮商師具備一定的專業技能。對那些把心理諮商過分簡單化的學員，需要他們儘快清空自己，進入到學習狀態中。

「我該不該接受諮商」

很多學員在實習過程中都會問這樣一個問題：「我是否應該接受心理諮商？聽說學心理諮商的人都應該接受心理諮商，這樣才正規。」

是否應該接受心理諮商不是正規與否的問題，主要是和個人成長有關。接受心理諮商有這樣幾個好處：

一是可以體驗來訪者的感受，提高對來訪者情緒感受的敏感性。在接受心理諮商的過程中，學員是來訪者，可以充分體驗諮商師的一言一行、一舉一動在自己內心中引起的反應：舒適或不自在，共鳴或阻抗。這些對於學員今後成為諮商師都是寶貴的經驗。

二是解決自己的問題。並不是沒有任何心理問題的人才能成為諮商師。很多人是帶著自己的問題進入諮商師的角色。而諮商中來訪者類似的問題常在我們內心激起漣漪。例如來訪者談及幼年受到父母的虐待，而諮商師也有類似的經歷，並且沒有處理過，那麼諮商師帶領來訪者探索這一問題的深度，不會超過自己曾經探索到的深度。除非諮商師先處理好自己的問題，否則不可能引領來訪者走得更遠。而在接受心理諮商的過程中，學員可以經歷解決問題的歷程，並且領悟這一歷程是怎樣發生的。

三是在將來面臨需要時，可以借用心理諮商這一支援工具。心理諮商師常面臨的問題是職業耗竭，因為諮商師探入來訪者的心理較深，且接觸大量的來訪者，容易掉入職業耗竭的陷阱中，特別是諮商新手，由於過分要用來訪者的改變證明自己的能力，更容易付出過多。解決職業耗竭的方式很多，接受同行的心理諮商就是其中一種方式。相對於那些接受過心理諮商的學員，他們更容易接受和使用這種方式。

對那些想以心理諮商為職業的學員，如果有需要、又能找到較好的心理諮商師，建議接受心理諮商。

價值觀中立問題

價值觀是我們內心深處最重要的東西，它表現在我們所有的決定和行為中，但我們輕易不會想起它，因為它是最深層、最核心的。在諮商中我們常常會提到價值觀的問題，尤其是來訪者和諮商師價值觀不同時，新手面臨的一個問題是把自己的價值觀強加於來訪者身上。我們來看一些例子：

一位高三的學生前來諮商，還有兩個月就要參加高考了，他突然冒出一個念頭想要周遊全國，不參加高考。父母送他來諮商時，希望諮商師能說服他參加高考。但來訪者卻認為一旦參加高考，就要再上四年大學、三年研究所學生，浪費了大好青春，無法實現旅遊之夢，因此堅決不想參加高考。在諮商師看來，參加高考是「正確的」選擇。諮商師該怎麼做？是巧妙地引導這個少年意識到高考的價值和重要性，最終回到考場？還是把所有的方案、利弊均列出，尊重來訪者最終的選擇，哪怕這個選擇是浪跡天涯？

一位中年女性來到諮商室。她和丈夫感情不和，雖然為了孩子勉強維持著婚姻關係，但他們早已沒有夫妻生活，而是另尋他人滿足生理需求。她的內心有很多衝突，想來尋求心理諮商的幫助。做為諮商師，你是婚外戀、婚外性行為的堅持反對者，你也認為離婚肯定會傷害孩子，你會如何引導來訪者？你是會告訴來訪者自己的價值觀，同時也告訴她她完全可以不同意你的觀點，還是以中立姿態出現，但悄悄地把自己的導向性埋伏在一些提問和回應中？

以上兩個例子，考問的就是諮商師的價值觀。有一些諮商師會把自己認為正確的做法直接告訴來訪者，或者巧妙地引導來訪者往「正確的」道路走。「正確」之所以要打引號，因為它是相對的。關於正確與否，世界上很多事情都沒有絕對標準，諮商師的任務不是判斷來訪者的做法或決定是正確的還是錯誤的，而是有效地解決來訪者的問題。另外，即使諮商師給出「正確的」方案，如果來訪者不願或無力去實施，這個方案就會是一個無效方案。

對新手來說，他們接受的訓練是保持價值觀中立。但這一點如何實現？真的能夠在探尋來訪者解決方案的同時保持客觀和中立嗎？做到這一點其實很難。比較赤裸裸的價值觀強加很容易識別，但那些巧妙包裹後的有價值觀色彩的建議就很難識別了。一些資深諮商師給出的建議是：如果諮商師與來訪者的價值觀強烈對立，可在諮商中加以說明，讓雙方看到這一點會對諮商帶來怎樣的影響。

「我必須幫到你」——諮商師的角色

在新手訓練時，那些扮演諮商師的學員往往會有一種幫助別人的良好願望和動機——很多人其實就是帶著幫助他人的動機來學心理諮商的。這是一個美好的起點，但如果這種願望和動機過於強烈，演化為「我必須幫到對方」時，就有可能給諮商帶來負面影響，尤其當他們發現自己力量有限，無法幫助到對方時，往往有強烈的無助感、受挫感和失敗感。嚴重時這種挫折感會影響新手的自我評價，乃至繼續學習心理諮商的信心。

「我必須幫到對方」透露出來的其實是新手想要透過幫助他人來證明自己的價值，對幫助來訪者的需求大於來訪者想要得到幫助的需求。帶著這種心態進入諮商，諮商的動力結構可能會錯位：有時來訪者需要的是傾訴，而諮商師看到的則是「來訪者需要我給出方案」，而給方案可能正是新手的軟肋，新手會因此而陷入焦慮。

對於那些助人意願過強的新手，要求看到來訪者改變的意願也非常強烈，他們需要透過來訪者的改變證明自己的能力。而這對來訪者來說是不正確的引導，有時來訪者為了滿足諮商師這一需求而「表現出」進步，其實進步並沒有發生。對這些新手來說，需要把「我必須幫到你」這個不合理觀念調整為：「我非常願意幫助你。」

諮商師也是人——角色過度問題

一些新手一旦開始扮演諮商師的角色，他們整個人都會發生變化：他們不停地問自己：「一名優秀的心理諮商師應該具備怎樣的品格、能力和特點？我此刻做到了嗎？」

在諮商當中，他們無法接受自己犯錯誤，一旦犯了錯誤就會走極端：要麼拼命掩飾自己的錯誤，為錯誤尋找合理化的解釋，要麼心情沮喪：「完了，我竟然會犯這麼愚蠢的錯誤，我無法當一名優秀諮商師。」

他們不僅在諮商中這樣要求自己，還會把這個要求擴展到自己生活中的各個方面，他們會問自己：「我有沒有傾聽家人？我有沒有理解同事？我有沒有給工作夥伴足夠的共感？」沒有堅持多久，他們會發現自己疲憊不堪，無法再貼著「心理諮商師」的標籤生活下去。

這個現象背後，其實存在兩個誤解：

一是要求自己過分完美。而在認知療法中，過分要求完美是導致自我挫敗的不合理信念之一。新手要求自己不犯錯誤，其實也是不合理信念的表現。與其時刻神經繃緊讓自己不犯錯誤，不如坦誠地接受自己，接受自己不完美這個事實，把注意力放在改正錯誤上，而不讓能量浪費在掩飾和沮喪中。

二是把心理諮商師的角色過度化。心理諮商師只在諮商室中扮演諮商師，走出諮商室後，需要從這個角色中走出，靈活地轉換到其他角色中。在諮商室中，諮商師一般不會對來訪者發火，但我們很難想像在生活中，做為父親／母親、丈夫／妻子、兒子／女兒的諮商師永遠不對別人發火，永遠都帶著一副理解、接納和共感的面具。

新手要接受這一點：心理諮商師也是人，所以會犯錯誤，會不完美，會有很多角色。這些是諮商師幫助來訪者解決問題的基礎。

「你應該接受心理諮商」——諮商萬能

在學習心理諮商的最初階段，很多人都會經歷對諮商著迷的階段：不論誰有問題來和自己談，都會熱情地勸說對方：「你的問題應該透過心理諮商來解決！你去預約一下心理諮商吧！」如果對方流露出去預約很麻煩的樣子，甚至會自告奮勇地說：「如果你信得過我，就讓我來幫你做吧！」

在初始階段，這種狂熱和著迷會給新手以巨大的動力，使其饑渴地吸收與心理諮商有關的一切理論和技術，成長和進步很大。但它也有副作用，因為這種著迷背後隱含著「諮商萬能」的不合理假設。世界上沒有萬能的心理諮商。再高明的心理諮商師都不會打包票說能百分百地幫助來訪者。更何況來訪者的成長與否並非僅僅取決於心理諮商師。

心理諮商確實可以幫到很多人，但它也有侷限性。過高的承諾不僅會讓諮商師陷於被動之中，而且對來訪者的成長不利——來訪者必須有意願進行諮商，並且要承擔起自己應該擔負的責任。新手應該把心理諮商從光環中解放出來，恢復它樸素和本來的面目。

結語

做為一名新手，即使瞭解了以上所有的問題和錯誤，並不等於就能跨越它們。在體驗中學習，是心理諮商面談訓練中的重要過程。諮商活動是個照鏡子的過程，來訪者就是諮商師的鏡子。在面對來訪者時，諮商師的第三隻眼睛可以看到自己內心的波瀾或水波，處理這些漣漪的過程就是成長的過程。

學員手記一：溝通達人的感觸：溝通並不容易（流浪基因）

在媒體產業摸爬滾打了十幾年，從平面文字、電臺廣播到電視主持，幕前幕後的工作我都接觸過，大致上工作內容就是「說話」，不論是面對聽眾播音，還是跟同事們溝通，都必須要口若懸河、滔滔不絕。所以，在我心裡，早就自詡為「溝通達人」了。

就因為如此，當班主任（班導師）通知週末開始諮商實習課的時候，我一點都不緊張，反而十分期待，不就是說話麼！總算有機會能在小組同學面前一展長才，讓他們看看專業人士的表現。所以，當第一堂實習課，老師邀請自願者上臺扮演諮商師及來訪者的時候，我忙不迭地舉起手，喊著：「我來！」

同組的安琪拉，一位在外資企業工作的女同學同時舉了手，整個教室就我們兩隻手在空中晃動，當然，老師就示意我們上臺演示。雖然我跟安琪拉私底下交情不錯，但是心高氣傲的我哪能讓別人搶了風采，於是我假意客氣，卻是十分強勢地說：「我以前搞媒體的，什麼角色都能演，要不這樣，我來扮演來訪者吧？」安琪拉欣然答應，這可順了我的心意，我內心竊喜，想著：待會我就要演一個刁蠻的來訪者，看你能拿出什麼能耐！

諮商師：很高興你過來（微笑著注視著我），你有什麼問題嗎？

來訪者：我？我沒有問題！難道……你也覺得我有問題？

安琪拉一開場就給我抓到把柄，我可沒問題，我是個完美的演員，我今天要演出的是一個強迫症患者（後來知道正確的說法應該是來訪者或當事人，而不是患者），怎麼能讓你一開場就這麼不客氣地說我有問題！

安琪拉顯然意識到我扮演的來訪者的阻抗，繼續和顏悅色地解釋她的本意是希望我能多說一些。說實話，她的鎮定，讓我打算刻意表演的叛逆情緒瞬間降低了不少。一開始我努力地扮演自己心目中強迫症者的模樣，不斷地搓揉手掌，故意飄忽的眼神，而安琪拉一直保持著前傾的姿勢，以溫柔堅定的眼神專注地傾聽。

隨著時間的進展，我變得越來越不敢看她的眼睛，自己都覺得這種虛假的表演在一個真誠的個性前面變得不堪一擊。終於，我站起身，拍了一下安琪拉的肩膀，帶著一點愧疚的微笑說：「好了，我演不下去了。」

當老師跟同學熱烈地討論我們剛才演示過程的時候，我沉默地坐在椅子上，原本覺得角色扮演對我而言不是一件難事，真表演時卻在安琪拉真摯的眼神中變得無處躲藏。僅僅是第一次實習的我們絕對沒有太多專業的諮商技巧，但是我們卻都能準備好一顆願意傾聽的真心。

相對於我這個想辦法偽裝的演員，安琪拉扮演的諮商師用真誠化解了防備。我才發現，辯才無礙絕不是共感的必要條件，真心傾聽才能解除防備，讓來訪者走出自己的象牙塔，而這就是我諮商師實習的第一課，也是最重要的一次課。

指導老師的話：帶這麼多次實習，第一次遇到這樣的事情：在第一天的實習活動中就出現這麼具有挑戰性的諮商個案！如果要對這個個案進行全面分析，需要講到傾聽、共感、提問、回饋、化解阻抗、認知療法……如果真的全部分析，會讓新學員們對要學習的面談心生畏懼。所以我後來給學員們提了一個建議：在開始時不要帶太難的個案來練習。固然小組中有人起點高、進步快，但過快的速度會讓一部分人遠遠地落在後面。考慮到整個小組的全局，形成互動妥協之後的速度，才能照顧大多數人。

所有的學員都是帶著自己的角色來到訓練中的，可能是工作角色，可能是家庭角色。而在訓練中他們只能有兩個角色：要麼是諮商師，要麼是來訪者。這需要他們清空自己的心，放下以前的角色和面具，為自己訂制一套新的角色制服穿上。有時，職業特點會融入諮商師的角色中，成為一種優勢，有時會成為一種障礙。擁有新的角色感是實習的第一道關卡。

學員手記二：諮商夢想的破裂（牛牛）

阻抗，自然而然的阻抗。自卑，突如其來的自卑。

今天的實習目標是營造良好的諮商氛圍，消除來訪者的顧慮，建立平等的諮訪關係。突然要自己扮演諮商師。雖說之前已經有了一定的心理準備，但還是有點趕鴨子上架的感覺。畢竟我們從沒見過真正的心理諮商，沒有見過真正的來訪者，沒有看到過諮商中的諮商師。所有的一切都只能靠自己想像。

諮商師：你好，我是這裡的諮商師，我姓徐。請問你怎麼稱呼？

來訪者：隨便。

諮商師：你覺得我如何稱呼你比較方便？

來訪者：無所謂，叫什麼都可以。

諮商師：（算了，不問了，再問下去會爭執起來了。直接進入主題吧。）那今天你來想跟我談些什麼呢？

來訪者：哎……跟你談有用嗎？

諮商師：不說出來怎麼會知道沒有用呢？你也是覺得很困惑才會來找諮商師的，不是嗎？

來訪者：可是你才幾歲啊？你談過戀愛嗎？你結過婚嗎？你能理解我嗎？

諮商師：（支支吾吾）我 24 歲，雖然沒有結婚但是……

不善言語的小孩，刁鑽刻薄的怨婦，固執己見的老人……一位一位「來訪者」都是那麼維妙維肖，就好像上了一堂戲劇學院的表演課。可是面對如此的沉默、質疑、喋喋不休，諮商師們卻一個一個傻了眼。與其說是實習，不如說這是一場戰鬥。很遺憾，這第一仗是我輸了，而且輸得一敗塗地。

想成為諮商師的夢想破滅了，我的心涼了大半截。天哪，這太難了！沒有豐富的閱歷，沒有牢固的地基，我這幢沼澤地上建起的大廈已經開始搖搖欲墜了。自信，忽然間它就從我的身上消失了。只剩一顆樂於助人的心還在沼澤中微微發著光芒，這就是我的全部。

（寫在後面的話：其實這個問題現在看來很好回答：「其實你更關心的不是我的年齡，而是我是不是一個能夠理解你的人，能不能幫助你解決問題。你更需要的是得到理解，是這樣嗎？」）

學員手記三：諮商可以很簡單（牛牛）

真正花了錢來諮商的人並不會有那麼厲害的阻抗——除了那些硬被父母架來的小孩、硬被別人送來的當事人。今天實習時，老師給我們看了一些諮商片段的錄影，我發現其實諮商也不是很難。創造良好的諮商環境，最關鍵的是讓來訪者感到輕鬆的氛圍，不要過於做作，也不要太刻板。知道哪些事可以做，哪些事不能做，再注意一些溝通上的技巧，也許心理諮商就這麼簡單。

為什麼第一次實習訓練，幾乎所有的來訪者都會表現得阻抗那麼強烈？其實是我們自己對自己的阻抗，自己對自己的信心不足。我們總擔心來訪者會有這樣那樣的表現，結果反而把自己的擔憂拋給了對面的同伴。不能說這種表現是刻意的，甚至可以說這樣做的目的是善意的——如果能在開始就把最困難的問題解決了，那一般的情況就更加遊刃有餘了——但是這樣的表現的確在一定程度上極大地影響了我們的自信。我承認，這種阻抗演示在實習的初期給我帶來了非常大的困擾，甚至無法繼續進行下去。

可是，演示錄影中的諮商師畢竟是久經沙場的老將，我們這樣的小兵可以做到嗎？我的心裡還是沒有底。

指導老師的話：這位學員連續兩週的日記向我們展示了從不自信到自信的學習過程，也反映出指導老師即時透過一些範例幫助學員樹立信心是多麼重要。當學員在扮演來訪者時，他既是在扮演來訪者，也是在扮演他自己。如果學員認為心理諮商是非常難的，他扮演的來訪者就是一個難以對付的個體，透過這個形象學員在驗證自己的觀念：如果我將來做心理諮商師，會遇到這種來訪者。

如果對方是一個合格的心理諮商師，他（她）應該能化解這些阻抗。他們忽略的是：諮商其實是一種專業支持關係，來訪者的意願、自我參與、對諮商師的認同是建立關係的前提。

學員手記四：在諮商室裡體驗當來訪者的感受（木瓜）

實習課上，老師講到做為一名諮商師要學會傾聽、要與來訪者產生共感，共感是每個諮商師必須掌握的一項心理諮商技術，也是最基本的，正確共感才能做好諮商。老師一再強調對新手來說做到共感是比較難的。那麼一個新手怎樣才能很快掌握好這項技術呢？我決定自己去當一回真正的來訪者，諮商師有沒有共感、共感得恰不恰當，來訪者應該最敏感。來訪者如果感受到了諮商師對他的理解和關注，就會願意作進一步的自我暴露和自我探索。透過當來訪者感受並學習共感，這個方法行得通嗎？

我從網上查尋到一個比較有名氣的專業心理諮商工作室。在電話預約中，我得知那裡的諮商師有不同的收費，從最高 500 元到最低 150 元，我要求安排一位經驗豐富的諮商師，一小時收費 300 元，既然學習，就要選好的。

按照約定，第二天上午我懷著既好奇又好學的心情準時來到了諮詢地點，開始了做來訪者的體驗過程。我向諮商師講述了一個最近在工作中遇到的挫折而引出與同事交往的困惑，希望尋求幫助。

一開始，諮商師先給我做了個小遊戲一樣的測驗。其中有一道題我答不出，諮商師一定要我回答。我一再聲明我對植物瞭解不多實在答不出，並反問諮商師回答這個問題對諮商很重要嗎？諮商師堅持讓我一定要回答，還說你隨便想一個答案也可以。

我心裡冒出了第一個疑問：隨便想出來的答案會是重要的嗎？這好像不是聯想吧？我不敢繼續耽擱時間就隨便給了個答案。在我陳述完發生的事件和尋求幫助的問題後，諮商師開始了提問。

我一邊回答諮商師的提問，一邊在心裡判斷這個提問是屬開放式還是封閉式，諮商師什麼時候用了重述？釋義？反射？有些提問我感覺與諮商目標沒有關係而不想深談，當我把這個疑問提出來後，諮商師用肯定的語氣告訴我是有關係的希望我回答。可是直到諮商結束我還是沒搞清這個方向的提問與我想要解決的問題有什麼關聯。

在諮商過程中我有一隻眼睛的眼角突然發癢，我用手去揉，諮商師當即要去給我拿面巾紙。我說：「謝謝不用啦，眼睛有點發癢而已。」

諮商師回答：「沒關係，你想哭就哭吧！」

暈！我哪裡有要哭的情緒啊！我在心裡說，這個共感可是讓我很不舒服的呀！

從諮商工作室出來，我的心情有點沮喪。兩小時來訪者的體驗，讓我對心理諮商這個行業感覺很迷茫，同時也對究竟應該怎樣做諮商產生很多疑慮。

疑慮一：

在收集資訊時，可能是諮商師一下子還不能確定方向，所以要求來訪者提供資訊的方向會比較多。但是不是在回應時能讓來訪者知曉你收集這個方向的資訊是為了確定什麼或是排除什麼，尤其是花了不少時間講述的那些資訊？否則容易讓來訪者對諮商師提問的動機產生懷疑。例如諮商師要我講述我的原生家庭情況，父母之間關係、我和父母關係，並要我舉例等等。回答完這方面問題後諮商師沒有給我什麼回應，我就不明白這些問題與我要尋求的幫助有什麼關聯。

疑慮二：

諮商師在給來訪者指導和建議時，是不是應該根據來訪者本身的具體情況而選擇角度？在我這項諮商過程中，諮商師花費不少時間舉了許多例子來說明人（包括諮商師自己的經歷）一生中是要遇到很多挫折。其實這樣舉例對一個踏進社會已 30 年、有著較高學歷（在諮商開始已詢問過我的學歷程度）的來訪者是沒有說服力的。

疑慮三：

諮商師發現了來訪者的阻抗怎麼處理？是置之不理按自己的方式進行下去，還是要先處理來訪者的阻抗情緒？在諮商師滔滔不絕舉例的時候我開始有了阻抗，出於禮貌我沒有打斷他的話。對後面諮商師的提問我盡量用最少的字回答以期望早點結束談話。諮商師應該感覺到我的阻抗，但他還是按他的認定方式進行下去。

疑慮四：

諮商時間一般是一小時。如果諮商師覺得需要延長是否應與來訪者商定？我原打算去體驗一小時，結果諮商師給我做了二小時諮商。最後付費時我不得不付 600 元，其實我內心是有想法的：我覺得自己選擇的問題完全可以在一小時內結束，第二個小時幾乎是諮商師一個人在滔滔不絕地說教，而且延長時間並沒有和我商量。

指導老師的話：正是這位學員的體驗活動，使得我後來安排了優秀諮商師的示範。我希望學員看到正確的諮商示範，不希望大家帶著遺憾完成實習。我們無意批評這位諮商師——這樣不成熟的諮商也敢收費 300 元／小時！他的表現其實是中國目前心理諮商師培訓體制的一個結果，而不僅僅是他的個人行為。

他硬要做兩個小時其實也折射出心理諮商這個行業目前在中國生存的艱難。對學員的四個疑問可以簡略回答如下：一、比諮商師瞭解來訪者問題更重要的是讓來訪者理清自己的思路，提問一定要為了來訪者的利益而不是滿足諮商師的好奇或其他個人利益；二、諮詢師給出的建議應該是具有針對性的。這位學員其實是想說諮詢師的認知矯正其實沒有發揮出作用；三、諮詢師應有足夠的敏感度感受到來訪者的阻抗並加以直接或間接處理，否則諮訪關係受影響；四、諮商時間應是雙方商量而定，而不是單方面的決定。諮詢師應尊重來訪者的決定，盡可能在約定的時間框架內完成諮詢。如果需要更長的諮商時間，諮商師需要和來訪者討論後決定。

只是有一點需要指出：像這位學員帶著學習的目的去做來訪者，其實不易進入角色，諮訪關係的建立會更為困難，對諮商師的要求會更高。她有帶著體驗、學習、批判、質疑和解決問題等多重目標來到諮詢室，這就要求諮商師同時要回應她的多重身份才能滿足她的需求，但這可能對諮商師的要求過高。

學員手記五：誰的選擇更重要？（牛牛）

最近三次扮演來訪者時，我都用了同一個案例：「我」諮商的是關於職業選擇方面的問題：離開公司後該去做什麼？

每位扮演諮商師的學員都會問及辭職的原因。瞭解了原因之後，有一位諮商師說了這麼一句話：「你對這個團隊的愛已經達到可以為這個團隊犧牲你個人。」這是我聽到的最準確的共感和概括，足以達到震撼的效果！

可是接下來，每位諮商師都是從「如此優秀的員工為什麼一定要選擇離開公司？」這個角度勸誡「我」留在公司。

練習結束後的小組總結時，大家談到這個問題：「為什麼做為諮商師會一再勸誡來訪者留下呢？」那其實是諮商師的價值觀。既然來訪者已經準備好要做出「犧牲」，那麼他「離去」的動機會比「留下」

的理由更加強烈。而此後的一些勸誡，反而更容易給來訪者帶來更大的困擾。

「價值觀中立」這五個字要做到真的不容易。但是如果能感受到自己在使用自己的價值觀影響來訪者，並且即時地調整，也是一種不錯的成長。

指導老師的話：對來訪者而言，去留並不是他的諮商目標，他已經做出決定要離開公司了。他想知道的是將來的發展方向。為什麼諮商師會糾纏於去留的問題呢？或許因為諮商師從心裡替來訪者惋惜，或許諮商師不贊成跳槽。不論怎樣，在諮商中，來訪者是獨立的個體，他們有權利做出自己的選擇，不論這是否是最佳選擇。尊重來訪者的表現之一就是尊重他們的選擇。

指導老師手記：「老師，您不內疚嗎？」

今天訓練時有兩位可愛的 MM（美眉／妹妹）問道：「老師，面試考試時會考到關於『第三者』的嗎？」

「婚姻和情感案例是會考到的。」

「如果是我們抽到了可就慘了。」

「為什麼？」

「我打心眼裡討厭第三者，覺得所有的第三者都應該去死，我怎麼共感對方呀！」

「你即使共感對方，並不等於你就同意她的觀點呀！」

「可是因為我反感所有的第三者，所以我無法共感。面試有 15 分鐘呢！我都不知該說什麼。」

「當你的身份是心理諮商師時，你並不需要對對方的道德進行審判。」

學員的語氣激動起來：「老師，如果一個第三者帶著痛苦的心情來找您，本來她正在考慮是否要退出，在您的諮商下，她的心情好起來。過了一陣，她打電話給您，興高采烈地說：『嚴老師，謝謝您！我現在終於把我心愛的人奪過來了！』這時，您是否會有內疚感呢？因為您的諮商使一個幸福的家庭被拆散了！」

沒等我回答，教室裡全體學員都熱烈地投入討論中。

有學員說：「應該價值觀中立，所以不應該有內疚。諮商的最高目標不是保全別人的婚姻。」

有學員說：「應該委婉地提醒她：如果她退出，會給自己更多的機會，也會給對方一個幸福的家庭。」

馬上就有人反問：「你怎麼知道那是個幸福家庭？也許本來那就是一段死亡的婚姻呢！」

有學員說：「在我眼中，根本沒有什麼『第三者』。來諮商的是一個活生生的人，有著自己的喜怒哀樂，我根本不會管他（她）是第幾者。」

有人問：「那你怎麼做得到呢？如果來訪者問你：『別人都說我是第三者，你覺得我是嗎？』你該怎麼回答？」

還有學員說：「如果來訪者的諮商目標就是做一個沒有內心衝突的第三者，諮商師該怎麼辦？」

最後我做了總結：「是否決定做第三者，是當事人自己的決定。如果諮商目標只是解決當事人的情緒困擾，那就著重在這個目標上。至於諮商師用不用『第三者』這個標籤不是最重要的，關鍵是這個標籤對當事人意味著什麼。如果『第三者』意味著道德敗壞者、狐狸精，那最好不要用這個詞，如果它只是一個中性詞，代表戀愛物件是一個已婚者，那可以用。諮商師不能把自己的價值觀強加在當事人身上，這對當事人是不公平的。只是要做到這一點並不容易。諮商師本人的角色往往會影響到他們的諮商建議。

比如對曾被第三者破壞過家庭的諮商師來說，當他（她）面對一個前來諮商的第三者，內心可能有非常複雜的感受，甚至會把自己的一些情緒反移情到來訪者身上。如果諮商師本人曾有過『第三者』的經歷，他（她）看待來訪者的角度又會不同。我個人認為如果來訪者的主題觸動了諮商師本人未解決的問題，諮商師應先解決自己的問題。在解決自己的問題之前，個案應轉介。

還有一次，我們曾經在案例研討會上討論過一個同性戀的個案。那時，同性戀還被列為心理疾病的一種。當事人想解決的並不是自己的性取向問題，而是與同性戀人相處帶來的情緒困擾。那麼諮商目標只能定為解決他的情緒困擾，而不是去改變他的性向。但如果諮商師認為只有異性戀是正常的，異性戀『好於』同性戀，在諮商過程中，諮商師可能無意中流露出自己的這種傾向性，他和來訪者的信任關係就很難建立。來訪者是在父母、長輩那裡受夠了這種說教才到諮商室求助的。

只是，超越自己的價值觀幾乎是不可能的，因為我們所有的行為都是在價值觀的基礎上發生的，它是非常強大的力量，就像地心引力一樣，當我們站在地球上時，我們不可能脫離它。但對諮商師來說，必須訓練自己有第三隻眼睛，當自己把價值觀凌駕於當事人之上時，能夠馬上意識到，並且察覺到自己的價值觀對諮詢、對來訪者有怎樣的影響。」

06 心理諮商面談的準備工作及結構

訓練中常有這樣的欣喜：小荷才露尖尖角，早有蜻蜓立上頭。

——詩出楊萬里《小池》。

點滴的成長彙聚成承載的力量。

開場：諮訪關係的初步建立

在訓練中，新手常見的問題是開場刻板和不夠溫暖。

刻板主要是由於緊張和不夠熟練，需要加強訓練，做到自然而放鬆並且有一定靈活度，就可以改變刻板的感覺。

做到溫暖則不是那麼簡單。溫暖很多時候是透過非言語信號做到的。目光和臉部表情是最重要的線索。新手要有意識地關注自己的目光對來訪者的影響，專注而有支持力的目光會讓來訪者感受到溫暖。關於臉部表情，很多新手都遵守微笑原則，但有時它也會遇到問題：如果來訪者處於悲傷、難過、憤怒的情緒時，諮商師臉上的微笑會讓他們感覺自己在被嘲笑、在被譏諷。另外，身體姿勢也在傳遞理解、支持和鼓勵。常用的姿勢是身體微微前傾。但如果過於前傾，或入侵到來訪者的個人空間，是不合適的。以上方面透過重播訓練錄影、進行分析和評論的方式達到的效果最好。

有時諮商師也會有簡單的寒暄。需要注意的是：寒暄的目的不僅僅是為了寒暄，而是為了讓有些來訪者感到放鬆。如果來訪者更喜歡單刀直入，完全可以略過這一環節，直奔主題。

關於是否和來訪者握手，要看具體情境。一般的原則是：如果來訪者主動伸出手，則可以握手。有時在最開始比較難評估來訪者對握手的反應。有潔癖的來訪者可能拒絕握手，有社交恐怖症的來訪者可能會對握手感到不舒服。

在最初的面接訓練中，可以看到這樣的場景：

「我是這裡的諮商師，我姓張。您貴姓？」

「我姓李。」

「那我叫您李大姐。」或「那我叫你李小姐。」

稱對方為「大姐」，在很多場合是禮貌的稱呼，能夠理解諮商師的本意是為了表達對來訪者的尊重，表明來訪者比自己年長，但在諮商中，這不一定恰當。諮商關係最好純粹，不要夾雜社會關係。我們無法預料來訪者對哪些刺激敏感，我們只能減少相關刺激。

「大姐」這個稱呼會讓來訪者如何反應？會啟動對方怎樣的回憶或情緒？是否會讓其聯想到某些不愉快的事情？或者因諮商師的年輕而對其專業能力產生不信任？

稱呼對方為「小姐」，對大多數來訪者都是可以的，但有些來訪者會對這個詞敏感，每聽到諮商師叫一次，眉頭就皺一次，很多注意力都放在這個令其不舒服的稱呼上。

比較恰當的做法是確認怎樣稱呼讓對方比較舒服：

「我是這裡的諮商師，我姓張。您貴姓？」

「我姓李。」

「那我怎麼稱呼您比較合適？」

「就叫我李女士吧！」

除此而外，諮商新手還要克制住自己的好奇心和衝動性，那些在社交中常聊到的話題，在心理諮商中，如果不是和諮商目標直接有關，就不要問。請看下面這個片段：

「您的穿著打扮很像白領，您是做什麼工作的？」

「我在公司裡做事。」

「是什麼公司？」

「哦……是 ABC 公司。」

「哎，我去過這家公司！是在徐家匯吧？！」

（來訪者勉強點點頭。）

「那你是什麼部門的？我認識你們老總。」

（來訪者無語。）

這段對話不是真正的諮商，這是在話家常。以心理諮商師的身份與來訪者說這些話，越說越讓來訪者心寒，頓生離開之意。說這些話的諮商師怎麼能得到來訪者的尊重和信任呢？來訪者怎麼相信諮商師會保密呢？在諮商關係中不要牽涉到複雜的社會關係。

另外，有些諮商師在最初從業時會有好奇心，在諮商中會忍不住問來訪者：「你戴的絲巾很漂亮，在哪裡買的？」

或確認相同之處：「聽你的口音你是從湖北來的。我也是湖北人。」「你說你是從華東師範大學畢業的，我也是從那裡畢業的。」

對新手的提醒：諮訪關係盡量純粹。諮商不是社交。諮商所涉及的問題只能直接和諮商有關，不應該用來滿足諮商師個人的好奇心。說話時的口吻應該溫暖、親切，但不親暱、不過於隨意。

信任關係是從細節開始建立：做筆記

諮訪關係建立的好壞對諮商效果有直接影響。而初次面談為諮訪關係定下基調。諮訪關係其實在來訪者還未進入諮商室時已開始構建：雙方對自我和對方角色的認同。正是由於來訪者自覺地把諮商師知覺為諮商師，來訪者才會願意傾訴。

但雙方的互動和場面構成會影響來訪者對諮商師的信任程度。即使來訪者接受諮商師是專業援助者，這並不意味著他（她）在內心裡沒有任何防禦、沒有任何阻抗，而化解防禦和阻抗的良方是信任關係。做為兩個本來素不相識的人，要在諮商室建立信任關係，很多因素會發揮作用，比如諮商師的職業素養、專業功底、諮商室的環境、諮商流程等，而對新手來說，需要關注一些細節。這些細節會影響雙方的信任關係。

以記筆記為例。很多諮商師都有在諮商中記筆記的習慣。這看似一件小事。但諮商中每件事都會成為構面的一個組成要素，所以有必要對其進行關注：記筆記的目的是什麼？筆記該記些什麼？記筆記這件事情對來訪者的影響會是什麼？如果來訪者要求看筆記內容，該怎麼辦？如果來訪者不希望諮商師記筆記，該怎麼辦？

記筆記是一種常見的、規範的做法。筆記是原始資料，如果發生糾紛，常用作證據，需要妥善保管，嚴肅對待。從根本上講，筆記只是諮商的輔助手段，它是用來幫助諮商的。記筆記本身並不是目的。如果諮商師埋頭筆記，因而忽略來訪者，這是不可取的。如果因筆記過多、過慢而影響諮商的速度，這同樣不可取。

對諮商師來說，記筆記的目的和內容有多種：有人會記下自己的判斷、診斷，這些內容不一定會對來訪者說，但心裡已做出判斷就寫下來；有人會記下自己將要提問的重點，以提醒自己；有人會記下來訪者所說的重點，然後用自己熟悉的符號作一些標記，以提醒自己重點和需要回頭再提問的地方。有經驗的諮商師常用第三種。這種方法較為安全，並且快速、迅捷。

我們預料不到諮商中會出現什麼問題。有時會遇到這樣的來訪者：會有強烈的偏執傾向，不信任所有的人，因而會對諮商師的筆記產生強烈懷疑，目光不時地掃過筆記本，甚至會要求看筆記內容。處理方式可以有多種，其中一種方式就是給來訪者看，看完之後討論：「你為什麼想要看？看完之後你的感受是什麼？這和你平時的行為方式有何關係？」諮商中的每一件事情都有意義，有經驗的諮商師會把它納入到諮商過程中。

諮商師在記筆記時要大大方方，切忌用手遮蓋著、用身體擋著，或有意側過身來記筆記，這些動作會讓來訪者不舒服。另外，筆記本的選擇也大有講究，不要用那種過分隨意的、非常小的筆記本，讓來訪者覺得過於隨便，感覺你隨時可以塞到口袋裡帶走；也不要選擇那種翻開可以豎起來把來訪者視線全部擋掉的筆記本。可以選擇適合辦公室使用的筆記本，大小和顏色適中。在紀錄時自然而不刻意地掩飾。

有研究者建議：為了更好地建立信任關係，可以在諮商開始時問來訪者：「如果我記筆記你介意嗎？」這是一個好建議，但需要注意：如果來訪者根本不知道記筆記的目的，就很難做出判斷，而且這種徵詢口氣可能會讓一些來訪者說：「我介意，請不要記筆記。」如果有這樣的反應，諮商師是記還是不記？如果馬上討論來訪者這樣的反應意味著什麼，火候不到，時間過早。如果記，是不尊重來訪者，諮訪關係建立不好；如果不記，諮商師又覺得不舒服。為防止這種尷尬，可以在開始時向來訪者解釋做筆記的目的，重申保密原則。這樣會讓來訪者安心。

正式諮商

在雙方介紹過後，諮商師一般會切入正題。常常被用到的切題話有:「你想跟我聊點什麼？」「你有什麼問題？」「你有什麼不開心？」第一種問法可能讓一部分來訪者有以下反應：「心理諮商就是聊天，我想聊什麼就聊什麼。」因而話題過於隨意和寬泛。

第二種問法大部分人都可以接受，但有一些來訪者會比較敏感：「我沒有問題。」他們不願意自己被界定為「有問題的人」，會對這個問題產生心理阻抗。

第三種問法適用於一部分來訪者，但不適用於所有的來訪者，因為有些來訪者可能來諮商職業發展等。

比較推薦的問法是：「您今天到這裡來想和我談什麼？」這裡強調來訪者是心理諮商的主角，應該由來訪者承擔起主動談話的責任，而且強調在心理諮商中是「談話」而不是「聊天」，它的正式性也得到表現；此外，這裡用了「今天」這個詞，來訪者談到的內容可能存在不止一天，可能早就需要解決了。但來訪者決定「今天」來到「這裡」，此時此刻就變得重要了，需要瞭解其心理諮商的直接動機。有時探討在當下、過去和將來的時間序列中來訪者的行為和動機變化，本身就是諮商的重要內容。還有，這個問法對所有的來訪者都適用，不會讓來訪者有不舒服感。

如果來訪者有一段時間的沉默，諮商師要給來訪者足夠的時間來思考如何開口，而不要無法承受沉默帶來的壓力感，拋出一個又一個問題，讓來訪者疲於應對。諮商新手要理解來訪者在最初時刻的緊張、不安、為難、不知該說什麼好，要相信他們，不要認為沉默就是陷入了僵局，打破沉默一定是諮商師的責任。沉默本身不是空白，沉默也可以是有內容的。在沉默的過程中，諮商師可以透過目光給來訪者溫暖的支持。

如果過了一段時間來訪者仍保持沉默，可以給予其支持：「很多人第一次時都不知道該怎麼開始，不知該說什麼好。你可以想到什麼說什麼。」

如果在這之後來訪者說：「我還是不知道該說什麼。」可以繼續給予鼓勵：「你現在想到什麼都可以談。」也可以把問題稍微具體化、讓其選擇：「你是想談工作方面、家庭方面還是你自己的情況？」還可以說：「如果你想瞭解什麼資訊，也可以問我。」

在這裡需要注意的是：不要太快或太早給出具體問題。對來訪者而言，他（她）最初談到的問題是值得關注的，即使不是最重要的，也是非常有意義的。不要錯過這個觀察機會。也不要剝奪來訪者應有的權利。

確立諮商目標

在心理諮商中確立目標是非常重要的。對於新手來說，常見的錯誤是跟著感覺走，一個勁地往自己認為重要的方向去，但有可能這個方向就是錯誤的。即時和來訪者確立諮商目標就有可能糾正這種方向性錯誤。可以看下面的諮商片段：

「我最近不想上學了，因為我不會做事，在學校裡什麼都不適應。」

「你感受到不適應。那你身體方面有不舒服嗎？」

「有啊，總覺得乏力。體重下降了 8 公斤。」

「你父母知道嗎？」

「我天天給他們打電話。他們知道。」

「那你跟同學聊過嗎？」

「同學也知道的。但我很少跟他們說話，因為他們覺得我很怪，什麼事都不會做。」

「那你學習上受到影響嗎？」

「有啊，學習學不進去。成績考得不理想。」

「那你今天來這裡主要想解決學習問題還是交往問題？」

「我主要想解決獨立生活能力這個問題。」

這是一個典型新手培訓過程中的片段，可以看到新手對關鍵細節沒有把握住（如體重下降 8 公斤），方向也沒有找對（關注在學習和人際交往方面）。但透過確立諮商目標，來訪者對其進行了糾正（適應問題，尤其是獨立生活能力的培養）。如果扮演諮商師的學員不確認諮商目標，一直按學習或人際交往問題來做，可以看到其方向和來訪者想要解決的問題差距較大。

有時來訪者談到好幾個方面的問題，諮商師要與其確認，並討論先解決哪個問題。這也是諮商目標的確立。

有了諮商目標，就能明確方向，圍繞諮商目標來收集資訊，並關注與諮商目標有關的問題的解決。

即時小結和總結：以親子關係個案為例

做為新手，在訓練過程中，發現諮商的難度在於同時要處理多管道的資訊：需要專注地傾聽、觀察，需要在頭腦中綜合資訊、進行分析，並不時提問、回應。同時完成這些資訊加工，並不是一件容易的事情。在訓練中，可以透過即時小結和回應的方式來完成這些任務。這些小結可能是一句話，也有可能是一段話，不在於長短，而在於適時性和到位。

下面來看一個諮商面談練習實例，透過實例瞭解以上所提各方面。

「你好！我是這裡的諮商師，我姓李。請問怎麼稱呼妳？」

「我姓黎，你叫我小黎就可以了。」

「想跟妳說明一下：在諮商過程中，為了更好地進行諮商，我需要做一些筆記，希望妳能理解。」

「你還是會替我保密的，對嗎？」

「對，這是心理諮商的基本。」

「那就沒問題。」

「小黎，請問妳今天到這裡來想和我談什麼？」

「我最近總是吃太多東西。」

「聽上去妳食慾很好。妳能談得具體一些嗎？」

「嗯……我每天吃很多東西，不停地吃，特別是晚上。」

「妳控制不住自己吃東西的慾望，那妳吃東西時的感受是什麼？」

（沒有追問吃的具體情況，轉到感受上。在有些情況下，這種方式是可以的。在有些情況下，需要詢問吃的具體資訊。）

「吃的時候很放鬆，但吃完後有罪惡感。」

「也就是說最近妳無法抑制自己吃東西的慾望，但吃完又感覺不好。妳在工作或生活中遇到了什麼事情嗎？」

（小結，並且引出往深一層挖的問題。）

「我的工作很忙，週六還要上班，我本來最不喜歡加班，但最近卻希望週日也加班。我的兩個孩子剛從美國回來，所以更忙了。」

（「希望加班」是個重點。）

「妳的孩子多大？」

「一個 5 歲，一個 36 個月。我害怕單獨和孩子在一起。」

「聽上去妳工作壓力有些大，還要面對孩子。妳希望週日加班，是不想單獨和孩子在一起，對嗎？」

（第二次小結，並且帶有面質。）

「是。但女兒會一直等到我下班後才睡，她想和我說話。」

「她會和你講些什麼？」

「就是一些小孩子說的話。」

「那妳的心情是怎樣的？」

「我心裡很煩。我根本就不知道該怎麼當媽媽。」

（「如何當媽媽」應該是諮商的重點。）

「妳沒有準備好做媽媽。吃東西是妳找到的一種發洩途徑，但過後妳又擔心體形，很煩惱。」

（第三次小結。）

「我現在的心情很煩躁。」

「妳嘗試過跟家裡人溝通嗎？」

（這是一個跳躍度較大的問題。）

「怎麼跟別人說啊？我真的不知該怎麼做。我最好是沒結婚、沒小孩。」

（再次出現主題詞「怎麼辦」。）

「是沒有做好準備嗎？」

（這個回答具有一定的洞察力。）

「現在想想應該是這樣。生下孩子沒多久，爺爺奶奶就把他們分別接到美國去了。我和先生平時的生活非常簡單。現在家裡一下添兩個小孩，我真不知該怎麼辦。」

（第三次出現主題詞「怎麼辦」。）

「也就是說妳現在有手足無措的感覺。妳的吃東西其實是一種撫慰，是一種逃避責任。那妳想過什麼解決方法嗎？」

（第四次小結，話題轉換到解決問題上。）

「孩子們平時不和我在一起，我不知該怎麼辦。」

（第四次出現主題詞「怎麼辦」。）

「那妳小時候和父母的關係呢？」

（這個提問的方向正確，只是沒有任何轉折和過渡。）

「我很小時就和父母分開，到 16 歲才回到父母身邊。」

（這是值得追問的關鍵點。）

「也就是說妳在處理和孩子的關係方面沒有經驗，而且得不到別人的幫助。」

（「得不到幫助」後面是什麼？是拒絕別人幫助還是周圍沒有支持力量？）

「是啊，我不知該如何面對，自己心裡也非常矛盾。」

（「矛盾」二字其實是個重點，可以追問。）

「孩子不在身邊你會想他們嗎？」

「給他們打電話時，有時心裡很辛酸，很想他們，但見了面後，又覺得心煩。」

「由於時間關係，我們的諮商馬上就要結束了。今天聽了妳的這些情況，我覺得妳可以和孩子多一些接觸，不要逃避。妳如果一直逃避，會對孩子缺乏瞭解，沒有機會改善。世界上最偉大的是母愛。妳可以讓自己融入這樣的角色。當然，妳可以給自己多一些時間做到這一點。我們今後的諮商就圍繞如何當好媽媽這個主題來進行。」

可以看到，對新手來說，這個面談練習片段做得不錯，雖然還存在著不夠深入、細緻等問題，但諮商結構把握得很好，從開場、切入、小結到目標的確定，都有呈現，尤其擅長即時總結，加上有一定的洞察力，所以諮商還是在推進。

從一個新手所做的個案中學習

下面將呈現一個新手在練習時所做的個案實錄，真實呈現新手的思路、方向和遇到的困難，隨後透過個案評論分析諮詢中呈現出的進步和改進點。

個案實錄

諮商師：「您好！我是這裡的諮商師，我姓張，請問怎麼稱呼您？」

來訪者：「我姓陳，你叫我陳女士吧。」

諮商師：「請問您今天來有什麼想跟我談的？」

（切入主題。）

來訪者：「我在公司跟領導（上司）的關係不好。當領導的做法不公平時我就會直接跟領導說。」

諮商師：「聽上去您跟領導的看法有分歧，而且您會直接說。您能具體談談對領導的哪些做法有看法？」

（把諮商方向導向了「看法」，其背後的假設是「諮商師要對這些看法進行評判。」但諮商師不是法官。比評價這些看法更重要的是來訪者所說的事件對其有怎樣的影響。）

來訪者：「在分房方面。明明應該李教授的貢獻更大，但卻分給了王教授。」

諮商師：「您是一位很有正義感的人。您能說一下您跟領導是怎樣溝通的嗎？」

（根據哪些事實得出了「正義感」這個結論？）

來訪者：「我直接到院長辦公室，對院長說：『聽說你要把房子分給王教授，你怎麼可以這樣做？明明就是李教授的貢獻更大。你不能因為王教授跟你關係好你就分給他。』」

諮商師：「為什麼您認為應該分給李教授？」

（諮商的方向和目標是什麼？過早地深挖一個事件，但我們並沒有看清全貌，不知道來訪者的主要目標。）

來訪者：「因為不論是從發表文章的數量，還是上課時數，都是李教授更多。」

諮商師：「您多大年齡？」

來訪者：「30 多歲。」

諮商師：「哦，您已經工作 10 多年了。」

（可以直接問工作多少年。）

諮商師：「那您自己的住房？」

來訪者：「還好。這次分房跟我沒關係。」

諮商師：「聽您這麼說，分到房的人是因為跟領導的關係不錯，您看不慣領導的做法。那您覺得哪些人跟領導關係好？」

（為什麼要問這個問題？看不到諮商將要導向何方。）

來訪者：「別人跟領導的關係與我無關。我只是覺得領導不能這樣做。」

諮商師：（停頓）「當您跟領導談了之後，領導是什麼反應？」

來訪者：「領導冠冕堂皇地說：『這是打分的結果。』但我知道，這是暗箱操作（黑箱操作）的結果。」

諮商師：「那您今天到這裡來想解決什麼問題？」

來訪者：「我看到不公平的現象，不說吧，不吐不快，說吧，自己又累，感覺很迷惘。」

（這裡有三個關鍵字「不吐不快」、「累」和「迷惘」值得關注。）

諮商師：（停頓。扮演諮商師的學員求助地望著指導老師，她做不下去了。這時，才進行了 6 分鐘。老師鼓勵她繼續，讓她圍繞諮商目標做下去。）

諮商師：「剛才您說了您的諮商目標，您能具體談談嗎？」

來訪者：「看到不公平，我不說不舒服，說完了對方沒有改變，而我和對方的關係也變僵。還有一些做法開始針對我。」

諮商師：「您跟先生說過這些苦惱嗎？」

（諮商目標還沒有澄清就轉移了話題。）

來訪者：「說過啊！」

諮商師：「他是怎樣說的？」

來訪者：「他說我的性格就是直的，勸我睜一隻眼閉一隻眼。」

諮商師：「那您能不能不說呢？就像您剛才說的，說了並不能改變什麼。」

來訪者:「我總是忍不住。總要有人管，不能讓某些人一手遮天。」

諮商師：「那您今天來是不是想控制情緒？盡量不要讓自己有情緒困擾。」

（再次提到諮商目標。）

來訪者：「但是我不說我還是會心裡不痛快的。」

諮商師：「那您是否是要學習遇到這些事情時，怎樣平靜而客觀地處理？」

來訪者：「我是很客觀的呀！我沒有主觀。分房那件事情是我根據兩個人的客觀表現來說的。」

諮商師：「根據他們的什麼客觀表現？」

來訪者：「根據他們的論文數量、課時量啊！我覺得我有責任去幫助受到不公平對待的一方。」

諮商師：「那您有幫到對方嗎？」

來訪者：「沒有，但是我做了。」

諮商師：「您客觀上沒有幫到，所以您還是要學習控制情緒。您說對嗎？」

來訪者：「嗯。」

諮商師：「為達到這個目標，需要簽訂一份協定，您願意嗎？」

（沒有任何鋪陳就談協議！）

來訪者：「那要看什麼協議。」

諮商師：「是我、你和你先生一起簽訂的協議。您在家時，您先生扮演您的領導，您和他練習怎樣溝通。您看可以嗎？」

來訪者：「這樣行嗎？讓我把先生當領導？會不會把我們夫妻關係搞壞啊？！」

諮商師：「您可以試試看。另外，您的問題在一次諮商中不能解決，我們需要 10 次左右，您能堅持嗎？」

（這 10 次都安排一些什麼內容？目標是什麼？）

來訪者：「我不知道。會有效果嗎？」

諮商師：「如果您堅持，肯定有效果。」

（這種承諾並不很恰當，也會讓諮商師承擔過大壓力。）

來訪者：「那試試看吧。」

諮商師：「那現在我們來做一下角色扮演。我來扮演你們領導，你重現一下跟領導溝通的情形。」

15 分鐘到。停止。

個案評論

勇氣和堅持性

扮演諮商師的學員能夠做滿 15 分鐘，是非常大的進步。儘管中間停頓了一下，但很快理清了思路，堅持做了下去。在訓練中，有時突破就是這樣產生的。從結構來說，較完整地呈現了開場、正式諮商、給建議等方面。雖然非常稚嫩，但它是學員在學習過程中必經的階段。

對家庭作業的評估

扮演諮商師的學員有學以致用的靈活性，剛剛學過行為療法，馬上用在諮商建議上，提出簽訂協議，這很好。但是建議本身值得推敲，簽訂這樣的協議是很少見的。諮商師首先要明確這樣做的目的，並且評估這樣做的效果和可能性。諮商師的本意是為了讓來訪者在家能夠練習，但這樣一個框架粗糙的練習會讓來訪者有很多疑慮：為什麼要放在家庭中練習？先生能配合她練習嗎？先生能夠承擔起心理諮商師的作用嗎？怎樣控制練習的效果？怎樣評估這種練習對夫妻關係的影響？

在行為和認知療法中，諮商師常規定一些家庭作業讓來訪者回家做。但需要注意以下方面：

（1）家庭作業具有可操作性，需要對每一細節做規劃。

（2）確認來訪者能夠自己操作和掌控。如有必要，請先在諮商室裡進行練習，確認來訪者能夠操作後，再讓對方帶回去做。

（3）如果需要家庭成員或周圍人監督、控制，需要確認這些環境能夠提供相應的支援。

有這樣一個案例：一個外地的母親帶著兒子來上海諮商兒子上網成癮的問題。由於路途遙遠、費用較高，來訪者不能繼續來到諮商室接受諮商，媽媽就提出可否給她一套方案讓她回家後繼續用。諮商師當時就用了簽訂協議的方法，簽訂了一個母親、孩子和諮商師的三方協議，詳細規定了孩子每週上網的時間、監督人、獎罰辦法等。

回去兩週母親就打電話來哭訴兒子撕毀協議，問諮商師該怎麼辦。在這個案例中，諮商師當時沒有評估母親是否有足夠的權威來監督兒子。在以往的母子關係中，母親拿叛逆的兒子沒有任何辦法，多次交鋒都以母親失敗而告終。簽訂協議前應該跟母親談清楚可能出現的問題，如果需要，探討該如何解決。如果母親最後說無法用這個方法，就需要考慮其他方法。

關於諮商次數

扮演諮商師的學員要求來訪者來 10 次，來訪者將信將疑，勉強同意。這裡的處理還是存在一些問題。首先諮商目標不明確，透過 10 次諮商達到什麼效果不清楚。其次，在這 10 次諮商中做些什麼也並不清楚。總結時扮演來訪者的學員說：「諮商師一說 10 次，我馬上在算我要花多少錢、多少時間，這樣的心理諮商合算不合算。也許我第二次不會來了。」

在第一次諮商時諮商師讓來訪者知道確切的諮商次數，這是規範的做法，只是在告知次數時一定要解釋清楚做些什麼。

關於諮商目標

扮演諮商師的學員有確立諮商目標的意識，這是很好的，只是諮商目標仍然模糊不清。最後確立的諮商目標並不是來訪者真正的目標，而是在諮商師的百般勸說下，來訪者半推半就接受的。

的確，在這個個案中，來訪者對自己的諮商目標不清楚，感受也是比較複雜的：有對領導的不滿，有對不公平現象的不滿，有無法改變不公平的無力感，有說和不說的矛盾和衝突……根據現有的資訊，其實諮商目標還沒有出來。

需要進一步瞭解的資訊有：來訪者目前的狀況是由分房事件引起的，還是一直存在這種狀況？為什麼現在走進諮商室？她只是對現任領導不滿，還是對所有不公平做為的領導不滿？目前事件與她本人的利益不相關，如果遇到和她本人利益相關的不公平時，她是怎樣處理的？她平時與同事的關係如何？如果是系統性的表現，其內在的動機到底是什麼？即使面臨衝突她仍然無法停止目前的做法，背後有著怎樣強大的力量？

扮演來訪者的學員談了更多的資訊：

原型是自己的一個中學同學。她對所有的不公平現象不滿。這和她成長的家庭有關。她在家裡是老大，弟弟有殘疾，從小處處護著弟弟，只要有人欺負弟弟，就一定會帶著弟弟上門，要求人家賠禮道歉，有時不得不動用拳頭。上學後在班裡也處處打抱不平，像老母雞一樣護著一位看上去很柔弱的女同學。工作後在公司裡打抱不平，性子是直來直去的。人際關係上總是有問題，覺得很累。

在實際諮商中，是用心理劇的形式解決的。有人扮演她的弟弟，讓她牽著手走來走去，有人扮演欺負她弟弟的人。她大怒、大罵，到最後掩面痛哭，開始責問命運為什麼不公平，讓她承擔這麼多？她指著弟弟的鼻子罵：「都是你！都是你呀！」那個外表堅強剛烈的姐姐轟然倒下，一個真實的、脆弱的、憤怒的、怨恨的女性誕生在自己的淚水中。數次後，她內心的情緒得到釋放，衝突感沒有那麼強烈了。

聽完這些介紹，學員們議論紛紛，他們提出了很多問題，其中有兩個具有代表性，在這裡進行討論：

有沒有必要回溯到來訪者的童年？

按照行為療法的理論，在上面的個案中，如果最終確定的目標是學習如何與領導溝通，那就沒有必要回溯至來訪者的童年。按照行為療法的觀點，如果諮商目標是行為改變，應該關注當下行為，運用學習理論，讓來訪者透過模仿、角色扮演、空椅子技術、實踐練習等方式，逐漸學習有效的溝通行為。

假定在上面的個案中，最終確定的目標是解決來訪者深層次的情緒困擾問題，可以回溯至成長史，以瞭解行為模式背後的動機。

按照雙方商定的諮商目標確定諮商的深度和廣度，是對來訪者的尊重，也是諮商師應該做到的。有時候諮商師覺得比來訪者站得高、看得遠，因而擅自確定了新的諮商目標，這種做法是不當的。如果諮商師為了滿足自己對某種療法或流派的興趣，擅自更改諮商目標，這是不可取的。

有一位諮商師曾經講過這樣一件事：「在我初涉心理諮商不久，遇到一個來諮商同學關係的大學生。當時我正對精神分析流派著迷，不僅分析自己的夢，也非常想分析來訪者的夢。於是，我請來訪者記下他的夢，我們在諮商時進行分析。夢確實提供了對當下狀況深層次的解讀。但在案例研討會上，同行們就毫不客氣地炮轟我：『你和來訪者確定的諮商目標是解決他當下的人際關係，為什麼會用到夢的分析呢？夢的分析是為了來訪者的利益，還是為了滿足諮商師對精神分析流派的偏愛？』我被這一炮轟醒：可能我的個人偏愛占了上風。」

為當事人的利益著想，這不是一句空話。

一位諮商師在案例分享中講過一件關於諮商目標溝通的小插曲。

「多年前我在一家醫院擔任兼職高級心理諮商師。一位母親來諮商，她本來是想諮商兒子的問題，但我告訴她只能從她的角度諮商，我沒有見到她兒子，無法為她兒子諮商。於是我就按親子關係的教育諮商來做，主要解決來訪者該如何與兒子溝通。結束時這位母親是笑著跟我告別——她走進來時是一臉的苦相。還沒等我的成就感消退，我就得知我被投訴了，被那個母親。

她的要求是退回諮商費，理由是：『諮商師只是解決了我的問題，但我想解決我兒子的問題。300 元諮商費對我來說是非常貴的，又不可能享受公費醫療，我不可能再帶兒子來一次。』我當時第一反應是覺得自己很失敗，起碼是在諮訪關係上很失敗，居然被來訪者投訴！

有可能是我在諮商目標上沒有和對方進行很好的溝通，沒有詳盡地解釋為什麼不能直接為她兒子做諮商。雖然也有可能這位來訪者只是出於對費用的考慮來投訴，不一定是我做得不好，但它對我確實是一個警鐘。」

在諮商中，諮商師應該謹慎而嚴肅地對待諮商目標，一定要雙方都明確、達成一致。明確的諮商目標可以保障諮訪雙方的利益。

如果來訪者是自己認識的人，是否要迴避？

學員提到自己給中學同學當諮商師。大家就開始爭論能否給認識的人做諮商。問到這位學員和原型來訪者的關係，回答說：「現在還是很好的關係。」「是諮商師和來訪者的關係，還是同學關係？」「已經說不清楚。」

我個人的建議是盡量迴避。在我們討論的個案中，學員和原型來訪者既然是同學，那就意味著有共同的同學和朋友，她與這些人相見時，會不會有尷尬的感覺？

在一些情況下，建立純粹諮訪關係有困難。如高校的心理老師，既給學生上課、同時又兼任心理諮商師。有一位老師曾做過這樣的分享：「有一次我的學生來諮商。當時我擔任他所在班上的一門課程，在我給全班同學做心理遊戲時，我發現他需要個別心理輔導，下課後建議他到諮商室。他到諮商室就來找我了。我告訴他迴避原則，他有些猶豫：『老師，還是你給我做吧！』我接了這個個案。

有一次諮商時，他突然說道：『老師，現在我很不願意上你的課。』

『是嗎？能談談為什麼嗎？』

『因為，在諮商室裡，你是給我一個人做諮商；在班裡，你是給全班上課。我覺得不舒服。』」

我們無法得知是什麼方面讓這個學生不舒服，是因為老師關注所有同學讓他不舒服，還是他覺得老師知道了自己的秘密而不舒服？或者是其他原因？但是，可以肯定「老師加諮商師」這雙重角色給來訪者帶來了困惑。

諮商師生活在現實生活中，有時還是會遇到一些無法迴避的情形。如一位諮商師曾遇到這樣一件事：「有一次，一個認識的人突然打電話給我，想要找我做諮商。『我現在都快瘋掉了，不找個人談談我不知道自己今晚會做什麼傻事！』在諮商室緊急見了面後，我就知道他的情況有多糟糕：兩隻眼睛血紅；身上一股難聞的氣味，宿酒混合著其他；頭髮和鬍子亂蓬蓬的。這和他一貫的形象形成多麼大的反差！一開始他情緒激動得連完整的句子都說不出。我知道了那個突發的、令他傷心欲絕的故事，他無法承受，他無法入眠，他酗酒，他想自殺，他想瘋狂報復。

狂風暴雨的傾訴之後，他無助地問：『我該怎麼辦？我該怎麼辦？』在他離開時，他向我承諾不去做那些傻事。之後這麼多年我們再沒有見過一次面，應該是一種刻意吧。我知道他內心的感受：在他最無助的時候，他把內心最深處的想法告訴我了，但過後這讓他很不舒服，沒有安全感。還有，我是和他最低谷的那種狀態聯繫在一起的，他非常不喜歡那種狀態，因而也不願意因為見到我勾起傷心往事。我當了一回稻草，卻無法再做朋友。」

這位諮商師後來成為迴避原則的堅定擁護者。

諮商中的迴避原則是保護諮商師和來訪者雙方的利益。純粹的諮訪關係既便於來訪者敞開心扉，又便於諮商師保持客觀和中立的立場。如果有其他關係摻雜其中，諮訪關係可能會受到影響，有時還會波及雙方的後續關係。

在什麼時候需要肯定來訪者？

如果來訪者自我評價過低，諮商師要巧妙地找到來訪者身上的發亮點，讓其看到自己的值得肯定的地方。但是，在這樣做的時候，一定要注意一點：不能為肯定而肯定，一定要符合實際。在這個個案中，扮演諮商師的學員用「你是一個具有正義感的人」來肯定對方，第一眼看上去，似乎非常好，但仔細思忖，未必如此。諮商師不是法官，也不瞭解全部的事實，在分房事件上孰對孰錯尚不清晰，一下子給出「正義」的結論和判斷，會強化來訪者的不公平感和固執傾向，也會讓她在後面的諮商中以正義方自居，對認知和行為矯正的建議拒絕接受。像這樣判斷性的結論，諮商師應比較慎重。

我的建議是：恰如其分地肯定來訪者，要比拔高來訪者、迎合來訪者更重要。透過後者固然可以讓來訪者在短暫的時間內有良好感覺，或者有助於建立短暫的信任關係，但那畢竟是虛假的，而且會影響後面的諮商。

有時，恰當的共感可能比肯定來訪者更重要。在個案中的此處，可以回應：「聽上去領導的處理讓你覺得很不公平，是嗎？」用共感的方式讓來訪者知道自己是被理解的。

理解、接納和尊重來訪者，但並不一定完全贊同來訪者的觀點。這是諮商師應該把握的分寸。

結語

諮商的結構和張力，既和諮商師信奉的理論流派有關，也和諮商師的個人風格有關，還和來訪者的特點有關。新手在開始學習階段可能會機械而刻板地模仿，隨後會逐漸發展出適合自己的諮商風格和結構。

07 面談中的傾聽技術訓練

在諮商中，諮商師要適當地「忘我」，透過積極傾聽給來訪者創造空間，讓其「說盡心中無限事」，諮商師「此時無聲勝有聲」。

——詩出白居易《琵琶行》。

傾聽是心理諮商中一個最基礎也是最重要的技能之一。在訓練時往往也是比較困難的。學員往往自嘲：「怎麼現在連聽別人說話都不會了呢？」生活中我們每天都在聽，但心理諮商中的聽是專業性的傾聽，是需要透過訓練獲得和提高的。

專業性的傾聽

心理諮商的傾聽有多重功能。第一個功能是獲取資訊。來訪者在諮商中會說到很多資訊，如果說來訪者的話就像一條潺潺流過的小溪，時而湍急，時而平靜，諮商師就像一個漁人，時而在岸上靜觀，時而涉足溪中，目光犀利、身手敏捷地捉住一條又一條的小魚，但並不圍堵溪水或改變溪水的流向。這需要諮商師在整個過程中非常專注，並且能夠區分出關鍵資訊和一般資訊。很多新手在做諮商的過程中會思維枯竭、無以為繼，其中一個原因就是沒有很好地傾聽。

傾聽的第二個功能是傳遞尊重。專業的傾聽不僅僅是用耳朵，它還包括非言語信號，如目光的接觸、身體的前傾、微微的點頭等。這些向來訪者傳遞的信號是：「我非常願意聽你所講的一切，你所說的都是很重要的，你可以放心地表達自己。」這種尊重態度幫助建立的良好諮訪關係，讓來訪者備受鼓舞，願意敞開心扉。

傾聽的第三個功能是對來訪者的情況進行評估和診斷。在評估性面談中，診斷是非常重要的。而診斷的依據來自於傾聽當中獲得的資訊。新手在診斷過程中常犯的一個錯誤是用猜測、臆想代替事實，而之所以犯這樣的錯誤是因為沒有很好地捕捉資訊、沒有很好地傾聽。另外，有經驗的諮商師還在傾聽中評估來訪者的認知模式和歸因模式。

認知和歸因模式會影響人們的很多行為，有時是引起當下困擾的根源（如把所有的失敗歸因於個人能力），所以找出來訪者的認知和歸因模式是有意義的。來訪者的敘述方式中往往包含豐富的資訊，可以對其進行評估。

傾聽的第四個功能是找到解決問題的方法。一些新手感到最難的地方是給來訪者提建議。造成這個困難的原因有兩個：一是對心理諮商功能的誤解，認為心理諮商師必須給來訪者提建議，因而給自己戴上沉重的枷鎖。二是傾聽不夠。很多時候，開鎖的鑰匙不是由諮商師打造出來的，而是來訪者抓在手心或放置在某個角落，由諮商師告訴其方位而已。在積極傾聽中，有經驗的諮商師會捕捉到來訪者已鋪就的解決問題之路。

消極傾聽與積極傾聽

積極傾聽和消極傾聽的差別不在表面上，而在於傾聽的效果上。不論諮商師是否在專注傾聽，都可以擺出傾聽的樣子。這不是關鍵，效果才是檢驗傾聽積極或消極性的標準。常見的消極傾聽有以下表現：

一是判斷先於傾聽。邊傾聽邊判斷甚至先判斷後傾聽是很多人的思維習慣。來訪者一走進諮商室，諮商師就要從其穿著、外貌進行觀察。觀察是必要的，但判斷可以延遲。心理諮商中的專業傾聽要求諮商師先傾聽、後判斷，過早的判斷會妨礙傾聽。新手有時出現諮商方向的錯誤，和過早判斷有關。在面接訓練中，學員要克制自己判斷先於傾聽的傾向，練習自己的無傾向性傾聽。

二是只聽到自己想聽的部分，用自己的故事去解讀來訪者。根據人格心理學的理論，每個人都是在用自我去度量周圍，以自己做為認識世界的參照物。很自然地，我們會把自己的故事投射在別人身上，包括來訪者身上。而專業訓練中，就需要甄別哪些是來訪者自己的真實故事，哪些是諮商師投射的故事。做這兩者的區分是非常重要的。畢竟諮商的目標是解決來訪者的問題，而不是諮商師投射出來的問題。

三是沒有耐心，認為自己已經瞭解全部細節。在一段時間的訓練後，一些學員在扮演諮商師時常有這樣的心態：「來訪者開口說第三句話時我就知道他是什麼問題了，說第五句話時我就知道可以提什麼建議了。一個諮商個案 15 分鐘完全可以搞定。」不排除有這樣的高手，但心理諮商個案的常態是：每個個案都是個性化的，雖然同一類個案具有共通性，但個案之間又有差異。這些差異是重要的、不可忽略的。

對一些新手來說，要接受這個現實：心理諮商的過程往往是單調的、乏味的、反覆的，而在這樣的過程中，諮商師始終要全神貫注、全心傾聽。在大多數情況下，如果在非常短的時間裡做出判斷並給出結論，來訪者可能會有自己不被重視的感覺，認為諮商師根本不瞭解自己的情況，諮訪關係中的信任蕩然無存。對諮商師來說，如果在傾聽的同時，全部的心思都在考慮解決方案，也會使自己分心，無法專注傾聽。

四是分神或分心。消極傾聽中一個常見的表現是分神。諮商師由於體力、情緒等各方面原因，在諮商過程中思想如脫韁的馬，馳騁在另一片天地。抵制分神往往需要靠諮商師的毅力，靠充分的休息、良好的體力——傾聽是非常消耗體力的勞動，靠諮商師給自己一個傾聽的理由，靠諮商師情緒的調整。

五是傾聽的敏感力不夠。消極傾聽是一種懶洋洋的傾聽，像一個漏斗，來訪者說過的話就像水一樣漏過去。而積極傾聽是一種思索的傾聽，像一面篩子，把有用的東西過濾留下來。如何編織篩子、如何調整篩孔的大小，這就是一種敏感力。敏感力是由心理諮商技術、診斷理論、經驗、個人特質等構成。

六是因為傾聽不充分而提出來訪者已經嘗試過的無效的方法。在訓練過程中，會有這樣的鏡頭：扮演諮商師的學員興致勃勃地提出了一個錦囊妙計，正得意時，就聽見來訪者說：「我已經用過這種方法，沒有用。」或者說：「家裡人也是這樣告訴我的，我覺得沒有用。」這種錯誤是由於沒有充分傾聽造成的。諮商師的權威性受到挑戰，可信度下降，來訪者會對其他建議也打上問號，甚至會認為心理諮商不過如此，沒有必要再來心理諮商了。

積極傾聽是一種技能，可以透過訓練加以提高。反覆練習、不斷總結是非常重要的。

積極傾聽中的非言語信號

諮商過程是諮商師和來訪者互動的過程，不光是諮商師在面接來訪者，來訪者同時也在「面接」諮商師。諮商師任何一個微小的動作、一個不確定的口吻、一次遲疑，都逃不過來訪者的火眼金睛。那些敏感的來訪者從諮商師的這些非言語信號中得到的資訊，會比從諮商師所說的話中得到的更多。在傾聽的過程中也是這樣。

曾有這樣一個故事能說明非言語信號的重要性：

一位病人住院了。由於他的病症不重，而且比較典型，主治醫生就用他做模特（Model）讓實習學生練習。醫生跟學生們約好：「我不想讓病人知道他被當作模特。你們一個接一個進去檢查，如果能診斷出來他是什麼病，就對我點點頭，如果診斷不出，就對我搖搖頭，不要多說什麼。」學生們按他說的做。病人看到穿白大褂的人一個接一個進來，每一個都面露愧色、搖搖頭就默默無語地出去，病人的神色大變，「撲通」一聲跪倒在醫生面前：「救救我！救救我！不論我得了什麼不治之症，你們都一定要救救我！」醫生和實習學生在驚愕之餘，趕緊解釋。不論他們怎麼解釋，病人都更相信自己眼睛所看到的：自己得了不治之症，那麼多醫生都束手無策。所有的解釋只是為了安慰即將離開人世的可憐人，讓自己在生命的最後時間裡保持樂觀。

醫患關係中非言語信號有如此重要作用，諮訪關係中有過之而無不及，因為來訪者是帶了自己的「探測器」來到諮商室。一進到諮商室，來訪者的探測器便開始全方位掃描，從空間佈局到諮商師的臉部肌肉動作，都會反映在來訪者的雷達器上，來訪者會對其進行加工處理。下面談談傾聽中常見的非言語信號。

目光接觸

眼神是諮商師最重量級的武器。眼神能夠傳遞溫暖、支持、接納、鼓勵等，也能夠傳遞完全相反的含意。目光接觸雖然如此重要，但培訓時卻無法傳授目光接觸的規則，因為學員使用眼神的方式有個體差異，而來訪者對目光接觸的時間、頻率也有不同偏好。在諮商過程中，目光接觸完全是個動態的過程。學員要觀察來訪者自己使用目光接觸的方式，調整自己的方式，以來訪者舒適為原則。如諮商師的目光始終關注著來訪者，一位癔症的來訪者可能認為諮商師高頻度的目光接觸是對自己的接納，而一位人際交往恐怖症的來訪者會認為這種目光過於壓迫自己，想找個地方躲藏起來。即使面對同一個來訪者、在同一次諮商中，目光接觸也會發生變化。一般來說，諮訪關係建立得較好時，雙方目光接觸會更多；而來訪者出現抵觸情緒時，目光接觸減少，甚至完全迴避。這些細節可以反映出來訪者內心的變化。

身體動作

對學員來說，需要有第三隻眼睛來看諮商中的自己。最好的訓練方式是對訓練過程錄影，在重播過程中觀察自己的一言一行，並且體會自己的感受。可以自查的方面包括：手的動作是否過多，是否過於僵硬；手是否放在來訪者能看見的地方，以讓來訪者安心；胳膊是否抱在胸前，這樣會讓來訪者有被拒之心門外的感覺；腳的位置是否恰當，腳和身體之間是否擺成了禮貌的姿勢；身體是微微前傾，還是後仰，前傾是一種尊重，後仰有拉開距離、不在乎的含意；身體是否轉過去，以遠離來訪者，這是一種抗拒和迴避；有沒有翹起二郎腿，對有些來訪者，這代表一種漫不經心；腿部有沒有抖動，自覺或不自覺地，這種抖動都會干擾來訪者；身體是否過於僵硬，或過於放鬆，鬆緊適度為最佳。

說話聲音

聲音包括音質、音量、語速和流暢性。聲音在諮商中的作用不可低估，尤其是對那些擅長運用聽覺感官的來訪者。學員要對自己的聲音有瞭解，知道別人對自己的聲音形象會怎樣知覺，自己的聲音會對諮商產生怎樣的影響。有些聲音會讓來訪者有親切感，有些會讓來訪者感受到權威，有些則會傳遞諮商師的不自信。

如果說音質具有先天性，那麼聲音的大小、語速和流暢性則是可以訓練的，儘管這些也和人格特質、自我概念有關。一般說來，諮商師的聲音要清晰而溫暖，柔和而堅定。語速和流暢性可以根據情境隨時調整。

學員要對這些方面有所意識，從無知無覺走到有知有覺，然後加以訓練、提高和改進。

非言語信號的同步性

在非言語信號中有一個高級技巧：同步性（pacing），即諮商師透過有意識模仿來訪者的言行達到與來訪者建立深層次的和諧關係。曾有這樣一個例子：一群學生在看抑鬱症團體心理輔導的無聲錄影，教師請他們猜測誰的抑鬱症狀最重。學生們從身體動作上判斷那個頭低垂、目光迴避、面部表情呆滯的男子抑鬱程度最重。教師放出聲音，學生們驚訝地發現：這個人是該團體的心理諮商師！這位諮商師就是用了同步性技術，他比抑鬱症來訪者更像抑鬱症，透過這種模仿，他與團隊成員達到一致和默契。

在個體面接中，同步性技術常表現在聲音的調整上，如跟著來訪者放緩語速或加快語速，使用來訪者目光接觸的模式，模仿來訪者的某些身體動作。這個技術運用得好，會在不知不覺中與來訪者建立一致性。但需要提醒的是：如果模仿拙劣、過多或不恰當，會讓來訪者有被嘲弄的感覺，會破壞信任關係。

傾聽與回應

傾聽是一個雙向的過程，諮商師不時地要有回應。更多的語言回應將放在「第十章面談中的反饋技術訓練」部分，這裡談點頭回應、重複回應。

點頭是最常見的回應方式，它常配以目光注視、身體前傾。需要提醒學員的是：注意點頭的頻率和幅度，以讓來訪者感到舒適為度。如果過於頻繁地點頭或幅度過大，會讓一些來訪者以為諮商師對自己所說的話不感興趣——當人們不耐煩時，非言語信號的動作頻率會加快。過於機械和僵硬的點頭也會讓來訪者認為諮商師是在敷衍自己，並沒有認真聽。

重複回應是指重複來訪者所說的關鍵字或句子，並不添加任何其他內容。它能發揮確認、強調、共感等作用。雖然這種方式操作起來非常簡單，但學員在練習時也需要注意頻率、重複的內容。這種重複回應不是機械地重複最後一個詞或片語，而是有選擇地回應。如果頻率過高，會干擾來訪者，甚至會讓一些來訪者認為諮商師是在嘲諷自己。

在傾聽中準確瞭解資訊：以重性心理疾病個案為例

我們可以透過以下具體實例來展現前文所說的要點。

「你好！我有什麼可以幫到你？」

「我最近非常擔心一件事情。」

「什麼事情？」

「我即將到一家公司去見習，但我擔心他們最終不會錄用我。」

「你很在意這次實習。」

（這裡的回應很不錯。但建議使用來訪者的話語，如「見習」而不是「實習」。）

「對，這是很好的機會。」

「你擔心什麼？」

「擔心我的同學會跟公司領導說我的壞話。」

「他們會說什麼壞話呢？」

「他們會說我是邋遢的人，會說『她從不洗澡』。」

「你平時和同學的交往怎樣？」

（這個問題是可以問的，這裡轉得有些太快，同學的壞話還可再問得詳細一些。）

「平時我不怎麼和他們交往。」

「那你怎麼知道別人怎麼說你的呢？在什麼時間、什麼地方說你的？」

（雖然這個確認是必要的，但語氣上有些硬，彷彿律師在取證。）

「是在大一軍訓時。有一天軍訓完我實在太累了，沒洗澡就直接睡了，結果宿舍的人就一直拿我說事。」

「這件事對你的影響是什麼？」

「我覺得不能信任任何人。她們肯定和更多的人說了這件事。我走在路上，別人看我一眼，我就知道這個人心裡肯定在想：『這就是那個邋遢的女孩』。」

（很重要的細節是「泛化」，這往往是精神分裂症與正常群體的一個分界線，因而需要詳細詢問、仔細辨別。）

「是不認識你的人嗎？」

「是啊，這件事情會傳出去的呀！」

（呈現出思維偏執狀態。）

「還有其他讓你擔心的事情嗎？」

「沒有。」

「你跟好朋友談過這件事情嗎？」

「我沒有好朋友。」

（孤立性。）

「你是外地來的嗎？」

「是的。」

「那你跟父母談過嗎？」

「沒有。他們不知道。你會跟我父母說這件事嗎？」

（思維偏執的狀態再次呈現。）

「心理諮商會遵守保密原則，這一點你放心好了。就這一件事情讓你有這麼大的心理負擔嗎？」

（潛臺詞是說「這件事不應讓你有這麼大的心理負擔」，這會讓來訪者感覺被指責。）

「這件事對我今後，對我談戀愛、找工作都會有影響。我連男朋友都不敢談。」

（把事情極端化。）

「這件事情是什麼時候發生的？」

（在前文中已提及事情發生的時間，但沒有傾聽。）

「是大一啊！」

（頓澀、沉默。）

「這件事情對你有什麼影響嗎？」

（和上文已問過的問題相似。）

「我就不敢和別人交往啊，做什麼事情都獨來獨往。」

「那沒有發生這件事情的時候，你和他們在一起嗎？」

「沒有。」

（需要詳細考察之處。來訪者這種行為是因為具體事情而引發的，還是人格特質就是如此，即在之前也有類似的行為。）

「今天你到這裡來還有其他困擾你的事情嗎？」

「沒有。」

「你跟你的好朋友說過這件事嗎？」

（重複提問。）

「我跟你說過，我沒有好朋友。」

「也就是說，這件事情讓你很自卑、很不爽。」

「嗯，不能信任任何人。你不會對其他人說吧？！」

（再次表現出偏執性。）

「你和同學溝通嗎？」

「我不和他們在一起。」

（頓澀、沉默。）

「那你睡覺和吃飯都還好吧？」

「我自己睡自己的，自己吃自己的，不和別人在一起。」

「你在學習上怎麼樣？」

「該學就學。」

「你的成績呢？」

「不好也不壞。」

「你的專業呢？」

「地理。」

（頓澀、沉默。）

「如果，如果你的同學真的對實習公司講了，會怎樣？」

「我的工作就會沒有了，大學一畢業我就會失業，我這一輩子就沒有希望了。我越會認為人是不可信任的。」

（極端化、誇大化思維。）

（沉默。）

「那你平時有什麼娛樂呢？」

「我平時就是看看書，不參加其他活動。」

「那你讀中學時是怎樣的？」

「那時很單純，只知道學習。」

「那你父母不管你嗎？」

「他們很忙。」

「你對他們的印象？」

「他們挺好的。」

「我覺得你目前的問題是由實習引起的困惑，有些抑鬱，因為你過分看重實習才會有這樣的想法。但這畢竟只是一種想法，只有去實習了才能驗證是不是真的。在實習過程中你需要努力。」

這是做得比較糟糕的練習片段。扮演諮商師的學員沒有很好地傾聽，有數次重複的提問，對已經得到的資訊仍繼續提問。由於沒有甄別出關鍵資訊、沒有就一些關鍵細節追問，尤其是沒有掌握診斷標準，所以諮商過程非常生澀，不時會出現沉默和停頓，流暢性不夠，節奏亂。越到後面，扮演諮商師的學員越失了章法。而最後的診斷為一般抑鬱情緒，更是大錯特錯。對該來訪者，應考慮偏執性精神分裂症或偏執型人格障礙，需要確認來訪者的偏執、不信任、極端是由具體事件引發的、變化的結果，還是一直穩定的。前者更有可能是精神分裂症，後者更有可能是人格障礙。

結語

專業傾聽和生活中的傾聽有一定區別，它需要經過專業訓練。傾聽訓練之所以困難，因為它在觀念上要求學員以對方為中心，在資訊加工上能快速處理語言和非言語等多方面資訊，在情感層面有敏感性。表面看它是一種技術，其實它是價值觀在人際關係上的表現。

學員手記一：眼睛比耳朵更擅長傾聽（毛毛）

無論是在理論課還是實習課上，老師總是會在課程的一開始便給我們介紹一種最基本的諮商技術——傾聽。當我們面對一個陌生的來訪者，我們從收集相關資訊、瞭解其來訪目的到獲悉其內心困擾，這些都離不開傾聽，所以可以說沒有傾聽也就沒有諮商的推進。

儘管我瞭解了傾聽的重要性，實踐了幾次之後，我還是覺得自己的「傾聽」容易流於表面化，但對問題的癥結我還是無從知曉，直到有一天我在無意中頓悟到了這種技術的真諦。

那天還是像往常一樣，我們在一對一地演練。適逢由我扮演一位來訪者，講述童年時自己遭遇到老師不公正的待遇，對於年幼的我可謂是童年創傷性事件。雖然時隔近二十年，講著講著竟有些許的哽咽。

正在這時，老師突然朝我們走了過來，而且加入我們的兩人小組。本來娓娓道來的我突然有點語塞了。當時我也不清楚是怎麼回事，雖然講述的是陳年往事，但可能這一直是我心中的一個小秘密，而且我故事中的主角和眼前的指導老師有著相同的身份，這讓我有種本能的顧忌，總之我有種「不知怎麼說下去」的感覺。

然而也就是在這一刻，當我和老師四目相對的剎那間，意想不到的事情發生了！我感受到的是一股溫暖的目光，沒有質疑，更沒有責備，相反是溫暖，是撫慰，是理解，是接納。這股暖流一下子竟讓我有些感動，我一邊敞開了心扉繼續敘述著，一邊覺得淤積在心中的這個結彷彿慢慢地打開了……

這一次，我似乎是豁然開朗了，原來我一直是為了「傾聽」而「傾聽」，總覺得抓住了傾聽的實質，其實是只看到了一個模糊的影子。而老師在這一次諮商中其實只是一位觀察員，但就是在目光接觸的瞬間，我不僅感受到這目光中的溫暖，而且給予我無窮的力量支援，讓那個受了委屈的年幼的我打開了心結。我領悟到了傾聽的 magic power（魔力）。原來這就是傾聽，它不單純是用耳朵，而是用眼睛，用心靈。它是於無聲處的諮商技術！

指導老師的話：如果不是看到這篇手記，我根本不記得有過這樣一個細節。從這個細節中可以看到指導老師的言行對學員的影響。有時重要的不是指導老師說什麼，而是指導老師做什麼。對那些善於學習的學員，他們可以把自己觀察到的、體驗到的東西都轉化為學習資源，所以會進步非常快。

其實學員感受到的溫暖，並不是在那一瞬間產生的，而是平時良好的師生關係、信任關係被她投射到當時的情境中。這也說明了建立信任關係對諮商、諮商培訓都是非常重要的。這篇手記讓我感動的地方是她確實瞭解了傾聽的真諦。傾聽說到底不是一種技術，而是一種對人的態度，對他人關懷、接納、尊重和理解的態度。

學員手記二：「讓我說幾句吧！」（牛牛）

傾聽——用心去聽。不僅是態度上的專注，更關鍵的是聽的主體，是我們的心靈。

一直以來都有一種誤解，那就是諮商師應該多說話。在來訪者敘述的過程中，我總是不時地想插上幾句，不然會覺得自己的存在是多餘的。

諮商師：今天你來想跟我談些什麼呢？

來訪者：（沉默。）

諮商師：是不是覺得有很多話要說，但是不知道從哪裡開始說起呢？

來訪者：我們家有 4 個孩子，我排第三。

諮商師：（哦，家裡的老三，那我該說什麼？）

來訪者：……姐姐……弟弟……

（沒有聽清。）

諮商師：（哎呀，剛才他說什麼了？沒聽到啊。）

來訪者：小時候爸爸媽媽總是很疼弟弟。記得有一次……

（沒有聽清。）

諮商師：嗯。（下意識地嗯了一聲。「讓我說幾句話吧！」）

來訪者：其實我想得到大家的重視。上小學的時候，我的成績一直平平。老師看到我連我的名字都叫不出。……

（沒有聽清）

諮商師：嗯。

（又下意識地嗯了一聲。「求求你了，讓我說幾句話吧！」——雙手做乞求狀。）

來訪者：後來……

（沒有聽清）

諮商師：（「算了，你說吧，我不說什麼了。」徹底放棄。）

來訪者：（突然沉默。）

諮商師：（啊？輪到我了嗎？說什麼好啊？）

其實，這是一次非常失敗的傾聽練習。從頭至尾我幾乎就沒有說過幾句話，相反地，在整個過程中我都表現出渴望說話，卻欲言又止的動作與神態。腦海中大部分都在考慮該說什麼，而導致根本就沒有繼續聽下去，忽略了很多來訪者的描述。所以根本無法繼續後面的練習。甚至感到了一種羞愧，做為諮商師，怎麼可以連來訪者剛說的話都忘記了呢？

練習結束了，但我心裡還覺得很奇怪：為什麼我想說話的時候，來訪者會不停地說下去；而當我放棄說話的時候，他卻突然停下來了？想想才明白，因為他看到我的眼神中有一種渴望，雙手有一種期待的動作。他以為是我希望他盡量多說一些，所以就不停地說。而當我決定放棄的時候，那些神態和動作都消失了。他覺得我認為這些資訊暫時夠了，自然就突然停了下來。

一次失敗的練習告訴了我，並不是只有簡單復述來訪者的語言才能告訴來訪者——我在聽。並不是只有語言才能讓來訪者繼續說下去。其實任何一個眼神、動作，或者「嗯」、「嗯」幾聲，都可以達到傾聽的效果。但是如果要把諮商繼續下去，那麼必須對來訪者的語言有深刻的理解，聽清楚來訪者所說的話是一個前提。

指導老師的話：在初期訓練中常有這樣的情景：扮演諮商師的學員更多地關注在自己身上，而不是來訪者所說的資訊上。這篇日記就生動地記敘了這樣的場景，相信很多初學者感到似曾相識。在初期訓練中，聽比說重要。聽清來訪者在說什麼，比用說話證明自己是一個有能力的諮商師更重要。

學員手記三：這是誰的故事？（流浪基因）

心理諮商的理論課程過了大半，面接實習也進行了三分之一，雖然對心理學知識談不上專業，但是對於心理諮商的基本功——傾聽和共感——還算較為有自信的，畢竟我的年紀和資歷在這裡，不論是情感、事業、婚姻、家庭，各方面的問題多少都有涉獵，雖然不是樣樣親身經歷過，但最少也聽過同事朋友的故事。俗話說：沒吃過豬肉，也看過豬跑。所以幾次實習課程的模擬扮演中，我的共感還做得不錯的，估計考試的時候在共感這個項目上，應該能夠拿到高分。

今天跟我模擬對練的組員是一位有著豐富教學經驗的女士，誰見到她都會從她身上感受到老師溫暖關懷的氣質，所以由她扮演來訪者對於我們這些諮商新手來說都是一種挑戰，像是學生跟老師說話一樣不自在。不過她的來訪者扮演得很真實，尤其是她的案例十分鮮活，讓我很容易就進入狀態，開始「強烈的」共感過程，為什麼特別強調「強烈的」呢？因為她談到的案例恰巧和我自己的故事十分接近。

她描述的是一個跟母親關係不和諧的個案，幾十年的時間母女沒有情感交流，偶有一起用餐的機會，多半也是各吃各的。母親總是隨便扒拉幾口飯菜就離桌獨處；有時駕車接送母親到比較遠的地方，兩人也沉悶地坐在車裡，來訪者心頭壓抑著千言萬語，卻什麼話都說不出口。

在來訪者描述這個案例的過程中，我並沒有真的在聽，而是在心裡構思著一幅畫面：一位白髮蒼蒼的老婆婆獨自坐在足夠容納一家六口的餐桌前，面對滿桌子豐盛的菜餚，噙著淚水獨自扒著白米飯，餐桌上方只有一盞搖晃的燈泡，老婆婆孤獨無奈而蒼老面容上的斑斑皺褶在燈泡光影的晃動下更顯深重，再定神一看，這個孤獨的老婆婆，竟然就是我娘親！

我是一個六口之家的老三，已經隻身在外遊蕩了好多年，雖說是為了工作生活，忙碌得連過年都回不了家一趟，其實是當年跟家人，尤其是母親因為經濟問題起過爭執，賭氣離家的。有時候朋友親戚會有意無意地提到家裡的狀況，說媽媽想念在外流浪的兒子，雖然每次聽到這樣的事情都覺得心底犯酸，可是還是逞強地撇過頭去假裝沒聽見。

所以聽到來訪者的案例時我特別有感覺，自己覺得十分理解來訪者的心情，很快下定決心要改善來訪者跟母親的關係。換了誰都會這樣想，天下無不是的父母，我自個強忍著孤獨一個人異地漂泊了這麼多年，怎麼能讓來訪者重蹈覆轍？當我覺得自己全身心都投入了這個案例，滿腔熱血地正在協助來訪者改善母女關係的時候，指導老師其實已經在一旁觀察了一會兒了。老師似乎看出了什麼，示意我們暫時停止，先誇獎了我，說我傾聽和共感做得很好，但在最後問了一句：「你覺得，這是誰的故事？」

指導老師的話：在諮商中，當來訪者把自己的情感依戀關係投射到諮商師身上時，我們稱之為「移情」，反之，如果諮商師把自己被激發的情感投射在來訪者身上時，就是「反移情」。只是一般的反移情多是直接指向來訪者，把來訪者當作自己過去生活中一個重要人物，而在本文中，反移情指向的對象是來訪者所提及的母親。

反移情常常是由諮商師內心的傷痛、情結等引起，所以諮商師需要先處理自己的問題，才能夠真正幫助來訪者解決問題。處在反移情狀態中的諮商師，聽到的不是對方的故事，而是會選擇性地傾聽，聽到的是自己的故事，所以諮商師一直在說：「我完全理解你的感受，我也有相同的經歷，我很早就離家，我跟母親之間也無法溝通。」來訪者的故事已幻化成了諮商師自己的故事。

共感是諮商師的基本功底，但共感不是讓來訪者穿了諮商師的鞋子走世界。那雙鞋不會合腳。理解來訪者是共感的第一步，準確地理解來訪者是共感的第二步。

08 面談中的共感技術訓練

高境界的共感會讓來訪者有如此感慨：此曲只應天上有，人間能得幾回聞？

——詩出杜甫《贈花卿》。

心理諮商中的共感技術，一向被我認為是最難培訓的部分之一。共感（empathy）是站在對方的角度考慮問題，能夠理解對方的情緒、感受和觀點。有很多學員自認為共感能力很好，但在訓練過程中發現這些是「偽共感」。共感之所以難訓練，是因為它不單純是一種技巧，它還是一種人性觀，一種對人的態度，對人性的看法，對人類的悲憫情懷，對他人和自我的良好洞察，以及收放自如的換位思考。從某種意義上說，低水準的共感是可能透過訓練提高的，而高水準的共感透過培訓獲得的提高比傾聽、提問等要少。

「共感」在英文說得特別形象：「put one's feet in other's shoes.」「把自己的腳放在別人的鞋子裡。」在訓練中會發現：有些學員是沒有放腳的意識，所以永遠不會這樣做；有的學員擔心放進去後會發生什麼事，怕別人的鞋子有臭味，怕別人的鞋不合適，怕別人的鞋擠腳；還有人很容易放進去了，但不知接下來該怎麼辦，不知所措；還有些學員是把自己的鞋子脫了讓對方穿，不管別人是否合腳、是否願意，這是典型的「說教」或價值觀強加。

低水準共感和高水準共感

低水準的共感常表現為運用傾聽技巧，嘗試理解來訪者的內心體驗並試圖讓對方感覺好一些，而高水準的共感則在準確理解來訪者內心感受的基礎上，探詢這些感受背後的情緒、觀點和事實，能夠推進諮商。我們可以從一些實例來看不同層面的共感。

來訪者：我不知道自己該不該離婚……我覺得我們的婚姻已走到了盡頭，但一想到孩子……我就猶豫了……

諮商師 1：

（打斷）你不應該一天到晚想著「離婚」、「離婚」，你應該先考慮怎樣改變自己才能維持婚姻。

諮商師 2：

（打斷）對，你應該替孩子多考慮，離婚對孩子的負面影響會非常大。

諮商師 3：

（打斷）你的擔憂是有道理的。心理學的研究表明，很多離異家庭的孩子都成為問題少年，在人際交往、學習和將來自己的婚姻中會出現各種問題。

諮商師 4：

（耐心等待數秒鐘後開口）聽上去你內心充滿矛盾，不知自己是應該為了孩子維持婚姻，還是結束已名存實亡的婚姻。

諮商師 5：

（耐心等待，確認來訪者不想再說下去後開口）聽上去你內心充滿矛盾，不知自己是應該為了孩子維持婚姻，還是結束已名存實亡的婚姻。你對婚姻的目的、婚姻的功能充滿了困惑，你的婚姻價值觀出現了動搖。

可以看出，第一、第二和第三位諮商師都不是真正的共感。第一位用指責性口吻說話，高高在上，把自己擺在了人生導師的位置上。第二位和第三位都把自己的價值觀強加於來訪者──「為了孩子你不應該離婚」，只不過第二位比較直接，第三位貌似更專業，其實隱含著強烈的傾向性。這種方式貽害更大，因為它用專業的外衣包裹著自己片面的觀點，有操縱來訪者之嫌。

第四和第五位是真正的共感。第四位理解了來訪者的矛盾感，並且點出了矛盾的具體表現。第五位不僅做到這些，還指出矛盾的根源，今後的諮商可以圍繞婚姻價值觀做下去。

「偽共感」枚舉：以自卑個案為例

「偽共感」是指那些看上去很像站在對方的角度考慮問題，或試圖讓對方感受變好，但其實不是真正的共感。對學員來說，它具有一定的迷惑性。我們可以透過具體案例來看「偽共感」的表現。

諮商師：你能談一下自己的情況嗎？

來訪者：（低垂著眼）我，我擔心這次高考又考不好。我做什麼都不做好。

（「又」字表明他不是第一次高考。低垂的目光表明信任關係還沒有建立。）

諮商師：（笑起來）你怎麼會對自己沒有信心？

（不合時宜的笑，與來訪者的情緒形成很大反差。）

來訪者：（看諮商師一眼，馬上又低垂）我做什麼都做不好。

（給自己貼了「失敗者」的標籤。歸因模式是把所有的失敗歸因於自己的能力。從具體事件泛化到所有事件。）

諮商師：（再次笑起來）你哪些事情做不好？

來訪者：（頭垂得更低了）我去年高考就沒有考好。

諮商師：是嗎？你去年就參加過高考？

（前面沒有很好地傾聽。）

來訪者：是的。

諮商師：（笑起來）那你能告訴我從小到大做得好的事情嗎？

（這個問題可以問，但應該放在後面一些。在這裡出現很突兀，尤其是配上笑。不可能在什麼情況都不瞭解的情況下就開始矯正來訪者不合理的觀念體系。）

來訪者：我從小什麼事情都做不好。

（第二次出現，應該是來訪者的核心自我評價。）

諮商師：你對自己太沒有信心。你在班裡的成績排名怎樣？

來訪者：10 多名吧。

諮商師：很不錯啦！你為什麼還沒有信心？

（語氣過於隨意。）

來訪者：去年沒有達到本科錄取分數線（錄取標準），也沒有達到媽媽的要求。

諮商師：你真是媽媽的乖兒子！

（對於一個已經高三的男生，這樣的「共感」非常不恰當。）

來訪者：我這樣活著還有什麼意義？！

（反應非常強烈。母子關係應該是重點關注的方面。對其悲觀念頭應該進一步確認。）

諮商師：那你除了學習還有什麼失敗的方面？

（諮商師默認來訪者在學習方面是失敗的。如果需要進行轉折，可以這樣說：「我們前面談了學習方面的一些情況。請你談談其他方面的情況好嗎？」）

來訪者：我什麼都做不好。

諮商師：那你生活中能夠照顧自己嗎？

（諮商師試圖挖掘來訪者做得好的方面，但沒有任何方向，充滿了盲目性。）

來訪者：媽媽說我照顧不好自己。

（「媽媽眼中的自己」將是今後可以探討的一個關鍵點。）

諮商師：你會洗衣嗎？

來訪者：我洗不乾淨。

諮商師：做飯呢？

來訪者：媽媽不讓做。

諮商師：很多孩子都這樣被家長照顧。洗衣、做飯不能代表你的全部。

（試圖讓來訪者感受好一些，強調這種情況的「正常性」，但這並不安慰來訪者。）

來訪者：但是我做不好這些事情。

（不是來訪者真的「做」不好，而是他的認知系統扭曲了所有他做的事情。按照目前諮商師的思路，不把事實與觀念進行區分，不論諮商進行多長時間，都不會對來訪者有改變。）

諮商師：你其實應該這樣想：我排在 10 多名，應該是個能力很強的學生。如果你對自己這麼不滿意，後 10 名該怎麼想？！

（諮商的關鍵確實是來訪者的不合理觀念。但此處的建議對來訪者是無效的。最後一句話試圖讓來訪者感覺好一些，但實際效果並不好。）

來訪者：他們有比我強的地方啊！他們會唱歌、會打球，還會做飯。

（社會比較的模式：拿別人的長處和自己的短處比。）

諮商師：這是你自己的判斷嗎？

來訪者：是的。

諮商師：你其實已經很棒了，能夠排在前10名。

（「偽共感」，來訪者並不覺得諮商師的這句話而覺得自信心增加。傾聽不夠好，是「10多名」而不是「前10名」。）

來訪者：不是前10名，是10多名。

（對名次的敏感性。）

諮商師：你最近一次考試排名多少？

來訪者：第16名。

諮商師：那第17～20名都比你強？

（在這種時候用封閉式提問，肯定會強化來訪者的不合理觀念。）

來訪者：（點點頭）（已經不願意做更多溝通。）

諮商師：你和別人交流過嗎？人無完人，你能考到10多名，如果是我的孩子，我會很高興的。

（又用了一次共感。如果信任關係建立得好，效果應該不錯。如果信任關係沒有建立，則具有嘲諷意味，而且會使母子關係更加對立。）

來訪者：但我媽媽並不這樣想。我報考學校的錄取人員也不這樣想。

（這樣的話已充滿了火藥味，有很強的挑戰性，這意味著諮訪關係變僵。）

諮商師：那你就努力吧！既達到媽媽的要求，又要自己開心。

（這樣的建議根本是無稽之談，既沒有道理，也沒有可實現性。）

諮商結束。

這是一個比較典型的自卑個案。來訪者需要的是「超越自卑」。對自卑者給予肯定和認可，是諮商中的一個重要方面，但就像中醫中的「進補」一樣，一定要先調理好，才能補得進去。惡補、大補的效果並不好。那些試圖讓來訪者感覺好的共感也成為「偽共感」。

共感訓練中的錯誤：以地震災後心理諮商個案為例

學員在訓練中常見的錯誤有：一是認為共感就是讓對方感受變好，就是給對方一些安慰。

來訪者：這次考研我沒有考上，我覺得自己這一輩子都完了。

諮商師：你不要這麼悲觀，你今後人生之路還很漫長呢！

這種安慰非常空洞，無法讓來訪者感覺自己被接納，對諮商沒有任何推進。這不是真正的共感。

二是認為共感就是無條件同意對方。

來訪者：我到現在還記得初二時發生的那件事。數學老師的錶丟了，這件事本來和我一點關係都沒有，但我上課頂撞過她，她一口咬定是我偷了錶！

諮商師：這樣的老師真是素質太差，不配當老師。

這種說法也許當時會讓來訪者心裡好受一些，但這不是真正意義上的諮商，更不是共感。這樣說對來訪者的問題可能無濟於事，甚至會讓來訪者不合理的認知合理化。共感需要諮商師無條件接納對方，但這種接納是一種態度上的接納，並不意味著完全同意來訪者的觀點。要區分來訪者所說的內容中哪些是事實，哪些是觀點；哪些是真實事實，哪些是虛構事實。

三是認為共感就是從積極角度去拔高對方的行為。

來訪者：這次考研（考碩士研究所）我沒有考上，我覺得自己這一輩子都完了。

諮商師：我其實非常佩服你去參加考試的勇氣，參加考研，這是多麼了不起的一件事啊！

這種說法接近共感，它使用的是認知當中的重新構架技術，幫助來訪者從新的角度來看同一件事。但有的學員過分濫用，無限制地拔高來訪者的行為，讓來訪者產生不自在的感覺，甚至認為諮商師在嘲諷自己：「班級裡很多人都參加了考研，這是一件很平常的事，為什麼對我就是了不起的事呢？是不是我能力太低？」本章的學員手記二中就有這種的例子。

正確的做法是適度地從積極的角度解釋來訪者行為，重構來訪者的觀念。上文的例子可以這樣處理：

來訪者：這次考研我沒有考上，我覺得自己這一輩子都完了。

諮商師：你周圍不是每個人都願意參加這樣的考試。你能夠參加研究所考試本身就說明你是一個有追求的人。現在你在追求目標的過程中遇到了挫折，有很強的沮喪感。

真正的共感是來自諮商師的內心，語言只是載體。如果諮商師內心不能真正感受對方的情緒，就無法做到真正的共感。我們來看一個地震災後心理諮商的訓練個案：

練習片段一：

諮商師：我是這裡的諮商師，我姓陳。請問怎麼稱呼你？

來訪者：我姓李。

諮商師：我叫你李小姐好了。

來訪者：嗯。

諮商師：你今天來想跟我談什麼？

來訪者：我也沒有什麼想談的。是一個在汶川的志願者（志工）建議我來的。

諮商師：您是從汶川來的？（諮商師微妙的心理變化，一聽說是從「汶川」來的，馬上充滿了敬意，改用尊稱。）

來訪者：是的。

諮商師：地震發生時，您在現場？

來訪者：是的。

諮商師：地震發生時，您害怕嗎？

來訪者：我害怕。我是被別人從廢墟中救出來的。（「救出來」的具體情形在合適的時候需要細問，如在廢墟下被埋多久，是否受傷，是一個人被埋，還是有其他人，是否受傷，其他人的情況怎樣等。）

諮商師：您保全了自己的生命，這是非常幸運的。那您知道志願者為什麼讓你來嗎？（諮商師本意是想讓來訪者感覺更好，但第一句話並不一定會讓來訪者感覺好。有些地震的倖存者覺得生不如死，備受煎熬。）

來訪者：她說我老是不吃飯不行，讓我來看心理醫生。其實我不餓。

諮商師：您不吃飯多久？（這個問題太具體，關於吃飯可能收集更多資訊，不如用「請您說說具體情況好嗎？」這個問題，可以讓來訪者談得更多。）

來訪者：我不知道。反正這一段時間我都過得糊裡糊塗。

諮商師：你不清楚？

來訪者：是啊。莫名其妙就發生了地震，我一直到現在還糊裡糊塗的。不知道過了多久。志願者還說我總是不願意跟別人說話也不行。（志願者與來訪者建立的信任關係較好。來訪者數次提到志願者。）

諮商師：地震是個重大變故，剛發生時我們會不知所措。但過了一陣我們的生活就應該和正常生活差不多了。你目前還不想跟別人說話嗎？（這樣一場重大的災難在諮商師眼中被輕描淡寫為「過了一陣我們的生活就應該和正常生活差不多了」！諮商師本人對災難的理解是非常膚淺的。諮商師無法共感，因為諮商師根本不理解這場災難意味著什麼。）

來訪者：我不想說。不知道說什麼好。

諮商師：地震發生到現在也有一段時間了。你的家人都還好嗎？（家人是個重點。）

來訪者：我的家人到現在還沒有消息呢！（「家人」的具體內涵是什麼，需要確認。這句話是個關鍵資訊。）

諮商師：我冒昧地問一句，你的家人已經被證實是失蹤或過世了嗎？（這句話可真夠冒昧了。在諮商師和來訪者還沒有建立足夠信任之前，在沒有做好鋪墊之前，這樣的提問太刺激了。）

來訪者：我……不知道。

諮商師：那你現在特別擔心家人？

來訪者：我非常擔心，不知道他們的情況。我自己剛被掏出來時，還跟著別人一起去救人，到處找家人，去了好多帳篷裡找，但一直沒有找到。（帶出了重要線索：來訪者在地震發生後經歷了不同階段。從救助他人到尋找，到目前的麻木。）

諮商師：你到負責登記的相關部門去找過嗎？

來訪者：找過。（嘆口氣）沒有。

諮商師：目前已經過了生命生存的極限，會不會有意外？（諮商師彷彿是架沒有血肉的機器，一定要把來訪者的心扎出血來。）

來訪者：我，根本不敢想。

諮商師：別人跟你說過什麼嗎？

來訪者：沒有。

諮商師：你需要做最壞的思想準備。但你不願正視親人遇到不測這種想法，是嗎？（在沒有處理來訪者情緒之前，就開始認知矯正。這時的認知矯正沒有任何基礎。）

來訪者：他們不會遇到意外的，不會的。（非常抵觸。）

諮商師：我理解你的感受。但你要接受現實。你覺得自己現在有必要調整嗎？（如果比較來訪者和諮商師的速度，兩人像處在龜兔賽跑之中，來訪者還沒有離開起點，諮商師已經遙望終點。）

來訪者：我要等到確定消息再說。（來訪者仍然停留在起點。）

諮商師：現在你要保證自己身體健康。你的親友不在了，但他們仍然希望你正常地交往、正常地生活。你是不是對親友不在世沒有做好足夠的心理準備？（「你的親友不在了」這句話過於強烈，在此顯然是不合時宜的。諮商師把它做為一種事實呈現出來，對來訪者是殘酷的。另外，「親人」和「親友」的含意不同，諮商師的精確性不夠。）

來訪者：我沒想過他們會不在。

諮商師：你來到諮商室就是邁出了很好的一步。你自己要有改變的動力才行。你還有哪些親友沒有找到？（直到這時諮商師才來確認具體資訊。）

來訪者：我兒子和我丈夫。

諮商師：你以前和他們的關係怎樣？（沒有處理情緒，直接跳到以前的關係。）

來訪者：很好的。

諮商師：可以看得出你是非常出色的媽媽，很呵護自己的兒子。（不知「非常出色」是怎樣看出來的。）

來訪者：他是個品學兼優的孩子。

諮商師：你會有反覆回憶嗎？（對上句話沒有任何反應，馬上迫不及待地收集起閃回的資訊。）

來訪者：我一直糊裡糊塗的，有時會有回憶，有時沒有。

諮商師：那你睡眠好嗎？（轉到生理方面。）

來訪者：我也糊裡糊塗的。反正住在大帳篷裡，大家睡我也睡，大家起我也起。（「大帳篷」是個關鍵資訊。來訪者目前是與他人在一起行動。如果她獨處，情況會不會變得更糟？）

諮商師：餘震對你有影響嗎？

來訪者：我們已經搬遷出來了。我糊裡糊塗的，也沒什麼感覺。

諮商師：我建議你在思想上做好最壞打算，善待自己，可以多和別人溝通，向別人傾訴，宣洩自己的情緒。（這些建議本身都是不錯的建議，但在此時用這種方式提出，對來訪者沒有任何用。時機不對，也沒有具體實施方法的支持。）

練習片段二：

同樣的案例，又換了一位諮商師。略去開場。

諮商師：哦，你是從地震災區來的。地震對你是一件普通的事情嗎？（這樣的問話會給來訪者帶來怎樣的心理感受？）

來訪者：當然不普通。（馬上心理抵觸。）

諮商師：跟我談談你的家庭好嗎？（跳躍到家庭。）

來訪者：我家裡就兒子和丈夫。

諮商師：地震發生時他們在哪裡？（臉上浮現出笑容。這是諮商中非常不和諧的一幕。諮商師的表情和現場氛圍不匹配。）

來訪者：兒子在學校，丈夫在廠裡。

諮商師：找到他們了嗎？

來訪者：還沒有。

諮商師：那你一定很著急。

來訪者：是的。

諮商師：他們現在會怎樣呢？（沒有任何鋪墊這樣直接問，會讓來訪者有怎樣的心理感受？！）

來訪者：我就是不知道啊！

諮商師：你身邊這樣的事情多嗎？（沒有分寸感的問話。）

來訪者：還是比較多。

諮商師：你和這些人交流過嗎？

來訪者：沒有。我根本不知道該說什麼好。

諮商師：你想兒子和丈夫嗎？（這樣的問話不合時宜。）

來訪者：當然想。

諮商師：你想他們時會有什麼感覺？

來訪者：一想到他們我就哭。

諮商師：那你這種感覺對你有什麼影響？（非常冷漠的諮商師，只關注在自己的問題上。）

來訪者：我吃不下、睡不著。

諮商師：那你肢體上有什麼不舒服嗎？（非常書面語的表達。）

來訪者：肢體？

諮商師：就是身體。

來訪者：我根本沒有感覺。

諮商師：那目前現場還在進行救援工作嗎？

來訪者：現場有救助工作。

諮商師：在順利進行嗎？

來訪者：順利進行。

諮商師：你丈夫和兒子被救出的可能性有多大？

來訪者：我就是不知道啊！

諮商師：你要保重自己。他們回來時肯定希望看到你活得好好的。你能跟我談談你今天來這裡的目的嗎？（「他們回來時」這種說法已經預設了「他們會回來」。這種預設會成立嗎？諮商師的本意是安慰來訪者，但這種輕飄飄的安慰能在多大程度上發揮作用？從安慰一下子到諮商目標的確立，跳躍過大。）

來訪者：是我們安置點的志願者讓我來的。我自己沒有想過要來。

諮商師：我跟你談了這麼多，我覺得你心態還可以。如果你親人找不到，你會……（「你心態還可以」這種判斷是如何做出的？）

來訪者：我根本不敢想！

諮商師：如果你家人回來了，你會怎樣重建家園？（諮商師的本意是把來訪者的聚焦點從當下拉到未來，但這種假設會強化「家人會回來」。如果家人不能回來，來訪者如何面對？）

來訪者：等他們回來再說吧！（來訪者還沒有準備好往前看。）

諮商師：地震發生前你是做什麼的？

來訪者：我在工廠裡做事。

諮商師：目前你們廠裡有一些什麼措施嗎？

來訪者：還沒有。

諮商師：現在有很多人在幫助你們重建家園。你要有希望。地震奪去了很多人的生命，但你還活著。你丈夫和兒子生還的可能性還非常大。（用充滿希望的目光看著來訪者。正面的鼓勵可以有，但不能空洞。諮商師說：「你丈夫和兒子生還的可能性還非常大。」這種判斷的依據何在？諮商師不能安慰來訪者而做不現實的預言。）

來訪者：（沉默無語）

諮商師：你現在的感覺是什麼？

來訪者：非常想家。

諮商師：想的程度怎樣？

來訪者：非常急。

諮商師：你平時都做些什麼事兒？（思維在跳躍。）

來訪者：我剛被救出來時幫別人做些後勤工作。

諮商師：具體做些什麼？

來訪者：打掃一下衛生什麼的。（這其實是一個很好的切入點，可以讓來訪者充分挖掘，看到自己的價值。）

諮商師：累不累？

來訪者：很累。

諮商師：那你有什麼感覺？

來訪者：我是被別人救出來的，做些事情幫別人是自然而然的。（非常好的一個點。值得深挖。）

（諮商師停頓。整理思路後重新開始。）

諮商師：你現在睡眠情況怎樣？

來訪者：睡不好。

諮商師：你能跟我說一下地震發生時的事情嗎？你害怕嗎？（跟上文的問題之間跨度過大，可以看到諮商師的思路一直在跳，方向不明確，充滿隨意性。地震發生時的事情是一個非常重大的資訊，要做好足夠的準備後才可以挖掘。）

來訪者：我當然害怕。那個場面太可怕了。我一點都不想再去想。（來訪者不願意陪諮商師去探索這個問題。）

諮商師：那你被壓在廢墟下的感覺呢？（諮商師現場的語氣讓人覺得他對這一點很好奇，而不是這個問題對來訪者很重要。）

來訪者：我一直在想肯定會有人來救我們。以前電視上看到過的。

（這不是全部的資訊，可以再多瞭解一些。）

諮商師：那你受傷了嗎？

來訪者：我受傷了。不過現在已經好了。

諮商師：哦，只受了點輕傷。你的同事有受傷的嗎？（對輕傷的輕描淡寫會讓來訪者認為自己的輕傷根本不值得一提。確認同事是否有受傷是可以的，但如果提問，就要把這方面的問題問清楚，而不是蜻蜓點水。）

來訪者：有。不過大多數都是平安的。

諮商師：你現在還擔心會發生地震嗎？

來訪者：餘震一直不斷。我擔心也沒有用。

諮商師：那你現在是什麼感覺？

來訪者：我想家。

諮商師：（停頓，做不下去。11 分鐘。）

從以上兩個案例可以看到：學員們對經歷過重大災難、有心理創傷的來訪者還無力處理。要想做好此類個案，要真正沉下心來問自己：災難對人類到底意味著什麼？生和死意味著什麼？親人喪失對人們的影響會是什麼？親歷災難會對人們造成怎樣的心理影響？

對這種個案，學員必須瞭解災難後心理、危機干預、哀傷輔導等方面的知識和能力。在面接過程中，需要傾聽、傾聽再傾聽。在喪失親人的來訪者面前，語言有時是蒼白的，他們也許並沒有準備好去接受建議，可能只需要諮商師陪伴他們，傾聽他們，理解他們的感受。如果諮商師不能設身處地地思考災難意味著什麼，就可能採取高高在上的姿態，提出一些冷漠的問題，讓來訪者的悲、苦、傷全部化為阻抗。

在團體中訓練共感技術：以中年空巢家庭個案為例

在我帶學員的過程中，曾經嘗試在團體中透過個案來訓練共感。下面是當時諮商的紀錄（為保護個人隱私，個案已做了改動）：

諮商師：我是這裡的諮商師，我姓楊，請問怎麼稱呼您？

（因來訪者較諮商師年長，在整個過程中，諮商師都用的是尊稱。）

來訪者：我姓馬，是當老師的，你就叫我「馬老師」吧！

諮商師：請問今天到這裡來想跟我聊什麼？

（用「聊」字不夠專業，會讓當事人有隨意感，不一定能承擔起主動訴說最主要問題的責任。）

來訪者：最近三四個月以來，我感到壓抑、苦惱、無動力、不開心。

諮商師：您能詳細談一下嗎？

（非常好的展開。）

來訪者：我女兒去上大學了。我在家睡不著，非常緊張，總是擔心她出事。她在澳門，我怕她出門被人騙了，怕她睡覺從上鋪掉下來摔著了。有時候實在太難受，覺得不如死掉。

（這是一個典型的中年空巢問題，用「死掉」是個非常強烈的詞，值得關注和追問下去。）

諮商師：您跟她聯繫過嗎？

來訪者：我跟她聯繫過。但熟悉我的人都說我在騷擾她。

（「騷擾」是一個值得關注的詞。關心為什麼會變成騷擾？）

諮商師：她還好嗎？

來訪者：她還好。她倒不像我這麼想她。她說「沒時間想你」，我覺得她好沒良心。她發一條短消息（簡訊）問我：「我咳嗽了，該怎麼辦？」我趕緊發短消息告訴她我把藥放在什麼地方了，讓她找出來吃。然後不停地打電話問她是否好了。

諮商師：您對女兒這麼關心，這麼思念，真是一位好媽媽。她也這麼大了，她在那裡生活還好，對吧？！

（這裡用了共感，肯定對方，較好。）

來訪者：別人都跟我說：「妳女兒去享福了，妳不要擔心她。」我也知道自己這樣不好，但就是控制不住。我現在不跟別人交往，每天下班後就回家。我要坐在房間裡安安靜靜地在心裡想她。只要跟別人提起女兒就會掉眼淚。

（眼睛濕潤。）

諮商師：您一直是這樣嗎？

來訪者：有一點點好轉。我國慶去看過她，看過回來心裡好受多了，但現在又不行了。

諮商師：那您今天來的諮商目標就是改變現狀，對嗎？

（確認諮商目標。）

來訪者：我覺得自己變態，但不知如何控制。她正在享受青春，讀大學，我這樣做是破壞她的生活。

（「變態」這個詞非常強烈，表現出來訪者對自己的苛責。）

諮商師：您一天給她打多少個電話或發多少條短信？

來訪者：過去每天五六條短信和一個電話，每個月幾百元甚至上千元的長途電話費。現在每天一條短信。

諮商師：那這表明您現在有好轉。

來訪者：我現在上了一個培訓班，每個雙休日都去學習，否則我不知該怎麼打發。但三個月後考完試我又該怎麼辦？我有時簡直希望自己不要通過，還可以透過補考來消磨時間。

（透過「考不過」的反常希望，可以看到孤獨、寂寞、缺乏精神支柱給來訪者帶來的困擾程度。）

諮商師：那您所有的業餘時間都用來讀書和想女兒？

來訪者：這樣做對嗎？

（來訪者有自我懷疑、但又想得到肯定的心理。）

諮商師：您需要改變，不是改變您的想念，而是讓您適應目前的生活。

來訪者：許多人都跟我這樣說過。

諮商師：您怎麼看這樣的說法？

來訪者：很有道理，但我做不到。我需要具體的方法。當時聽了會好，但過幾天又會不吃不喝，到半夜二三點都睡不著，剛睡著凌晨6點又會醒來。整夜整夜在想女兒……（眼淚流下來。）

擔心她沒有錢花怎麼辦？上次她說過有同學沒有錢花了不敢告訴家裡，就自己到邊境那邊買條菸，帶過境就可以賺幾塊錢。這樣做多危險啊！很容易碰到壞人的。

（「需要具體方法」是諮商的重點。）

諮商師：（遞上面巾紙）您看過她的情況，應該放心啊！

（這裡的共感是空洞的。來訪者因為不放心才輾轉反側、無法入眠。）

來訪者：我看過，她確實有進步，但還有很多我看不到的時候啊！（眼淚一直在流）我看不到她時，她會做些什麼？

諮商師：您需要慢慢調節。

（空洞的安慰。）

來訪者：我已經變了很多。我原先有潔癖，每天屋裡得打掃好幾遍。現在即使看到地上有了灰，我也不管。有時碗放幾天我都不想洗。我的生活非常無序。

（這些細節對將來提出建議是有意義的。）

諮商師：那這有沒有影響您正常的工作和學習？

來訪者：會。我現在健忘，會忘記自己要做的事情。上次到別人辦公室，忘記要幹什麼，想了半天才記起來是取一張光碟。再這樣下去我肯定會出差錯的。

諮商師：這種事情經常有嗎？

來訪者：偶然的。

諮商師：這是正常的。您的想念會影響睡眠、飲食，但忘記事情是正常人都會有的。您不必把任何事情都歸因於想念上。

（讓來訪者行為合理化的解釋。）

來訪者：我不想這樣啊！我過去工作很優秀，但現在……

諮商師：（打斷）您是否和您先生說過這件事？

（提問有些突兀，因為在前文當事人一直只說自己和女兒，並沒有提到其他家庭成員，可以先問一下：「您家裡還有誰和您住在一起嗎？」用這個問題緩衝一下比較好。）

來訪者：說過，但他不知道我到底怎麼了。有時他正在看電視，我讓他關了電視和我說話，但等他關了電視，我又不想說了，又讓他接著看電視。而且我現在不做飯，家裡亂了套。

（有家庭支援系統，但支援力度不強。也有可能是因為母女關係過於緊密，夫妻關係的紐帶作用不強大，甚至壓根都沒有得到經營。）

諮商師：您把這一切都歸因於想女兒？

來訪者：我以前以為女兒不在了我會更輕鬆，但現在什麼都變了。

（對「空巢」的心理準備不足。）

諮商師：您應該想到女兒去讀大學是件好事啊！

來訪者：是件好事。但我看不見她了呀！是不是我有什麼問題呀！

（再一次想讓諮商師確認。）

諮商師：那您應該想開些。可以往好處想啊……

（諮商師開始長篇說教）您還可以跟先生溝通啊！

來訪者：我不能跟先生說這些事。說了以後會顯得我無能。以前女兒都是我一個人帶大的。有一次女兒生病，發高燒，我守在女兒身邊，一直沒有合眼。而我先生睡得呼嚕呼嚕的。我起身給女兒換冰毛巾時，一腳把睡在地板上的先生給踩醒，問他女兒生病了怎麼還睡得著？他說：妳也要抓緊時間睡，女兒已經生病了，大人更不能病。你看，他永遠就是這麼理性。

（「顯得無能」是個關鍵字。來訪者要塑造的是一個怎樣的妻子形象？是一個怎樣的母親形象？她為什麼會形成這樣的形象？她的自我概念怎樣妨礙了她的形象調整？將來她應該做哪些改變，以適應變化的現實？）

諮商師有一段時間沉默。她不知該問什麼。其他的學員紛紛出主意，讓她詢問原生家庭的情況。諮商師開始找新方向。

諮商師：您能談一下與父母的關係嗎？

來訪者：我從小不與父母生活在一起。他們那時候支援邊疆。也沒有人讓他們去，他們自己去的（這句話透出埋怨）。

到 1986 年他們才回來。他們對我很好，但我一直沒有辦法和他們親近。他們用錢來彌補，給我買車、買房（眼淚流下來）。我曾經想過早點退休，就住到珠海，可以經常看看女兒，但我知道這樣會影響她的獨立性。

（非常重要的資訊。母親的形象對她塑造自己的形象有巨大形象。）

諮商師：請問您父母是在您幾歲時離開您的？

來訪者：大概八、九歲。20 年後他們才回來的。

諮商師：您女兒離開您時已經是 18 歲了，年齡完全不同，您不必擔心女兒會有您當時的感受。

來訪者：我那個時候，應該和父母一起去的。

（有必要追問的資訊。）

諮商師：但您父母那時把你留在上海，也許是為了你好。

（試圖從另一個角度讓來訪者理解問題。）

來訪者：我知道，但我的感受是孩子不能離開父母。這是我童年的感受。現在我真後悔女兒離得太遠，看不到她。我真的好想她，但又不敢對她說。（哭出聲來。）

諮商師：（遞上面巾紙。）

來訪者：其實我先生白天在網上跟女兒聯繫。但我從來不用，因為怕自己看了下不來網，想知道她是胖了還是瘦了，想看看她房間是不是亂。又怕她上網成癮，現在那麼多報導上網成癮的個案，我真的好擔心。

諮商師：您其實是個非常偉大的母親，我非常佩服。您做了很多努力來調整自己，還參加了學習。

（共感。）

來訪者：我很難調整。因為只要出去玩，我就會覺得自己很罪惡，只有想念女兒才是好媽媽。有時我整夜整夜睡不著。週末來上課時，午飯跟大家一起吃，而晚飯我就不吃了。不想吃（眼淚不停地流）。

（「罪惡」是個非常值得關注的詞。做為母親，為什麼沒有娛樂、開心的權利？這和前文的「母親形象」有關。）

諮商師又陷於沉默，她無法做下去，求援地看著大家。學員們大多已淚流滿面。一位學員已經哭得泣不成聲。她邊抽噎邊帶著哭聲說：「您完全可以把您的想念告訴女兒，告訴她真實情況是怎樣的。也許會有奇蹟般的效果。」

還有一位平時從不發言的學員，儘管平時語速奇快，這時緩緩地說：「如果您真的想看看女兒，可不可以裝一部可視電話（視訊電話）呢？」感受著教室裡凝重而溫暖的氛圍，我決定繼續推進諮商。

我對當事人說：「妳一直壓抑著自己的愛，一定在心底積壓了很多想對女兒說的話，現在，我們創造一個機會讓妳把它說出來。請妳挑一位學員來扮演你女兒。」我本來想直接讓那位哭得最厲害的學員上去扮演，因為她的年齡非常接近，但還是把主動權交給當事人。

來訪者：我想請阿文來演。

阿文很感動，誠惶誠恐地跑上去，一坐下來，就把當事人的手拉在手裡。距離貼得很近，真的很像一對母女。

來訪者：把你送到這麼遠的地方讀書，你恨我嗎？（不停地掉眼淚。）

諮商師：不恨。

來訪者：我怕你晚上睡覺踢被子，怕你晚上做夢猛地爬起來，怕你從上鋪掉下來，我好擔心呀！

諮商師：你要相信我。

（一下又一下地輕拍著來訪者的手。）

來訪者：你從來沒有洗過衣服，沒有做過飯，你行嗎？

諮商師：我是媽媽的女兒，你要相信我。

來訪者：你到珠海去的時候，要把各種證件放好，天黑了不要亂跑，那邊很亂的，有壞人。知道嗎？

諮商師：知道了。

來訪者：我其實很喜歡你。但有時我對你很嚴厲，小時候還打過你，你會原諒我嗎？

諮商師：我都不記得了。

來訪者：上次你說和宿舍同學關係不好，因為她們用光了你的東西居然都不跟你說一聲，你很生氣，當時說不再理她們，現在關係好了嗎？

諮商師：在新環境裡，我會努力去適應的。

來訪者：從你給小朋友寫的信裡，我知道你很擔心我。你的同學經常打電話來問候我，說是你寫信時關照他們的。我知道你擔心我的身體。我很感謝你。現在我的身體好多了。

諮商師：我是媽媽的牽掛，媽媽也是我的牽掛。

來訪者：（長長地舒一口氣）我現在覺得輕鬆多了。（眼睛看著指導老師。）

我問當事人：「我們現在還可以往下推進，但我想知道你的想法。」當事人略顯疲憊地回答：「今天就到這裡吧！」

教室裡有幾秒鐘的沉默。一位男學員打破了沉默說道：「其實你說的情況在我們那一代很多。我母親是在我八、九歲回家住在一起的。只要犯了錯誤，就狠狠地打我。我一直覺得母親是不喜歡我的。後來出來讀書，母親去送我，等她轉身走時，我聽到她壓抑的哭聲。我心頭一震：原來母親是愛我的。等自己有了孩子，就更能理解母親了。所以我覺得你可以更好地去理解你的父母。他們有他們的不容易。」

剛才第一位諮商師接著說：「媽媽懷我六個月時，坐飛機從新疆回到上海。那時還沒有直達飛機，所以火車轉來轉去才坐上飛機。生下我後他們一直在新疆工作，到我 6 歲時他們才回來。而我開始是和奶奶住，後來是和外婆住。爸爸媽媽根本沒有時間照顧我。我理解他們。他們現在對我很好。中午時會打電話問我晚飯想吃什麼。在外人看來，爸爸媽媽愛我，而我孝順。但在我心裡我知道，這是禮節性的愛，心不可能走得很近，我永遠不可能在他們面前撒嬌。但我接受這種關係。」

大家的情緒漸漸恢復平靜。有人問來訪者：「你剛才為什麼不讓哭得最厲害的女孩扮演你的女兒？」她說：「我怕她一上去我的情緒完全失控。」「原來你在那個時候還在控制自己的情緒！」

我問那位哭得最厲害的學員：「你剛才為什麼哭得那麼厲害？是不是想到什麼？」

她說：「是的。我覺得母愛好偉大。我本來大學畢業也要出國的，那時沒有想到父母親太多。雖然家裡一直是支持我的，但我從來沒有想到過我走後他們會是怎樣的。也許我應該考慮得更周到一些。」她的眼睛紅紅的。

對全體學員來說，這是一次帶有震撼力的共感培訓，因為他們第一次在訓練活動中體會到了真實的共感。在大家的一片抽泣聲中，每個人都感受到來訪者那種矛盾、壓抑、痛苦而又有點自虐的心情，每個人都真心實意地想幫助她分擔這些感受，想幫助她想辦法。這應該是最樸素的共感了。

在心理諮商的培訓中，學員的共感之所以進步緩慢，其中一個原因是因為很多個案都是模擬的，來訪者都是扮演的，來訪者很難帶入自己的真情實感，因而諮商師也較難進入角色，難以與來訪者共鳴。如果一直用實際案例進行鍛鍊，相信學員的共感能力會提高更快。

對於這個案例，我還有更多的思考：當事人用自我折磨的方式替父母贖罪，或者說用目前這種方式向父母顯示：「這才是真正的母愛。

可見你們當年是多麼殘酷！」

中年空巢對她帶來的是決定性影響：她需要重新調整親子關係、夫妻關係，與父母的關係。以前，與女兒的關係代替了其他所有關係，而現在，親子關係被距離沖淡，她需要重建夫妻關係，與父母的關係。而這又涉及到她自我形象問題：母親形象、妻子形象、女兒形象。對她這個年齡來說，這不是一個簡單的工程。

其實，在諮商進行當中，我曾希望當事人能夠繼續做下去，我可以請人再上去扮演她的父母，把她的心結徹底打開。現在看來，當來訪者希望停下時，諮商停下來，應該是更好的選擇。這一方面是尊重來訪者，另一方面，處理父母與來訪者的關係，不是那麼簡單，幾十年形成的關係模式，需要花一定的時間，不一定在一次教學活動中能夠處理完；此外，處理父母與來訪者關係，可能會波及更深層次的資訊，而來訪者對這些資訊的暴露，未必會覺得舒服。

從共感角度看，諮商師用到了一些共感，試圖讓來訪者感覺好、從積極角度重塑來訪者的觀念等。從總體上來說，在這個相互信任的團隊中，共感的氛圍營造得很好，來訪者可以徹底打開自己的心扉，信任諮商師。諮商師在這方面是成功的。這不僅僅是諮商師個人的力量，而是整個團隊的力量。

結語

有些人來學習心理諮商的動機是為了幫助別人。但在訓練的過程中發現，要想幫助別人，首先自己需要一些改變，需要自我成長。這對其中一些人來說過於挑戰：他們沒有準備好觸動自己。共感訓練就會觸動人們內心深處。如果一位學員在訓練過程中內心從來沒有被翻攪過，那他（她）就沒有體驗到真正的共感。

學員手記一：對來訪者的共感讓我有成就感（陳湘霖）

時間很快，今天已是第五次實習了，今天的主題是「面談中的共感技術」，在前幾次實習中，每次分組練習後，我都會被很深的挫敗感擊中，每一次當扮演來訪者的同學坐在我面前時，我在做完必要的開場事宜後，就開始大腦短路，我完全不知道怎麼與來訪者交流，他（她）在敘述的時候，我腦海中只有一個念頭：「怎麼辦？怎麼辦？他這個問題似乎很難啊！」我真的很茫然，我很想跟他（她）交流，很想幫他（她）解決問題，可是我除了微笑什麼也不會做。

小組演練後，老師給予了指導，她說「共情」不是簡單的同情，共情是你站在來訪者的角度，去體會他（她）的心情，良好的共感是在良好傾聽後才能產生的。由於前幾次的茫然，我下定決心今天一定要沉下心來進行小組演練，我要傾聽、傾聽、再傾聽，然後給予來訪者適當的共感。以下是我扮演諮商師，與來訪者交流的一個片段：

來訪者背景，女，30 歲左右，在外企工作。在開場後，我們進入主題：

諮商師：「請問你今天到這裡來想跟我談談什麼呢？」

來訪者：「最近我小腹明顯胖了很多，因為每天一到晚上我就控制不住地吃東西。」

諮商師：（初聽到這句話時，我心頭又掠過一陣慌張，天哪，你控制不住吃東西，我好像沒辦法解決啊，但一想到我不可以老這麼慌張，我一定要突破自己時，心情又沉靜下來，我把我自己當成她，我在想我為什麼吃那麼多東西呢？僅僅是因為東西好吃嗎？）

「你說你控制不住想吃東西，你能具體地談談你在這樣做時的感受嗎？你真的是因為東西好吃嗎？你在吃的時候及吃完以後的感受如何呢？」

培訓老師的話：諮商師一口氣提了太多的問題。可以一次只問一個問題。

來訪者：「我不覺得有什麼好吃，我只是忍不住這樣做，吃的時候感覺還好，吃完之後我很難受和後悔，我後悔我吃那麼多不必要的食物，可是第二天，我下了班回到家又忍不住不停地吃，我很難受。」

諮商師：「你這樣的行為是什麼時候開始的？」

來訪者：「最近兩星期，而且最近兩星期以來，我還喜歡週六週日去加班，我覺得我上班快樂些。」

諮商師：（我突然意識到，她一定是要逃避什麼，她才會這樣發

洩似的吃東西，才會休息日還去上班）

「大多數人都會覺得週末在家休息會比較舒服，可是你卻願意上班，你能說說為什麼這樣做才讓你更快樂呢？」

來訪者：（沉思了一會後）

我覺得這樣我就可以不要面對……我那兩個剛從美國回來過暑假的孩子。

諮商師：（我第一次在面談中感覺到了興奮之情，原來她這樣做是為了不與孩子在一起，我幾乎想衝動地告訴她，你是親子關係焦慮，可是我轉念一想，老師指導過我們，一定要讓來訪者自己意識到自己的問題，我應該共感後繼續傾聽）

「絕大多數的母子相處都會覺得快樂，但你卻感到與孩子的相處中，會讓你有很焦慮的感覺，所以你才會不停地吃東西，並在週末工作以緩解這種痛苦感。」

（培訓老師的話：諮商師的直覺很敏銳，它可能是正確的，也可能是不正確的，因為還沒有更多的資訊能表明這一點。建議這裡再問一些詳情而非直接做出結論。）

來訪者：「對啊，對啊，就是這樣，我不知道怎麼與她們相處，大的那個5歲，跟我還好一點，小的那個36個月，我一抱她就哭……」

在回應時，扮演來訪者的同學給了我極大的鼓勵，她說我的共感讓她很溫暖。而我第一次找到了感覺，第一次真正體會到使用傾聽和共感後，我是可以有能力與來訪者一起深入下去的。我終於明白前幾

次我為什麼那麼茫然，那是因為我進入了一個錯誤區域，我以為我必須「先知全能」，在來訪者剛剛開口時，我就要知道他（她）是什麼問題，我該用什麼方法幫助她……

其實真正的諮商並非如此，好的諮商師是一個引領者，用傾聽用共感盡可能地多掌握來訪者相關資訊，並獲得他（她）的認可，讓來訪者在自己的敘述和回憶中，自己找到問題的癥結。做為初學者，只要放鬆自己，讓自己進入來訪者的處境中，就有可能獲得讓交流繼續下去的力量和方法，只要交流能夠繼續，諮商就可以繼續推進。

哈哈，我笑問自己「是開竅了嗎？」

學員手記二：抗拒諮商師的共感（陳湘霖）

我本人扮演來訪者，另一同學扮演諮商師，我用了我自己正在經歷著的困惑來求助諮商師，案例背景是我的妹妹不想留在上海，她想回山東發展，但我又很不放心讓她走。

諮商師：「今天你到這裡來想跟我談談什麼呢？」

來訪者：（我確實希望諮商師能幫助我，所以我就開門見山）

「我最近很困惑，我妹妹她不願留在上海，她想回山東。我其實又很不希望她走，但看見她不開心，我也很難受。」

諮商師：「你為什麼不想她回山東呢？」

來訪者：「我不放心她一個人待在山東，她在上海，我能照顧到她，我感到這樣好一點。」

諮商師：「你為什麼不放心她回山東呢？」

來訪者：「我很擔心她照顧不好自己的身體，擔心她交到不好的朋友等等。」

（我期待諮商師問我，為什麼我會認為她會照顧不好自己的身體？為什麼我會擔心她交的朋友不好？）

諮商師：「那你妹妹在上海做什麼呢？她有朋友嗎？」

來訪者：「她在上海做過一段時間的文員（文書處理員），朋友不多，沒有山東多，但我最近又在給她介紹工作，還把一些跟她年齡相仿的朋友介紹給她。」

諮商師：「哦，你為她做了很多，你真是個好姐姐。」

來訪者：（聽到「你真是個好姐姐」這句話時，突然之間，我感到非常沮喪和惱怒，我是個好姐姐嗎？如果我是個好姐姐，妹妹為什麼非要離開我獨自去山東生活？為什麼她在我身邊，總是不快樂的樣子？我明白諮商師是在表達共感，可是這個共感讓我非常不舒服，我完全沒有再說下去的慾望。我沉默無語……）

我特意記下這個案例，就是要提醒自己將來做諮商師時，一定要注意，千萬不要用不恰當的共感「逼」跑了我的來訪者。

指導老師的話：共感不是簡單地恭維對方、從積極的方面肯定對方，而是體會到來訪者情緒層面和認知層面當下的狀況、即將進入的狀態。這對新手來說非常難，這是一個不斷實踐的過程。扮演諮商師的同學該如何做下去呢？諮商師可以說：「看得出，你似乎並不認同我說的話。這句話讓你內心有非常複雜的感受，是嗎？你能具體談談嗎？」隨時敏銳地察覺來訪者的變化，是諮商師共感的一個基本功。

學員手記三：共感不在話多（佳依）

本來以為朋友有事沒事都喜歡跟自己談心，應該屬於在共感方面會做得比較好的。誰知道，真正諮商時，就往往直奔腦海裡自己設想的主題去了，是否真正讓來訪者感到被理解、被接納，是否心情和感覺變好卻顧不上了。生活中的共感沒有直接轉化為諮商中的共感。這多少讓我有沮喪感。

在這次分組練習中，我期待著自己的突破。這是一個關於職業諮詢的案例，來訪者和朋友合開了目前的公司，從事培訓及職業諮商方面的工作。目前的困惑是應該偏重公司的技術管理還是去做產品推廣。我的一個好朋友就是做培訓的，常聽她說起現在培訓企業競爭之殘酷，所以我非常能理解來訪者的感受。在共感時，我的話不多，有一句話被我重複多次：「是啊，現在的培訓市場，競爭的確太厲害。」

本以為這句話會被來訪者聽得厭倦，但在回應時來訪者卻說：「你的語氣和表情，讓我覺得你的確很明白我們的辛苦，很有親切感，也感到你很清楚培訓市場的狀況，所以我很願意繼續談下去。」

哇，這個回應真讓我信心倍增。原來，共感不一定要話很多，到位是最重要的。

指導老師的話：生活中的共感能力是可以轉化為諮商中的共感力的。那些在生活中擅長共感的人在諮商中有可能會有良好共感。但初學者由於要整合聽、說、思考等多項任務，可能會顧及不到共感。加強練習後，所有的能力會綜合起來。

學員手記四：我把感覺弄丟了（牛牛）

今天練習的是共感技術。在幾次自信受挫之後，我把我的感覺給弄丟了。這可能是諮商中最難的技術了。不知道為什麼，在練習中，我總是找不到感覺。太多的理性思考，太多的探求原因的衝動。在練習中，我無法找到來訪者的感覺，甚至我把自己的感覺也給弄丟了。

伴隨著更深的自卑，我開始懷疑我的個性是否適合當諮商師。聯想到霍德蘭職業與趣測試的結果，我是屬於傳統、現實、研究型，是不是真的不適合諮商呢？

休息的時候，看到愁眉苦臉的我，組員老虎把我帶到教室的外面。雨後的上海，還是沉沉的、悶悶的。

「做個深呼吸吧。」老虎說。

「嗯。」

「怎麼樣？聞到了什麼？感覺到了什麼？」

「聞到了——香菸的味道。」

「呃——對，我在抽菸。」老虎掐了菸頭，「再聞聞，看看還能聞到什麼？剛下過雨，再感覺一下。」

「嗯——好像有——泡泡糖。」

「感覺？」

「黏黏的，濕濕的，甜甜的。」

「對啊，你的感覺沒有丟啊。不要想著泡泡糖，『黏黏的，濕濕的，甜甜的。』這就是感覺。」

是啊，即使做諮商師，也不能為了找到別人的感覺就把自己的感覺給丟了。

為了減少我過於理性、過於邏輯的思考方式，老虎又給我做了一段意象訓練。透過意象技術來體會一下別人是怎麼想的。或者說，先知道自己是怎麼想的。

「有一幢房子，石頭做的。」老虎開始描述那個意象。

「石庫門？」我插話道。

「不要想那個，想一下石頭砌成的房子是什麼感覺？」

「哦，冷冷的，冰冰的。」

「嗯，這就是你的感覺。別人也可以有其他的感覺，比如感受到堅固的、安全的，對嗎？」

「嗯，對。」我點點頭。

「房子沒有門，只有一扇窗。」

「奇怪的房子！」我詫異。

「對你來說可能覺得會很奇怪，但是對於來訪者來說，他就是這樣想的啊。不要追究他的邏輯性。」

「走進房子，裡面有一張床。」

「不是沒有門嗎？怎麼進去？」

「不是說了嗎，不要太在意邏輯性，找感覺，不能邏輯性太強。」老虎似乎有些怒了，「不然會注意不到該注意的東西的。」

「哦，知道了。」我回答道。

「房間裡空空的，就只有一張床。床上有被子和床單。」我沒有插嘴，老虎繼續說著，「床單是紅色的，被子是白色的。」他停了停：「你看到什麼？」

「我感到毛骨悚然。我彷彿看到床單原先也是白色的，紅色的不是染料，是血。還有絲絲血跡從背面中滲透出來，慢慢把被子染紅。」

「對，對，對！這些就是你的感覺。但是這些不是來訪者的感覺。你就是要透過和來訪者的溝通來瞭解剛才那些對他來說都代表了什麼，這樣就能共感了。」

今天練習的目標是共感。雖然我今天沒有直接在共感上下工夫，但今天對我來說的確收穫不少。至少我把我丟失的感覺找回來了——或者說，我找到了成為諮商師的自信。

指導老師的話：小組成員之間的相互幫助是組員成長的一個重要源泉。這個組員幸運地擁有這樣一個小組。牛牛的長處是擅長邏輯分析，但有時會用邏輯分析代替情感反應。老虎運用強化感覺的方式對其訓練，是可取的。只是那個意象片斷的含義，需要另外分析了。

09 面談中的提問技術訓練

初學者在練習提問技術時，常遭遇這樣的境況：松下問童子，言師採藥去。只在此山中，雲深不知處。提問自然無法進行下去。

——詩出賈島《尋隱者不遇》。

提問的基本功能

心理諮商面談中，提問是一個重要的技術。它有著無可替代的一些功能，主要有以下方面：

一是瞭解更多資訊，透過提問諮商師可以瞭解更多有關的資訊；

二是明確關鍵資訊，諮商師對某些關鍵細節和關鍵點的提問，能夠瞭解更多關鍵資訊；

三是確認資訊，即諮商師向來訪者求證自己聽到的和理解的資訊，讓來訪者確認或糾正資訊；

四是利用提問回到主題，諮商過程可能不像解數學應用題那樣從A點到B點，可能中間會有很多曲折，需要不時回到主題，利用提問可以巧妙地收放自如；

五是把談話引向深入。利用提問可以承上啟下，在總結之後可以利用提問逐漸接近實質性的問題，不斷深入；

六是利用提問進行面質，指出來訪者前後不一致或相互矛盾之處，使得來訪者能面對自己的問題。

提問的基本類型

常見的提問類型有兩大類：開放式提問和封閉式提問。

開放式提問指無法簡單用是或否、對或錯回答的提問，它需要回答者根據自己的情況做出具體回答，常用「什麼」、「怎樣」來提問，如「當時發生了什麼？」「你對這件事是怎麼考慮的？」「你現在的感覺是什麼？」「你為什麼做出這樣的選擇？」開放式提問的開放程度不僅僅取決於諮商師，更多取決於來訪者。如果信任關係建立得好，來訪者表達能力強，開放式提問得到的回答會較開放、資訊更豐富。

封閉式提問是指可以用對或錯、是或否來回答的提問，它給出各種選擇項，只需要回答者做出選擇即可。相比於開放式提問，封閉式提問能在更短的時間裡得到確定的回答，更節省時間，因而以下情況更適用於封閉式提問：如果來訪者滔滔不絕、沒有主題和方向性；面談的時間快要結束、但又有一些資訊需要收集；諮商師對來訪者的資訊已基本瞭解，但還有一些細節需要確認。在以上情況中，可以透過封閉式提問來加以引導或控制。

我們可以比較一下開放式和封閉式提問的用法和效果：

開放式：「回憶這件事讓你有什麼感覺？」

封閉式：「回憶這件事情讓你很痛苦，是嗎？」

開放式：「如果現在讓你去做一件事情，你會有怎樣的感覺？」

封閉式：「你現在沒有任何動力去做事情，是嗎？」

開放式：「提起你的女朋友，你會有怎樣的感覺？」

封閉式：「對女朋友，你有很多內疚，對嗎？」

我們可以看到，開放式提問能得到更多的具體資訊，而封閉式提問能得到更有明確傾向性的回答。但使用封閉式提問時，諮商師需要準確地給出選擇項。

此外，還有投射性提問，即讓來訪者設想在某種情境下自己會怎麼做，藉此考察來訪者內在情緒、感受、觀點或信念。如「如果你現在得到 100 萬元人民幣，你會做些什麼？」「如果能讓你滿足三個願望，你會提哪三個願望？」「如果你是那個經理，你會怎麼做？」藉助這些提問，可以讓來訪者探索他們未曾發現的衝突、未曾經歷的感受和未曾顯現的情感，諮商師也可考察來訪者深層次的動機和價值觀等。由於是以假設情境做為背景，所以來訪者的防禦性會降低，往往會比較輕鬆地回答這類問題。

提問技術的錯誤

在新學員當中，對提問技術有很多錯誤，最常見的誤解有以下方面：

一是為了提問而提問。需要強調的是：提問並不是心理諮商的目的。心理諮商的目的是為了解決來訪者的問題，提問只是手段。每一個提問背後都應該有諮商師的假設，知道自己為什麼要問這個問題，瞭解這些資訊對解決來訪者的問題有什麼幫助。那些為了消磨時間而提問的學員、機械提問的學員，要反思自己提問的目的。

二是過早地開始引導性提問。有經驗的諮商師非常注重來訪者在諮商中表現出的自發性，對這種自發性的觀察可以提供很多資訊：來訪者是怎樣看待自己的問題的；來訪者認為自己最主要的問題是什麼；來訪者是從哪個角度切入的。

而過早的提問有可能會破壞這種構面，變成以諮商師的問題為主導，讓來訪者跟著諮商師走，其風險是諮商師的問題並沒有給出正確方向，或過早地限制了來訪者探索自我的自由。

如果用一個比喻，來訪者的敘述和自發性探索就像一條小溪，諮商師所要做的是跟著水流往前走，從而看到小溪的全貌並決定諮商策略；而過早的提問就像一開始就把小溪引導到另外的路上，或者讓小溪停留在某處，或者把小溪裡的水圍堵起來。有的來訪者會因這種做法而產生依賴感，認為諮商主要是諮商師的責任；有的會因此而產生防禦感，對諮商師有不信任感。

三是把提問當作最重要的甚至唯一的諮商手段。由於提問技術看上去更容易結構化、更容易模仿，因此一些新學員在訓練過程中過分地倚重提問，把提問當作最重要的甚至唯一的諮商方式，從一開始到結束，整個過程中都是以諮商師提問、來訪者回答的方式進行，諮商師像台「提問機器」，而來訪者感覺自己像被審問。提問技術一定要和傾聽、共感、回應等技術結合在一起應用。諮商不能始終停留在收集資訊的層面，而要關注收集到資訊之後該如何做。只會提問的諮商師不是真正在做諮商，而只是在推磨，在原地踏步，無法推進諮商。

四是為滿足諮商師的好奇而提問。在諮商過程中，新手常會有一些衝動，針對自己好奇、想知道的資訊而提問，而這些提問與來訪者的問題可能無關。如學員聽到來訪者和自己是同一所大學、同一個專業畢業的，就忍不住問：「那時教過你的老師都有哪些？輔導員都有誰？」類似的問題可能會使得諮訪雙方的社會關係得到進一步發展，但對諮商關係並無益。

學員始終要牢記在心的是：來訪者的利益永遠放在第一位；在任何情況下恪守職業道德；要能夠即時察覺自己好奇心的萌動，並加以克制，在諮商結束後可以進行反思和總結，藉此進行自我剖析，加深自我瞭解。

使用提問的規則

使用提問需要注意一些問題。第一，讓來訪者準備好接受提問。來訪者走進諮商室時有不同的期望，有的期望一進來說幾句話後就得到答案；有的意在傾訴，滔滔不絕地說個不停；有的期望心理諮商師是台 X 光機，掃幾眼就能知道自己的問題。有這些期望的來訪者對提問會持一定的防禦：「為什麼要問這麼多問題？」「連這個你也要問啊！」為了防止在提問時出現類似疑惑，可以在諮商開始時說清楚：「在今天的諮商中，我需要問一些問題，以更確切地瞭解具體資訊，希望你能理解。」

第二，引導來訪者具體地回答問題。新手常遇到的一個問題是諮商無法深入，其中一個原因就是由於得到的資訊不夠具體。可以比較兩段對話：

	情境 1	情境 2
諮商師：	「今天到這裡來有什麼想要諮商的？」	「今天到這裡你想和我談什麼？」
來訪者：	「我……我覺得自己最近狀態不好。」	「我……我覺得自己最近狀態不好。」
諮商師：		「你能具體談一談嗎？」
來訪者：		「我……不知道該怎麼談。」
諮商師：	「那你睡眠還好嗎？」	「不要緊，你想怎麼說都可以。」
來訪者：	「還可以吧。」	「我覺得自己吃東西不規律。」
諮商師：	「飲食呢？」	「你能具體談一談嗎？」
來訪者：	「不太規律。」	「就是有時一下子吃很多，有時又什麼都不吃。」
諮商師：	「上課呢？」	「你能具體談談吃很多時是怎樣的狀況嗎？比如說最近一次吃很多時的情況。」

來訪者：	「上課還是和以前一樣。」	「嗯，是考試前複習，感覺自己好累，需要犒勞自己一下，就出去吃東西。」
諮商師：	「聽上去整體上還是不錯，那你是什麼方面狀態不好呢？」	「覺得很累時會去吃東西。能談談吃了些什麼嗎？」
來訪者：	「我吃東西比較多，怕胖。」	「嗯……在學校附近吃了一碗麻辣燙，太辣了，買了一瓶飲料，500 毫升的，一口氣喝完。然後去超市買了一包切片麵包，一斤，一顆文旦，兩斤，一包瓜子，半斤。回到宿舍我坐在那裡，把這些又一口氣吃完了。」
諮商師：	「哦，看來主要是身體形象的自我認識問題。那我們圍繞這個問題展開好嗎？」	「吃了這些東西，你當時的感覺是什麼？」
來訪者：	「嗯……好吧。」	「覺得自己很罪惡……」
諮商師：		「你覺得自己很罪惡。」
來訪者：		「是的。我一下子花了 3 千 8 百元，我父母要賣掉好多斤水稻才能賺到。」
諮商師：		「你對父母有內疚感。除了內疚感，你還有什麼其他感覺嗎？」
來訪者：		「我……我怕胖……我覺得吃進去的所有東西都正在身體裡一點一點轉化成脂肪，堆積在我身上。」
諮商師：		「有內疚感、怕發胖，還有嗎？」
來訪者：		「我……我就去吐掉。」
諮商師：		「你能具體談談吐掉的情況嗎？」
來訪者：		……

從以上對比中我們可以發現：情境 1 中的諮商師就像蜻蜓點水一樣，看上去很多資訊都問到了，但指導性過強，又無法抓住關鍵點，滿足於獲得的過於籠統的回答，主觀臆斷地把諮商帶往偏離來訪者主題的方向。

情境 2 中的諮商師請來訪者對重要問題給出具體的回答，而具體的回答中蘊含了豐富的資訊。該諮商師提問的引導性並不強，但會讓來訪者願意表達，一句有魔力的提問是：「你能具體談一談嗎？」對於關鍵點，這樣的問題能夠獲得詳細的資訊。在情境 2 中，諮商師跟著來訪者，逐漸走到了核心問題：神經性嘔吐症。

三是提問的內容要與諮商主題一致，問題之間的跳躍性不要過大。學員在訓練中常見的情況是：過於緊張、過於關注自己的表現，滿腦子裝的應該問什麼問題，問題本身可能和諮商主題無關，可能和前後情境無關，跳躍性過大，來訪者或者一頭霧水，或者心生阻抗。在前面章節中舉到的一些例子中常見這種跳躍的或與諮商主題無關的問題。

四是謹慎地提及敏感問題。這裡的「敏感」有兩重含意：一是社會文化中界定的敏感問題，如性行為、性關係、性取向等；二是來訪者個人的「雷區」。如果諮商中必須去碰觸這些敏感話題，則需要諮訪雙方已建立信任關係，有足夠的鋪陳，來訪者能夠面對這些問題。貿然觸雷，有可能對來訪者和諮訪關係都造成傷害。可以看下面的片段：

來訪者：「有時候，我又渴望那種身體特別舒服的感受，什麼都不想，只是感受自己的身體，什麼都忘記，只是感受當下，皮膚被接觸的感覺。隔一陣我就想來一次。」

諮商師：「你是指……手淫嗎？」

來訪者：「啊？！不是不是！我是在說按摩！」

可以想見雙方的尷尬。在觸及敏感問題之前，諮商師可以多一些確認：「你具體是指什麼？」可以避免這樣的尷尬。

評估性面談中的提問

在有些學者看來，心理諮商的面談至少可以分為治療性面談和評估性面談兩類。

治療性面談關注諮商的推進，而評估性面談關注症狀的評估、診斷和諮商目標的確立。前者提問會少一些，後者會有很多提問，而且傾向於結構化的提問，圍繞診斷標準和諮商目標，瞭解細節。一般說來，對來訪者的第一次面談是評估性面談，以瞭解基本資訊、制訂諮商目標、做出基本診斷為主。在這種諮商中，向來訪者說明這一點非常重要：「今天是我們第一次諮商，我需要瞭解比較多的資訊，以做出診斷，商定諮商目標，所以會有很多問題，希望你能理解。」

在評估性面談中，提問可以遵循「先當下、後過去」的順序，也可以跟著來訪者的思路走。如果使用結構化的問題清單幫助自己訓練，以下是一個參考，學員可以根據現場做靈活調整：

目前你的症狀有哪些？你的反應如何？發生時你的感受怎樣？

在症狀發生前，你通常會處在怎樣的環境中，有哪些人、哪些事？

症狀發生前、發生時、發生後，你有什麼身體上的不適嗎？如果有，是什麼部位？具體的感覺是什麼？

症狀發生的頻率和持續時間怎樣？

症狀是否影響你的人際關係，如和家人、同事、朋友的關係？如果影響，怎樣影響？

症狀是否影響你的工作、學習和生活？如果影響，怎樣影響？

你自己曾做過怎樣的努力來緩解症狀？哪些方法無效？你怎樣判斷無效？哪種方法最有效？有效的表現是什麼？

症狀是從什麼時候出現的？當你第一次出現這個症狀時，是什麼時間？在哪裡？怎麼發生的？

從症狀第一次出現到現在，期間發生過一些變化嗎？如果有變化，是怎樣的變化？症狀最輕微和最嚴重的情況是怎樣的？

有沒有出現例外情況，像是你預期症狀會出現，但實際並沒有出現。能具體談一下嗎？

請你用數字評估一下症狀的嚴重性，從 1 ～ 10 打分，1 分表示很輕微，對你沒有什麼影響，10 分表示很嚴重，讓你感到這是世界上最糟糕的事情，你會給該症狀打幾分？在最嚴重的時候你打幾分？在最輕微的時候你打幾分？

我們現在正在談這個症狀，你感到有什麼變化嗎？是感覺好了，還是感覺更糟？

如果讓你給這個症狀起個名字，就像給一個人取個綽號一樣，你會給它取什麼名字？

透過提問瞭解來訪者的經歷

在諮商時往往需要考察來訪者的成長經歷，從總體上包括：童年經歷，主要是學齡前的經歷；關於父母和其他照料者、家庭成員的回憶；小學、初中、高中、大學（如果有）的學校經歷；與同齡夥伴交往的經歷；工作和職業方面的經歷；婚戀（婚姻和戀愛）和家庭方面的經歷等。其中有一些需要注意的方面：

一是把主動權交給來訪者，以考察其在最初的２～５分鐘裡來訪者會講什麼。最初呈現的資訊會非常有意義，值得關注。為了讓來訪者表現其自發性，最好不要給來訪者有限制性的問題，或過早給提示。如果經再三鼓勵來訪者都不知該談些什麼，這時可以給一些提示：「你可以談一些你覺得重要的經歷或回憶」，「請你談談自己成長中印象最深的事情好嗎？」「你可以談談學校或工作中印象深刻的事情」等。

二是可以在聽完來訪者講述後再提問。如果來訪者有條理地　述成長過程，即使諮商師有很多問題，也可以暫時不問（可記在筆記上，以免忘記），而在講完後有選擇地、有重點地探討一些問題。其實有些問題來訪者在後面的敘述中會回答，而不必專門去問。

三是對那些冗長而囉嗦的敘述，諮商師要提醒來訪者諮商時間有限，需要有所選擇和聚焦，可以重點講她（他）認為最重要的資訊。但冗長和囉嗦本身是有意義的，值得關注。

四是如果來訪者所談及全是積極的或消極的事件，需要詢問是否有相反類型的事件，以構成一個全面的圖畫，並探究其認知模式的類型，以及這種認知模式對其行為的影響。一般說來，人們的認知模式是比較穩定的，所以找到來訪者認知模式的特點是非常有意義的。

透過提問瞭解來訪者的人際交往狀況

在一些諮商個案中，人際交往是必須問到的部分，有時就是諮商主題和目標。從時間上看，需要瞭解來訪者過去如何與別人交往、現在如何與別人交往；從交往物件對象上看，需要瞭解來訪者如何與家人交往、與同齡人交往、如何和長輩交往以及如何與上級和下級交往；從性別上看，如何與同性以及異性交往。有學者提出，在回溯其早年經歷時，可以讓來訪者用三個詞形容其父親、母親或其他照料者，從而較快捕捉到來訪者對照料者的感受，並對來訪者的依戀模式有初步判斷。需要注意以下問題：

一是在詢問與家庭成員的交往中，關注那些被濃墨重彩描述的家庭成員或被遺漏的家庭成員，他（她）們對來訪者的成長有重要影響。可以追問：「除了和奶奶感情濃厚外，你和哪些家人感情特別好？」「除了你提到的媽媽外，家裡還有其他家庭成員嗎？」

二是在面談中觀察來訪者如何與諮商師溝通，對其溝通模式、人際交往類型進行評估。有的來訪者自我陳述溝通能力不錯，但在諮商過程中，目光始終低垂，敘述沒有邏輯，語氣沒有影響力，諮商師就要關注這種不一致，探究原因，客觀地評估其溝通能力。

有時自我評估與實際能力的不一致，正是造成來訪者困擾的原因；有的來訪者坐得盡量離諮商師遠，雙手抱胸，眼神充滿不信任，要詢問其與他人交往的模式是否亦如此，還是在諮商情境中的特殊表現，如果是前者，需詢問這種模式對其和他人交往有何影響，如果是後者，需詢問為什麼對諮商有不信任感。

透過提問瞭解來訪者當前的生活狀況

不論來訪者回溯到多麼早年的過去，來訪者最終要解決的是目前的問題，或者是由過去經歷引起的當下問題，所以在諮商結束前一定要回到當下、回到現在。從來訪者的時間知覺可以瞭解很多資訊。有的來訪者對過去有無限的留戀，對回到當下有抗拒，這本身是一種信號，可以看到來訪者在時間類型上屬於過去型，過去的經歷、過去的事件、過去的經驗對其處理當下事件都非常重要。這種類型的人與其說活在當下，不如說活在過去所感知的當下更準確。其遇到的困惑往往和過去與現在的錯位有關。

還有的來訪者一個勁地談將來會怎樣，談當下便提不起勁，這屬於未來型，這種類型的人更看重將來，對未來充滿憧憬，但可能遇到的困難是在當下、未來之間找不到橋樑，缺乏實幹精神。

不論哪一種類型的人，要有現實感對來訪者是非常重要的。一些來訪者遇到的問題就是不能遵守現實中的規則，違背規則，或者拒絕承認規則。而心理諮商設定在固定的時間和場所，本身就是在強調現實性、規則性。

對當下狀況的瞭解包括生活、工作或學習、愛好、交往等各方面，需要根據個案需要來提問：「平時你一天的生活是怎樣的？」「你平時喜歡做什麼？」「你能談談自己的工作嗎？」「你和家人、同事／同學的相處怎樣？」等。

透過提問收集具體資訊練習個案實錄

這是在小組練習中的一個個案實錄。

諮商師：「讓我們相互認識一下吧！我姓蘇，是這裡的諮商師。請問您……」

來訪者：「我也姓蘇。」

諮商師：「你今天來有什麼事情嗎？」

（切入主題。）

來訪者：「我最近很煩，我對遊戲上癮。」

諮商師：「有多久？」

（關於時間的提問。）

來訪者：「兩個星期。」

諮商師：「怎麼開始的？」

（關於起點的提問。）

來訪者：「本來我是坐公車的時候，玩一下手機、MP3 上的遊戲。後來發展到會坐過站，到公司也玩，回家也玩。」

諮商師：「你有什麼感覺？」

（關於感覺的提問。）

來訪者：「玩遊戲時人很緊張，因為遊戲速度快，而且我需要全神貫注，無法放鬆。大腦和手都無法放鬆。」

諮商師：「你提到最近兩星期遊戲上癮，這讓你很煩惱。」

（情緒層面的總結。）

來訪者：「你想我這麼大的人，花這麼多時間在玩遊戲上，實在不應該。以前剛大學畢業時，我也上過癮。後來慢慢停下來不玩了。我現在怕自己上癮。」

諮商師：「你做其他事情也會上癮嗎？」

（這個問題可以提，但稍微有些跳躍。上文來訪者提及的以前經歷，值得追問。）

來訪者：「沒有。但我覺得玩遊戲時控制不住自己很可怕。」

諮商師：「你想過控制嗎？」

來訪者：「上車前想過不玩，但忍不住。」

諮商師：「你周圍的朋友有這種情況嗎？」

（和上文沒有太大關係。）

來訪者：「也有朋友玩遊戲入迷。」

諮商師：「也就是說，你玩遊戲上癮，想克服又克服不了。」

（和上文關係不大，解述不當。）

來訪者：「是啊，我沒找到方法。」

諮商師：「那你今天來想解決什麼問題？」

（能夠確認諮商目標。）

來訪者：「我知道玩手機遊戲只是一件小事，但它讓我焦慮。我想有兩個問題：一是我怎麼學會控制，二是想問一下是不是很嚴重。」

諮商師：「目前玩手機遊戲已影響了你的工作嗎？」

來訪者：「我覺得控制不住這種感覺讓我害怕。」

（「控制」這個詞是來訪者的關鍵字，應該抓住。）

諮商師：「那你想改變嗎？」

來訪者：「最好有人告訴我該怎麼辦。我不希望在其他事情上也發生這種情況。」

（「其他事情」是個關鍵字。是來訪者自己的泛化，還是確實曾經發生過？）

諮商師：「那在別的事情上發生過嗎？」

來訪者：「沒有明顯的表現。我從小到大做事都會持續做到底。」

（「持續到底」與「控制不住」是什麼關係？為什麼會這樣描述

自己？）

諮商師：「你是一個追求完美的人。」

（這個總結比較好，但上文中並沒有很多事實證據。）

來訪者：「可以這麼說吧。」

諮商師：「你願意採取橡皮圈法嗎？」

（非常突兀的建議，沒有任何鋪陳。）

來訪者：「什麼是橡皮圈法呢？」

諮商師：「就是玩遊戲時用橡皮筋彈自己。」

（解釋過於簡單，不嚴謹，沒有可操作性，也無法說服來訪者。）

來訪者：「是我在玩遊戲時嗎？」

諮商師：「是你在控制不住自己的手時。」

來訪者：「我能控制住自己的手啊！我只是控制不住自己的腦子。」

諮商師：「彈橡皮筋時你可以分散注意力，轉移自己的注意力。」

（錯誤的解釋！）

扮演諮商師的學員做不下去，要求停止。12 分鐘。

同一個來訪者、同一個個案，換了一個學員做諮商師。

諮商師：「請問你今天要和我談什麼？」

來訪者：「我最近花很多時候玩遊戲，失去自控。」

諮商師：「你花多長時間呢？」

（關於時間的提問。）

來訪者：「開始只是坐車時玩，後來越來越長，前兩天打了一個通宵。」

諮商師：「你用了很多時間。那你打完遊戲後的感覺是什麼？」

（關於感覺的提問。）

來訪者：「其實很無聊，而且打完後很不舒服，人很累，眼睛尤其累，因為一直盯著螢幕看，而且有罪惡感。」

諮商師：「那在玩的過程中呢？」

（關注在提問上，沒有對來訪者的話進行回應。為什麼會有「罪惡感」？）

來訪者：「我全神貫注，忘掉所有的事情。坐公車時甚至都坐過站。」

諮商師：「你覺得開心嗎？」

（前文提到的是「累」和「罪惡感」。）

來訪者：「不是開心。是不動腦子，就像白癡一樣，覺得輕鬆。」

諮商師：「那是什麼原因讓你玩這些遊戲？」

（關於動機的提問，很好。）

來訪者：「主要是帶在身上的手機裡的遊戲，簡單、機械。每次玩時都想著得到更高的分數。」

諮商師：「你希望一次比一次做得更好？」

（澄清。）

來訪者：「對。」

諮商師：「以前有過這樣的經歷嗎？」

（確認以前的經歷，非常有必要。）

來訪者：「大學時有過一次。那一次是個非常簡單的遊戲，我花了兩天時間，過了所有的關，後來覺得這樣太可怕了，就再也不去玩了，怕自己上癮。大學畢業剛工作時，看到同事玩遊戲，我迷了一陣，後來好了。」

諮商師：「大學那次玩了多久？」

（確認具體細節。）

來訪者：「學的時候花了一天一夜，後來打通關的時候花了兩天兩夜。」

諮商師：「也就是說你是一個自控能力很強的人，你不到一個星期就放下了。那你剛工作時沉溺的那次呢？」

（給予來訪者肯定，比較到位。「沉溺」這個詞來訪者自己沒有用，是諮商師一直在用的。這個詞要比來訪者所用的「入迷」所表達的含意強烈。建議暫時不要用。）

來訪者：「不超過一個月。現在玩的遊戲越來越簡單，不能自拔。」

諮商師：「你覺得自己為什麼會沉溺於其中？」

來訪者：「是不是因為不動腦筋？」

（不確信。）

諮商師：「大概持續了多久？」

（沒有對來訪者的話進行任何回應。只關注在提問上。）

來訪者：「兩個星期。」

諮商師：「也就是說你現在的感受是：遊戲沒有意思，但你沉溺於其中。這讓你不舒服，玩過之後有後悔感。那你今天來這裡想解決什麼問題？」

（小結的概括性較好。用「後悔感」代替「罪惡感」，程度不同。）

來訪者：「我比較緊張，本以為自己這麼大了會有自控力。我想解決兩個問題：一是讓自己不玩。前兩天想買一個PSP，問朋友，『如果你們買了PSP，會不會一直玩個不停？』他們說不會。而我為什麼沒辦法停？我原先用的方法是盡量不碰。但這個問題沒有解決，你說是嗎？」

諮商師：「也就是你想解決兩個問題：一是解決沉溺於電子遊戲的問題；二是探索控制不住自己去玩的原因。」

（對諮商目標進行清晰化和結構化。）

來訪者：「是的。」

諮商師：「我們可以提供一些方法，逐漸減少你的沉溺。你以前想過一些什麼方法？」

（在提建議前確認來訪者已用過的方法，比較好。）

來訪者：「以前採用的是不接觸。但現在不能不帶手機出門。」

諮商師：「即使帶手機出門，也可以有方法把手機中的遊戲功能去除。另外，你能不能訂個目標，比如說今天只玩半個小時就叫停。

過兩天只玩 20 分鐘，然後逐漸減少，慢慢戒掉。」

（還沒有確認來訪者是否嘗試過其他方法，就直接給出了建議。）

來訪者：「可是……」

諮商師：「我們可以試一下，就像給你規定的家庭作業，下次來的時候我們看施行的情況。」

（沒有敏銳地察覺到來訪者的猶豫。）

來訪者：「可是我怎麼邊打遊戲邊控制時間？只有盡量不帶電子設備，不去碰遊戲。」

諮商師：「這本來就很好。另外，成績真的對你重要嗎？」

（沒有回答來訪者的問題，突然轉換一個話題。諮商師的本意是從認知角度出發，改變來訪者的認知。）

來訪者：「我知道不重要，這種分數又不能換錢。」

諮商師：「而且也很累人，像你自己說的。那你可以試試看慢慢戒掉。至於你剛才談到的第二個問題，這是不是和你的執著、認真、盡善盡美和完美傾向有關？」

來訪者：「對，我知道這是一種病態。」

諮商師：（沉默）「我不知道該怎麼做了。」

要求停止。指導老師鼓勵其繼續。

諮商師：「你為什麼認為這是一種病態？」

來訪者：「因為自控力很重要。我每次做事情都要做到最好，這很耗損精力。我雖然發覺到這一點，但改變不了，所以有問題。」

諮商師：「你發覺到但改變不了。你在做其他事情時有這樣的感覺嗎？」

來訪者：「小時候做家庭作業，有附加題。雖然老師說能做多少就做多少，但我一定要把它全部做出來。」

諮商師：「你想證明什麼？」

（可以問這個問題，但也可以緊扣上文的「自控力」來提問：「你認為做到最好是一種自控的表現？」。）

來訪者：「不知道。一旦開始解題，我解不完就睡不著覺。如果你問想證明什麼，那是證明我是個好學生吧！」

諮商師：「你想證明給老師看你是個好學生。那你成績怎麼樣？」

來訪者：「還好，前五名吧！」

諮商師：「父母是不是對你成績過分關注？」

來訪者：「父母沒有給我太大壓力。」

諮商師：「你從什麼時間開始一旦做事就要做好？」

來訪者：「記不得了。我的生活當中不會碰到太大挑戰，基本上都會做完、做好。」

諮商師：「那你把事情做完後的感受是什麼？」

來訪者：「剛開始有興奮感，過後沒有勁了。」

諮商師：「為什麼沒勁了？」

來訪者：「因為沒有什麼事要做。打完遊戲後是空虛的感覺。」

諮商師：「打遊戲和做附加題有什麼感覺不一樣？」

來訪者：「附加題比較難，而遊戲比較容易。」

諮商師提出停止。共 19 分鐘。

案例點評

比較兩個學員對同一個個案的諮商過程，是一件有意義的事情。可以看到這兩個個案都嘗試用認知行為療法。它們在流暢性、節奏感和深入性方面有區別，最大的區別在於前者用提問收集到抽象的資訊，而後者收集到具體的資訊。

收集資訊的具體性和抽象性

個體心理諮商之所以必須要用一對一的方式進行，是因為它的重要假設：每一個來訪者都是獨特的，諮商師必須把他（她）當作一個特別的個體來對待。一個諮商師可能接待過很多抑鬱症來訪者，但諮商師不會在診斷剛出來就馬上給方案，而是要全面地瞭解具體資訊後才能制訂解決方案。要做到這一點，諮商中必須收集具體的資訊。如果只有抽象的資訊，就會深度不夠。我們可以來進行一些比較。

關注點	諮商師一	諮商師二
問來訪者對遊戲的感覺。	你有什麼感覺？	打完遊戲後的感覺是什麼？ 在玩的過程中呢？你覺得開心嗎？

問上癮的經歷或事件	你做其他什麼事情也會上癮嗎？	以前有過這樣的經歷嗎？ 大學那次玩了多久？ 那你剛工作時沉溺的那次呢？
問嘗試解決問題的努力。	你周圍的朋友有這種情況嗎？	你想過控制嗎？ 你覺得自己為什麼會沉溺於其中？ 你希望一次比一次做得更好？ 你以前想過一些什麼方法？ 這是不是和你的執著、認真、盡善盡美和完美傾向有關？

第二個諮商師問得更細緻、更深入，因而瞭解到來訪者曾經有過兩次迷戀遊戲、但都成功擺脫的經歷，也瞭解到來訪者慣用的方式是迴避接觸。瞭解了來訪者在玩遊戲背後的焦慮，也明確了來訪者想要解決的問題。而第一個諮商師是典型的新手諮商方式：資訊流於表面化，看上去很多資訊都知道了，但其實並不清楚關鍵細節。這也導致諮商無法深入，做了短短 9 分鐘就結束，其中還有一分鐘是諮商師在給建議。

怎樣才能做到收集具體的資訊？一是要用具體的問題。過於抽象的問題只能帶來比較抽象的回答。二是善於判斷哪些資訊是關鍵資訊，可以就關鍵資訊深入挖掘。這要求諮商師具有一定的敏感性。

要處理來訪者情緒層面的問題

在兩次嘗試中，儘管諮商目標都已經明確，但諮商師都沒有處理來訪者的焦慮情緒。個案的實質是：來訪者由於迷戀遊戲引發了對行為失去控制的焦慮情緒，並想找到當下和將來的解決方法。

根據這樣的診斷，一定要處理來訪者的焦慮情緒。來訪者僅僅玩了兩個星期的遊戲，既達不到遊戲成癮的診斷標準，也不是強迫行為，完全可以給予對方支援和共感，讓她減少焦慮。

其次要處理她對「失去控制」的焦慮。在來訪者的主訴中，反覆出現的是對自己玩遊戲這種失去控制的行為不能接受，對這種失控焦慮，擔心自己將來會出現更多的失控行為。可以引導來訪者回顧自己以前成功處理遊戲迷戀行為的經歷，讓她看到：擔心失控並不是現實，而只是一種擔心，它出現的機率並不高，完全可以放鬆一些，不必誇大或過度。

新手在面談時，往往會過於關注事實層面的資訊，從而忽略來訪者情緒層面的問題。但諮商中應該先處理情緒層面的問題，再處理事實層面的問題。

不要濫用行為療法

諮商師一給出的建議是橡皮圈法，並且解釋說這種方法是為了轉移注意力。這是完全錯誤的理解。彈橡皮筋法屬於厭惡療法，具體操作是在來訪者手上套一個粗細適中的橡皮筋，當來訪者又想到要做某件事或已經做了時，拉橡皮筋彈自己，讓自己有疼痛感，並因而放棄想要做或正在做的行為。它主要用來矯正不良行為。

它的原理是把某種特定行為和疼痛聯繫在一起，從而達到減少這種行為的目標。運用的是行為強化中的懲罰。它的主要目的是透過建立疼痛和行為之間的聯繫，從而減少行為出現的頻率或消除行為本身，而不是為了轉移注意力。對這些基本常識，新手一定要瞭解。

諮商師二給出的是時間控制法。這個方法是可以用的，但關鍵是像這位諮商師這樣用效果不會好，因為來訪者問到的「怎麼邊打遊戲邊控制時間」這一問題沒有得到解決。如果僅僅靠意志力就可以解決，來訪者顯然早就這樣做了，不會走進諮商室了。

面對來訪者的問題，諮商師必須與對方進行細緻的溝通，讓自己的方案具有可操作性。另外，僅僅這樣說兩三句，來訪者去做的可能性也很小。必須和來訪者一起制訂出具體方案，如計畫用多長時間矯正行為、怎樣做是適度而可行的等。

結語

對新手來說，關於提問有一點必須澄清：提問不是為了讓諮商師更清楚地瞭解來訪者，而是為了讓來訪者更清楚自己的狀況。提問不是為了滿足諮商師個人的好奇心、利益，而是為了來訪者的福祉，是為了幫助來訪者解決問題。

指導老師手記：等待學員的突破

今天訓練的技巧是提問。A扮演了來訪者，諮商師是平時言語不多的B。諮商進行得出乎意料的流暢。他做完後大家有很多評論，我的評論是：今天的練習非常好地表現了諮商的基本結構，開場，正式諮商，花一些時間瞭解資訊，中間不時有一些小結，結束時來一個全面的總結，如果必要提一些建議和方案。這是個了不起的進步！

大家非常受鼓舞。畢竟只是第六次，就可以做得這麼好了！我看到大家的眼睛都是閃閃發亮的。

課間一位組員和我交流：「我發現您的教學方式是讓學生自由成長，然後告訴他們是怎樣成長的。」對的，我的方式是等待，等待學員做得好，有進步，然後大力給予肯定，並分析這樣做的理論意義。這樣，學生能夠成長到哪一步是由他們自己來決定基調，速度由他們自己控制，而我所做的只是要善於發現、善於鼓勵和總結。

上一組我等待得非常辛苦，一直訓練到第十四、五次才有突破！前面的過程真是考驗我的耐心。我一度懷疑自己訓練學生的能力和方式。好在突破終於出現了。我察覺到這種方法有些過度依賴學員。也許今後會找到更靈活的方法。

10 面談中的回應技術訓練

當來訪者接受心理諮商一段時間後，有一天他們也許發現自己的內心已有了諮商的印記：平明尋白羽，沒在石棱中。回饋（回應、反應、回報）的功力可以至此。

——詩出盧綸《塞下曲》。

新手常見錯誤

對新手而言，在回饋中常有以下錯誤：

一是把諮商師的建議當作回饋的全部內容，諮商重點關注於自己怎麼說而不是怎樣對來訪者更有效。新手在訓練過程中，要逐漸從過分關注自我過渡到更多關注來訪者。經驗的累積、自信的提高都有助於做到這一點。另外，在對諮商師角色的定位和理解上，要打破諮商師是「人生導師」這樣的神話，這樣，對回饋才會有正確的定位。

二是為了回饋而回饋，而不是為了解決問題而回饋。在訓練中，常見到這樣的場景：學員有非常強的諮商結構意識，做到一定程度，就開始給建議，建議是套路化的，不外乎是「和家人溝通」、「放鬆心情」、「鍛鍊身體」、「做自己感興趣的事情」以及「多和別人交往」等。

三是回饋技術單一，除了給建議外，無法有效運用重構、解述等技巧，無法推進諮商進程。在下文中，將闡述非指導性和指導性回饋兩大類回饋中的各種具體技術。

對來訪者非指導性的回饋

解述技術

非指導性回饋包括解述技術、澄清技術和情感回饋。解述是指諮商師用自己的話表達來訪者所說的意思，但並不進行評價和深入分析，只是停留在來訪者本人所表達的深度上。其目的是讓來訪者瞭解諮商師已理解的方面，並就這一方面繼續談下去。舉個例子：

來訪者：「我只要一提到考試，心裡就開始發慌。其實我還是有實力的，但一發慌準考不好。」

諮商師：「面對考試的緊張情緒影響了你的正常發揮。」

在這裡諮商師只是把來訪者所說的內容進行總結，說給來訪者聽，這會讓來訪者知道：「諮商師已經理解我的意思了」，是一種淺層共感。

來訪者：「我非常不願意回家，因為一回家就得聽父母的嘮叨，不外乎就是說：『你不抓緊時間，結果考試沒考好。現在一定要汲取教訓，抓緊每時每刻，這樣才不會重蹈覆轍。』他們每唸叨一遍，我的罪孽就會更深重。」

諮商師：「你覺得他們就像法官，時時在提醒你所犯下的罪行。」

在這個例子中也是運用瞭解述技術，只不過運用了比喻技術，諮商師用寥寥數語，把來訪者內心的感受進行了描述。比喻式解述會讓來訪者有感悟：自己不喜歡的是被審判的感覺。但在運用比喻時一定切記：如果不能準確描述，不如不用。拙劣的比喻會發揮相反效果。

澄清技術

澄清技術是透過反問或提問，讓諮商師對來訪者所說的話有更清晰的理解。常見的形式是重複對方的話，請來訪者確認；或給出選擇項，讓對方選擇；或者讓對方再說一遍。對這三種情況分別舉例如下：

來訪者：「我現在是看透了，人活在世界上沒有任何意義。我對這個世界沒有任何留戀。」

諮商師一：「你覺得自己活著沒有任何意義，沒有任何讓你活下去的動力，是嗎？」

諮商師二：「你只是一般性的悲觀，還是到絕望的程度？」

諮商師三：「我不很理解你說這些話的意思，你能再說一遍嗎？」

新手在訓練時需要注意：不論是指導性還是非指導性回饋，都有引導來訪者的作用。所以如果來訪者所談內容與諮商主題無關，且屬於細枝末節，可以不用浪費時間去澄清；而對於關鍵或比較重要的內容，如果來訪者沒有談清楚，則需要澄清，或在其隨後的談話中尋找更多線索。

對來訪者指導性的回饋

情感技術

情感技術主要是指對來訪者的情感或情緒進行理解，其目的是鼓勵來訪者進一步表達其情緒。非指導性的情感回饋並不探究或猜測來訪者更深層面的情緒，只是就其已呈現的部分進行回饋，如：

來訪者：「離還是不離已困擾我好幾年了。以前一直為孩子考慮，現在孩子也大了，他身上的壞毛病越來越嚴重，我無法再容忍和這樣一個又酗酒、又不求上進的人一起生活。」

諮商師：「你對他非常失望。」

解譯技術

所有的指導性技術都會給來訪者明確的引導，因而它要比非指導性回饋更有推進力，但也對諮商師的功力要求更高。

解譯技術包括情感解譯和內容解譯。情感解譯是指諮商師在理解來訪者情感的基礎上，對來訪者自己還沒有完全意識到的情緒或情感，或來訪者沒有觸及的那些隱藏的情感進行揭示，而內容解譯是指對來訪者深層次的想法和感受予以揭示。舉例如下：

來訪者：「離還是不離已困擾我好幾年了。以前一直為孩子考慮，現在孩子也大了，他身上的壞毛病越來越嚴重，我無法再容忍和這樣一個又酗酒、又不求上進的人一起生活。」

諮商師：「你對他非常失望。」

來訪者：「對。我總是不停地問自己：我怎麼會嫁給這樣的一個人？」

諮商師：「聽上去你對自己也有失望感，你覺得自己當初沒有做出正確的決定。」

來訪者：「會有這種感覺，但看看周圍哪裡有幸福的人呢？大家不都是在湊合過日子嗎？」

諮商師：「你會在追求幸福還是湊合過下去之間搖擺不定，你的婚姻也因此而被動地維持著。除非你說服自己，否則你一直會在兩難境地中有所衝突。」

解譯是一種深層共感技術，如果時機恰當，可以和來訪者建立深層信任關係。但如果時機過早、或切入過深，可能引發來訪者的防禦。建議在信任關係已建立之後再使用，並且可以使用試探性語氣。

重構技術

重構是幫助來訪者從另一個角度看待自己的問題的方法，即事實不變，但認知的角度發生變化。一般是在認知重構時使用。舉例如下：

來訪者：「我真的不願意回想自己的婚姻生活。他給我留下的只有傷心和難過。」

諮商師：「但當我們提起這個話題時，我看到你臉上的表情一下子變得輕鬆，整個人也從緇緊的狀態變成放鬆姿勢。除了傷心和難過你還想到什麼？」

來訪者：「其實剛結婚那幾年他對我還是非常……體貼和照顧的。」

諮商師：「你能具體談談嗎？」

在這裡重構是透過面質來實現，即發現來訪者語言表達和非言語信號中的不一致，試圖尋找其原因。重構一定要貼合來訪者，否則不能發揮出積極作用。例如：

來訪者：「我現在是看透了，人活在世界上沒有任何意義。我對這個世界沒有任何留戀。」

諮商師：「這個世界還是有很多美好的東西，難道你沒有看到嗎？」

來訪者：「我看到的是一個灰暗的世界。」

上例中諮商師從過於寬泛的角度進行積極勸導，沒有具體化，沒有鋪墊，因而無法讓來訪者重構認知。

情感接納

情感接納是指諮商師接納並認同來訪者表達出的情感，其目的是鼓勵來訪者以更加接受和贊同的角度看待自己的情感，從而更加接受自我、悅納自我。舉例如下：

例 1：來訪者：「這次公司提升中層幹部，所有人都以為我會上，我也信心十足地以為自己會被提升，可是公佈名單時卻沒有我。我還不能在別人面前表露出我的失望。我總覺得自己還不夠堅強，無法處理好這種事情。」

諮商師：「沒有得到提升對任何一個處在你這種情況的人都是一種打擊，感到失望、不公平甚至憤怒是正常的，並不是軟弱的表現。」

例 2：來訪者：「我一直覺得是自己害死了媽媽。媽媽臨走之前肯定非常想見我一面，但她又不讓家裡人通知我，說是讓我安心考研。她操心得太多，沒有等到我回去。如果她能見到我，說不定還會熬過這一關。我無法原諒自己，我有時簡直想退學回家。」

（眼睛濕潤、身體微抖。）

諮商師：「我能夠感受到內疚正在侵蝕著你的內心。當親人離開我們遠去時，我們會非常難過，我們甚至會歸因於自己，希望自己有能力留住親人的生命。如果你感到悲傷，你就痛痛快快哭吧！」

例 1 透過把來訪者的情緒納入到「正常」的範疇，讓來訪者可以更好地接納自己，專注於處理失望、不公平和憤怒情緒，而不是處理自己的軟弱。例 2 透過揭示內疚背後隱藏的悲傷，讓來訪者更好地宣洩自己的悲傷。處理完悲傷之後再處理內疚，及其內疚背後的歸因問題。

回饋技術個案演示：職業諮商

我們將透過以下一個較完整的諮商個案，來展示回饋技術的各個方面 ，這個個案的諮詢師為徐慶菁。

諮商師：「你好！我是徐老師，我們通過電話。」

來訪者：「你好，徐老師。」

諮商師：「就像你在電話中所說，你是想做職業發展方面的諮商，是嗎？」

（澄清。）

來訪者：「是的，我大學畢業半年了，已做過三份工作，仍然很迷惘，不知自己到底適合做什麼。」

諮商師：「你能簡單說一下自己的教育背景和工作情況嗎？」

來訪者：「我大學學的是心理學專業，畢業時也沒多想，投了幾份簡歷，一家小的獵頭公司（專門網羅社會所需各類高級管理人才而生存、獲得的仲介組織。）錄用了我，我就直接去上班了，沒有再找（工作）。做了兩個月，這家公司倒閉了。我的一個朋友介紹了片場的工作給我，開始我覺得很好玩，後來發現做下去會很累，就不做了。剛好爸爸在家裡托關係幫我在政府部門找到一個工作，我就回家鄉去做了。現在已經做了快兩個月了。」

諮商師：「能談談你現在的這份工作嗎？」

來訪者：「就是一個政府部門的接待員。大部分時間是電話接待，偶爾需要接待上門來的人。每天 8：30 到 11：30、下午 1：30 到 5：

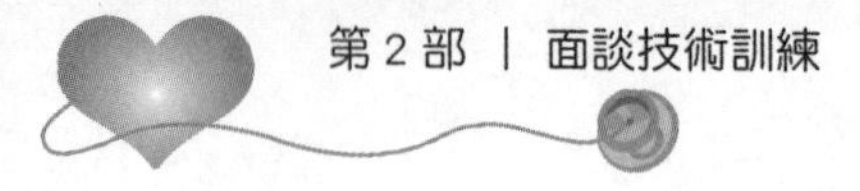

30 工作。很清閒。」

諮商師：「中午有兩個小時的午休。這份工作哪些方面是你喜歡的地方？」

（對午休進行了非指導性解述。來訪者前面提到一個「累」字，與午休形成對比。）

來訪者：「不用腦子的地方。」

諮商師：「能具體談談嗎？」

來訪者:「比如說工作環境比較好，是在市政府大樓裡;工作穩定，不像以前做獵頭那家公司不穩定。」

諮商師：「你這裡所說的『穩定』具體含意是什麼？」

（澄清，「穩定」是一個比較關鍵的資訊。）

來訪者：「是指倒閉或開除。政府部門招人非常謹慎，操作很規範，更何況現在做的事情是在我能力範圍之內的。」

諮商師：「那你有沒有不喜歡的地方？」

來訪者：「將來會沒有激情。現在看得到將來。」

諮商師：「那你現在還有激情嗎？」

來訪者：「有啊！現在我還想來諮商，想到外面找找工作，將來我可能會待在裡面根本不想動。」

諮商師：「不是工作本身帶來的激情，而是因為年輕和對工作不滿意帶來的激情。你能具體談談不喜歡的方面嗎？」

（第一句話運用了重構技術，讓來訪者看到此激情非彼激情。）

來訪者：「我覺得太無聊。幾乎有一半時間沒有什麼事情做。上網也只能上局域網（區域網），裡面所有的內容我全部瀏覽過了。因為是政府的局域網，所以不能安裝任何聊天工具，我都快被悶死了。」

諮商師：「那你預計自己多久會厭倦這樣的工作？」

來訪者：「不出半年。」

諮商師：「也就是說你給了自己半年時間，來尋找你喜歡的工作。讓我們來看一下：畢業半年，三份工作的經歷，你在不斷反思，不斷尋找最適合的工作。這也是人們職業生涯中必經的一個階段。請你設想一下，在今後 5 年，甚至 10 年，如果沒有任何限制，在你能夠看到的、聽到的、接觸到的工作中，你最想做什麼工作？」

（第一句話運用了指導性解譯。）

來訪者：「心理諮商。」

諮商師：「你所理解的心理諮商是怎樣的？」

來訪者：「時間安排非常自由；能接觸不同的來訪者。但我懂得太少。」

諮商師：「我們現在先不談能力的限制。我們關注你的興趣。在你見到過的心理諮商師中，有沒有你將來願意成為的榜樣？不論你是在學校、電視上、雜誌上或其他地方見到的，都可以。」

來訪者：「我想做一個具有親和力的、客觀的、冷靜的諮商師。」

諮商師：「為什麼想做一個具有親和力的、客觀的、冷靜的諮商師？」

來訪者：「我願與人溝通，我願意幫助別人成長。」

諮商師：「諮商師這份工作有沒有讓你不喜歡的方面？」

來訪者：「有啊！來訪者的情緒會影響我自己。」

諮商師：「除了你提到的這一點，你有沒有想過心理諮商師的職業也會比較枯燥、乏味，需要耐心，需要接納各種來訪者，需要不斷地成長？」

（重構技術。）

來訪者：「我只是想到好的方面，每天可以接觸不同的人，傾聽別人的故事，但不想成為別人的垃圾筒。現在的喜歡只是我的想法，也許接觸這種職業後我會改變。」

諮商師：「我們不可能體驗所有的職業，所以我們在這裡談的是感覺和想像。請你想像一下，如果你做這份工作，你會有怎樣的感覺？」

來訪者:「還好，我不會把來訪者的情緒放在心裡。我也會逃避。」

諮商師：「成為心理諮商師有哪些路可以走？」

來訪者：「我們系畢業的同學，如果想做心理諮商，一條路是進中小學，當心理輔導老師；還有一種是進私營的心理諮商機構。」

諮商師：「你怎麼看這兩條路？」

來訪者：「第一，我不想當老師。第二，私營機構不穩定。」

諮商師：「所以你把兩條路都封死了。你為什麼那麼堅決地否定當老師？」

（解述技術。）

來訪者：「因為我不想一輩子當老師。既然這樣，即使當了老師，我也只會做一段時間就不做。如果以後不做老師，那做什麼還浪費時間去做？」

諮商師：「現在終身職業很少見。所有做過的事情都會有用，不會有浪費。」

（解譯技術。）

來訪者：「我喜歡和比我年齡大的人打交道，可以學更多的東西。老師總是和學生打交道。」

諮商師：「我們可以從任何人身上學習到東西，只是你喜歡工作物件或同事是比你年齡大的人。讓我們回到你的興趣點本身：你喜歡和人打交道；需要有一定的創造性和變化；需要靈活的時間。不喜歡的是工作中累的方面，成為別人垃圾筒的方面。」

來訪者：「我覺得自己的專業在找工作時沒有一點優勢。在招聘廣告上沒有寫『心理學專業優先』的。」

諮商師：「確實有這種說法，說心理學是『萬金油』，但我個人並不同意。心理學跟其他專業一樣，只有表現專業性才能發揮作用。讓我們再換一個角度。滿足你剛才那些興趣點的工作不只心理諮商師一種。除了心理諮商師，你還考慮到其他的嗎？」

來訪者：「我不清楚啊！」

諮商師：「據我的瞭解，還有很多工作既能用到心理學的知識，又能滿足你提到的那些要求。比如說人力資源工作……」

來訪者：（打斷）「人力資源工作不就是人事工作嗎？一點意思

都沒有，每天都只是管管檔案、打打雜。」

諮商師：「有些公司確實這樣，但還有一些公司的人力資源工作非常有活力，非常強調創造性，所以你一定要選那種強調創造性的企業。」

（重構技術。）

來訪者：「但人力資源工作都需要工作經驗。」

諮商師：「我想問一下你看過多少份人力資源工作的招聘廣告？其中有多少是要求工作經驗的？你又投過多少份被拒？」

來訪者：「我投的很少。大學畢業時沒怎麼投簡歷，後來的兩份工作不是朋友介紹就是家人幫忙。我想起來有一個同學的媽媽開了一家公司，她一直請我去公司做。但我覺得我自己還是一張白紙，她那裡也是剛開張，我根本不知道在白紙上畫些什麼。」

諮商師：「你的考慮有道理。我們再來看一下：你喜歡創造性，喜歡複雜一些的、有挑戰性的工作，與人面對面打交道的工作。可以明確地看到，這些特點在你目前的工作中是沒有的。你更認可『幹一行、愛一行』還是『愛一行、幹一行』？前者是強調人對現實的適應，後者強調人選擇環境。」

（第一句話為情感接納。）

來訪者：「我更願意根據自己的特點來找工作。」

諮商師：「根據以上我們談到的特點，我可以提出三種職業建議：一是在崇尚創造力的公司做人力資源工作；二是在管理諮商公司中做銷售人力資源測驗評論軟體的工作，既用到你的心理學背景，又有創造性和挑戰性；三是在人力資源管理諮商公司，你可以從頭做起，跟身邊那些資深同事學習，逐漸成為有心理學背景的管理諮商師。」

來訪者：「聽上去很好。但有很多現實因素，比如說我如果離開現在的工作，我很難說服我爸爸。目前這份工作也不是很容易找的，更何況他答應今後幫我買部車。」

諮商師：「我能夠理解你需要對家人做說服工作。此外，剛才提到的這些工作並不會主動上門來找你，而是需要你去尋找。這條路也是比較漫長的。根據我的經驗，你需要有針對性地投出 50 份簡歷，如果運氣好，可以得到 10 次面試機會，爭取其中三個工作崗位能進入第二輪面試，最後拿到兩個 offer。你要做的只是行動、比較和選擇。」

（第一句話為情感接納。）

來訪者：「這要花多少時間啊？！而且到哪裡去找這麼多相應的招聘職位？我家鄉那裡肯定不會有這麼多機會。」

諮商師：「在職業生涯發展的早期，確實需要吃一些苦。但在該吃苦的階段沒有吃苦，可能到了可以享福的階段就要吃苦了。世界是以奇妙的方式在平衡著。你要慎重地考慮你想在什麼領域發展。」

（重構技術。）

來訪者：「我很想來上海，但我爸爸肯定不會同意。畢業時我在上海工作他都不願意了，現在已經回到他身邊了，再回上海，可能就沒辦法了。」

諮商師：「這是父輩的考慮。你自己怎麼想？」

來訪者：「我不想在家鄉。說實在的，我回去後聽大家說的話有時心裡很難過，覺得他們談的東西我一點都不感興趣。自己怎麼會在這樣一個地方生活？」

諮商師：「你覺得和周圍人在精神上有距離。如果到上海來工作呢？」

（解述技術。）

來訪者：「嗯，上海有很多朋友，我們很談得來。但是如果到上海，我住在哪裡呢？」

諮商師：「你沒有考慮過租房子嗎？」

來訪者：「我覺得租房子好麻煩啊！萬一遇到壞人怎麼辦？離上班地方太遠怎麼辦？我現在住在家裡，每天走路上班也只要 10 多分鐘，將來再買部車，每天開車兜兜風，想想日子很好過。」

諮商師：「除了職業興趣，我們的職業還涉及到職業價值觀、動機、生活方式等。你喜歡創造性和挑戰性，但也喜歡安逸的生活方式，如果這兩者發生矛盾，你會選取哪一個？你會捨棄哪一個？」

來訪者：「嗯，挺矛盾的……（欣喜地）不過，我想到一個兩全其美的辦法：讓爸爸不要給我買車了，直接用那筆錢在上海幫我首付一套小戶型的房子，我就有住的地方了。」

諮商師：「這樣是可以解決你住的問題，但還會有其他問題不是嗎？比如在上海工作很辛苦，可能會有加班，可能會比較累，上下班路上需要兩個小時是正常的。你前面提到你喜歡目前工作的一點就是清閒，只是目前清閒得過分。還有你的第二份工作，也是因為『累』就不做了。如果今後遇到很累的工作，你會怎麼辦？」

（重構。）

來訪者：「你這樣一說，我目前的工作有更多的可取性了。」

諮商師：「你目前的工作並沒有變，變化的是你的觀點。想提醒你的是：你的興趣是穩定的，也就是說，你今後仍然渴望從事那些有變化、有創新、有挑戰、與人打交道的工作。如果你跟著興趣走，你需要花力氣找一家正規的、業界裡比較好的公司，至少花三年時間打底子。有可能你不能直接找到這樣一家公司，那你就需要先到這個行業裡做，再找機會到這樣的好公司。這期間你會遭遇白眼，遭遇拒絕，遭遇挫折，你非常清楚地知道這一點，你現在心裡怕的是這些。如果你選擇安逸的生活方式，那就安心地在家鄉生活。你可以選擇抱怨地生活，也可以選擇無怨無悔地生活，但這是兩種不同的生活。」

（重構。）

來訪者：「聽你說得很有道理。我得想想。」

諮商師：「曾有一個故事說一對夫妻非常喜歡孩子，看到別人的孩子都會停步逗弄一番。朋友見他們這麼喜歡，有一天出門辦事時把不滿周歲的寶寶托他們照管一天，說讓他們先實習一下。這一天徹底改變了他們的養育觀：他們在不停地換尿布、兌奶粉、哄孩子當中得出結論：他們喜歡的只是別人的孩子，那些不需要他們做這些事情的孩子。他們無法想像自己將來有無數個日子要在這樣的勞累和狼狽中度過。你現在的情況也是這樣：你得到的不是你喜歡的，但你喜歡的又是你要花力氣才能得到的。你需要做決定。」

（比喻。）

來訪者：「你這樣一說，很多事情我清楚多了。我需要再仔細考慮。」

諮商師：「未來在你手上。祝你如意！」

這是個典型的職業諮商個案。諮商師不僅要有心理諮商的背景，還要有職業指導的背景。這個個案從職業興趣出發，既找到了與來訪者職業興趣匹配的職業，又分析了職業價值觀，兼顧了現實與理想的差距，較深入地剖析了來訪者存在的矛盾，並把決定權交給來訪者本人，是個成功的案例，在很多地方運用了重構技術，從認知上讓來訪者看清目前的狀況和阻礙點。

結語

品質不高的回饋會讓諮商停留在原地打轉，或南轅北轍。而高品質的回饋能夠推進諮商的深度，並使諮商朝正確的方向行進。

學員手記一：為來訪者擔驚受怕（新雨）

實習好幾次了，自我感覺還始終進不了諮商師的狀態，不知該如何引導性提問，如何正確回應，如何恰如其分地共感。渴望自己有個突破。今天終於有突破了。這得益於一位學友扮演了一個很好的來訪者，讓我有機會體驗諮商師式的共感、提問和回饋，也讓我體會到願意真心幫助別人的感覺。但回家之後，我卻心生焦慮，半夜醒後無法入睡。這是怎麼回事呢？在諮商時有這樣一個片段：

來訪者：我酗酒，你知道，喝酒讓我感覺很「適意」（上海話，舒服的意思）。

諮商師：喝酒使你有飄飄然的感覺。

來訪者：喝酒，讓我感覺很「男人」。

諮商師：什麼時候開始的？

來訪者：最近吧。喝醉了酒，總是會什麼都不記得了，而之前的我是不喝酒的。

諮商師：那你還記得第一次喝酒失憶是為什麼事嗎？

來訪者：我覺得這好像和我前妻的一次吵架有關，那是多年前的事了，具體事情不記得了，只記得吵完後……

（來訪者開始講述他的情感和家庭經歷。從他的表情、描述方式，我突然意識到來訪者講述的是他個人的真實事件！）

我寫好了遺書，吃了安定，喝了威士忌，然後駕車出了車禍，後面什麼都不記得了，但那次並不是酒的作用而是安定的作用。我現在每次酒醒以後，都會特痛苦，甚至有種想死的衝動。

（驚訝。難道有自殺傾向？我心裡開始打鼓，我變得緊張。）

每當第二天醒來，我就罵自己，覺得自己怎麼可以這樣糟糕，一而再，再而三地犯同樣的錯誤，有一次，竟然還和別人打架，這在原來是不可想像的。我怕自己逐漸發展，會失去控制。為什麼我酒後會這麼痛苦？

諮商師：可以感覺到你不滿意、厭惡自己的行為，你很自責，希望有改變是嗎？

來訪者：我想知道我為什麼第二天醒來會有這麼痛苦的感覺？

諮商師：你喝醉酒的頻率呢？

來訪者：只要有酒，幾乎都醉。我的工作應酬喝酒是無法避免的，可是為什麼，酒後我會如此痛苦，為什麼呢？

諮商師：（來訪者每問一次為什麼，我腦子裡就要飛速旋轉：我該怎麼辦？用精神分析？挖他的一個個痛苦的根源？那怎麼分析呢，我連皮毛都沒學會呢……認知療法？用什麼樣的方法改變認知？他的認知又錯在哪裡？……行為療法？……我的水準充其量就只能……我連個「準諮商師」都不太算是，我一層層地剝開別人的傷痛，甚至讓其流血，但我卻沒有能力為其縫合傷口。我既解決不了別人的問題，又何苦去探究別人的隱私呢……）

諮商師：（不知沉默了多久之後，我開了口）我放棄了。我不知道該怎麼繼續。

那天晚上睡到半夜三點，腦子裡突然跳出學友的那句話：「我每次酒醒以後，都會特痛苦，甚至會有一種想死的衝動」，這令我心悸。如果這是真的！ 我備感自己的無力。越想越焦慮，越想人越清醒。只盼著天快亮。早早地起來，翻看那本沉甸甸的教科書，在《影響自殺率的相關因素》這一節中，赫然寫著：「在國外，自殺常見於男性……從事音樂、司法、律師、保險業的人員自殺率較高……自殺在單身、獨居、離婚者中常見。」越看我的心越緊。

晚上實習時，跟指導老師說了我的擔憂。看著我焦慮的表情，老師笑笑說：「相信他。」就這三個字，彷彿撥開了我眼前的雲霧，彷彿給了我一種力量。是啊，我多慮了，要相信學友的自控、自制、自律能力。這於我，是不是也是一種成長呢？成長，就是在諮商中，使來訪者自己想通，知道怎麼做，達到心理的平衡。

若在諮商小結時，給來訪者這三個字，是不是也是對來訪者情感上強有力的支持呢？

指導老師的話：我之所以給出這樣的判斷，是基於我對學員的瞭解。而這個做法並沒有普遍適用的意義。心理諮商是非常個案化的，

要諮商師根據對來訪者的具體情況做出判斷。可能對有些來訪者而言，「相信你」這三個字的份量非常重，而對有些來訪者，它輕如鴻毛。

這位學員的心路歷程，其實是很多人在成為心理諮商師的過程中

必經的一個階段：為來訪者擔驚受怕，把自己過多地捲入到來訪者的生活中，即使諮商已經結束，心仍然留在諮商室。這位學員即時察覺了自己的這種狀態並嘗試做調整，這是很有意義的。

正確的做法是在諮商時全身心投入，對來訪者共感和接納，體驗來訪者的內心掙扎。但在諮商結束後，則應放下自己的擔憂，讓來訪者為自己的生活承擔責任、做出選擇。只是在這個個案中，諮商師由於沒有足夠的理論和實踐功底，無法對來訪者的狀況做出準確評估，這種不自信會加重她的焦慮。

學員手記二：我為來訪者傷痛（錦華）

今天的諮商訓練結束後，我的心情一直不能平靜下來，在回家的路上，坐在車裡，我的眼淚都要下來了。我的心頭一下子湧上很多感覺：自責、不安、擔心、無助，甚至還有委屈的感覺。我今天扮演了諮商師，短短數分鐘的諮商經歷讓我有這麼複雜的感覺。

自責是因為訓練中的經歷讓我認識到自己其實只不過是一個普通人而已，不是自己所設想的像救世主那樣的角色，我沒有辦法幫到來訪者，雖然我非常想幫助他，我也盡了全力幫助他；不安是因為我不知道在諮商中來訪者在想什麼，在諮商結束後，我也沒有勇氣再問，但這種未知讓我不安；擔心是因為我不知道我最後的提問是不是真的深深傷害到了來訪者，因為他當場哭起來！他可是堂堂的男子漢啊！

而且他比我年長，我平時是非常尊敬他的。確認他不是在擦眼鏡，而是真的在掩面痛哭那一瞬間，我真的好無助！我不知自己該怎麼辦。好在指導老師即時過來干預。委屈是因為我覺得自己並沒有去指責他的意思，可是他卻有那麼大的情緒反應，難道我做錯了嗎？我腦子裡一遍又一遍閃回當時的情境片段：

諮商師：「你覺得你和你前妻是最熟悉的陌生人？」

來訪者：「是的。我們沒有任何溝通。」

諮商師：「你們的婚姻好像是因為沒有溝通才導致了這樣的結果。我可否詢問一下，結婚前你們是否也沒有什麼溝通？你們的婚姻是你們雙方自願的嗎？回答這個問題可能會比較困難，但可能對我們今天的諮商有所幫助。」

來訪者：「（情緒稍有激動）你覺得這個問題會對我們今天的諮商有所幫助嗎？有什麼幫助呢？（但來訪者停頓一下後，還是繼續往下說了）

結婚前，我們當然是有溝通的。當然，結婚肯定是我們雙方自願的啊。」

（開始有輕微的阻抗情緒。）

諮商師：「你的意思是說你們結婚前還是有交流的。嗯，那為什麼結婚後交流就少了呢？」

來訪者：「（音量突然提高，語速加快）你覺得你這樣指責我，對嗎？你為什麼要指責我呢？」

（沉默，臉上顯出很痛苦的表情，低頭，長時間的沉默……摘下眼鏡，淚水流下來。）

我只能默默地注視著他。百感交集。但心裡更想幫助他了。我沒想到這種幫助造成了更糟糕的結果。當他擦乾眼淚後，他說可以繼續進行了。來訪者提出要角色扮演，他想瞭解前妻到底怎麼想的。自己竟然同意了來訪者的要求。結果，我張口才說了幾句話，他的眼淚又下來了！我一陣心慌，主動中止了諮商。

我想了很久，覺得自己確實做得不夠好。一是共感不夠。沒有能設身處地站在來訪者的立場上去體會和理解他的感受，也沒有敏銳地覺察到來訪者情緒的細微變化。

二是傾聽不夠專心。有時自己會有點游離於諮商之外。

三是預見性不夠。當來訪者出現抵觸情緒時，我卻接著去問了一個更深入的問題，一下子就觸及到當事人內心深處也許是壓抑很久的那種傷痛，而導致了當事人情緒失控。出現自己目前還無法去應對的局面。只能看著來訪者處於深深的傷痛之中，而自己卻無能為力。我甚至感覺自己好像很殘忍，在當事人沒有準備好的情況下，自己卻急著去撕開當事人血淋淋的傷口。

四是對角色扮演沒有任何經驗，在自己還不瞭解對方的前妻是個什麼性格、什麼類型的女性時，貿然答應角色扮演，實在是個非常危險的舉措。在扮演中，我以自己的理解對當事人做了一定的回應。這樣的扮演可能會對來訪者造成更大的傷害，同時也偏離了自己價值中立的原則。

夜深了，我的心漸漸平靜：雖然感覺這次諮商有些失敗，但對於我自己，我發現了自身存在的很多需要改進的問題。在心理諮商這條道路上，我還需要不斷地修練、修練、再修練，才能真正地以真誠、開放和接納的態度對待所有的來訪者，才能真正地幫到來訪者，同時也幫助自己。

指導老師的話：手記中描述的情況，就像一個士兵沒有任何武器、沒有任何盔甲，就上戰場作戰。有可能還沒有殲滅任何敵人，這個士兵自己就會先受傷。在任何時候，諮商師都要客觀地瞭解自己的能力界限。指導老師需要做的是：事先提醒學員，不要帶那些重大的個人問題進入諮商練習。如果這樣的事情還是發生了，那就要即時安撫扮演來訪者學員的情緒，讓其穩定下來；即時處理扮演諮商師學員的複雜感受；在事後再約雙方一起總結。

學員手記三：對來訪者的牽掛（流浪基因）

從二級考試的模擬面接試場出來，原以為會放鬆的心情，反而更焦慮了。

一位失眠了很長時間的大二學生，提到自己整夜睡不著，不斷增加安眠藥使用量，以至於擔心自己的狀況。看來是安全感的問題，但是來訪者卻不願意說出直接影響情緒的問題，留給擔任諮商師的我滿腦子問號：

諮商師：「你被失眠困擾了一年多的時間，選擇現在來跟我談，是不是最近還發生了什麼事情，影響了你的情緒？」

來訪者：「這也沒什麼，因為最近安眠藥用量越來越多，我擔心這樣下去會不好……」

最後，我安排了兩個認知家庭作業，請來訪者下次帶著作業來討論他的不安全感。帶著困惑送走了來訪者，面試官用肯定的語氣稱讚這次諮商過程的流暢以及節奏的掌控，同時也問：「你覺得一年多都夜不成眠，會有什麼樣的心情？」這種感覺，應該是相當痛苦的。我竟然錯過了這麼重要的一個共感，沒有感受來訪者這麼長時間的身心煎熬。

這天晚上，我輾轉反側，考試的案例反覆出現在腦海裡，責備自己當時為什麼沒有多說一句：「這樣身心俱疲又沒人理解的心情很痛苦吧？」埋怨自己應該更注意細節：「睡不著的時候，你都在想什麼事情呢？」就這樣折騰了一夜，直到天明。

一個 15 分鐘的模擬案例，都能叫一位諮商新手在情緒上如此牽掛，如果面對了一位真實的來訪者，真不知道自己能否有勇氣接手。

指導老師手記一：那些敞開傷口的人

上次訓練時發現有很多人用自己的真實事例在做訓練。我很感動，這是他們敞開心扉的表現，這是他們急迫地盼望在技術上提高的表現。但又心生不安：我們畢竟是訓練活動，組員把自己的心剖開後，我們除了共感，還要在這個動手術的人身邊評價哪一刀沒有劃好，哪一刀見血了，下次應該怎麼切入。這對動手術的人來說是殘忍的。

而且，因為是訓練，時間不允許，大家的功力也不到家，往往不會把傷口縫合好再結束，所以，那些剖開傷口的人往往是裸露著、沒有很好包紮就離開教室。雖然他們當中有一些人會透過傾訴這種方式治療自己，但於他們，我有濃濃的歉意。

察覺到這一點，今天在快結束時，我特意叮嚀一句：所有的資訊只在培訓教室中，出了培訓教室，請大家不要再有議論，我們要充分尊重、理解和接納扮演來訪者的那些人。大家都點頭同意。今天，一位學員告訴我：「上次我說了自己的事情後，回家後很多事情都浮現在腦子中，一遍又一遍地過，我無法入睡。後來吃了安眠藥才睡著。」濃濃的歉意又湧上來。我很想幫助組員多做一些事情，但我無法在這麼有限的時間裡做到。

以前帶實習也會遇到學員痛哭的情況，但我只要輕言細語地勸說幾句、默默地陪他們一會兒、拍拍他們，情緒很快會得到平復。那些問題似乎也只是情境化的小問題。但這次我知道由於小組的氛圍非常好，有些組員就把一些長期困擾帶了進來，而這些都不能簡單地處理。

我問了幾位同行，問他們是怎麼處理這樣的情況。一位帶教老師說自己用冷處理。如果是大組的演示，當他發現學員在拿自己說事，並且可能會是非常重大的事情時，他會要求到此為止，不深入下去，因為這是教學活動，要考慮所有的學員以及每次活動的主題；如果是學員分組訓練時發生這種事情，可以當場作些安撫，如果學員需要，他（她）可以在結束後找老師再深談。

如果老師發現沒辦法快速處理完，會建議他到諮商室裡接受專業的心理諮商。老師儘管也是諮商師，但因為有師生關係，採用迴避原則。

另一位帶教老師說和教學活動緊密結合起來處理。一般在開始時控制學員進入的深度，即使學員出現情況反應，或想繼續深入，他也會選擇用一定方法，比如用提問的方式引導學員關注某一層面的問題，而不是試圖去解決學員的所有問題。

而我的嘗試是：如果這一切自然而然地、水到渠成地發生，那就在現場做一些處理，快速而穩妥地進行包扎，讓當事人的情緒穩定下來，讓其內在的畫面停留在一個比較正向的、積極的圖像上，回到當下。如果需要，事後再做更進一步的跟進和處理。所有的團隊成員可以在現場看到指導老師是怎樣應對這一切的，不論是從情緒上還是從技術上。另一方面，把現場所有被牽連起的情緒、感受和反應都作為資源，指導老師帶著開放的心，為大家提供一個分享的平台，讓大家透過分享有機會察覺到自己身上和周圍人身上發生的這些。學員從中可以學到很多：作為諮詢師，他們需要進入角色才能共感和體會，但同時他們又要跳出角色，看到一個完整的過程是怎樣的。整個過程，尤其是分享，可以加深團隊的信任和支持感，而這種溫暖的信任和支持會滋養每個人的心靈。

指導老師手記二：諮商訓練推進速度的思考

訓練進行到這個階段，有一天一個學員要求談一些自己的想法。她說目前有些學員推進的速度太快，而這對其他組員來說並不是好事。她舉了自己學車的例子：「我拿到駕照的當天，就興奮無比地開車上路，是輛嶄新的車。在一個彎道，不知怎麼回事，後面的車撞上來了，車上司機下來後，一個勁說我不應轉那麼大的彎。我才不睬他，我是嚴格地按照教練所教的方式轉了一個大大的彎。等交通警察來處理後，結果是後面的車子需負全責。

但處理完後交警問:『你是不是剛拿駕照啊？』我驚訝地反問:『你怎麼知道？』『雖然你這樣做是對的，但有經驗的司機不像你這樣開。』我這才知道後面車的司機並非沒有一點道理:他是把我當『老』司機，預期我會轉一個小彎，但我是按新手的規則轉了一個大彎，所以他會撞上來。從那以後我再也不會這樣轉彎了。現在學心理諮商，我們都是新手。我們不要心急，而應該按規則來學，不要急著問資深的諮商師有些什麼經驗，或者可以怎樣超越規則。我們還是應該把基礎打好。」

這位學員的話引起了大家的共鳴。我常常思索的一個問題就是如何把握培訓中的速度，如何處理規則和例外的關係。

後來看到下面的這篇文章，心有同感。把它摘錄如下：

照我說的做

弗利德是英格利駕駛員培訓中心的一名教練。他的駕駛技術絕對是一流的水準，而同時，他也是一名非常優秀的教練，他的學生分佈在全國各地，大都十分優秀，其中有很多也成了比較優秀的教練。弗利德還多次榮獲「優秀汽車駕駛教練員」的稱號，在眾多的駕駛員中沒有人不知道弗利德的名字。

弗利德的培訓方法與別的教練大有不同。他一次只帶一個學生，絕不會一起帶兩個學生。在培訓中心的訓練場上，他一步步地教他的學生簡單的汽車駕駛操作，而這個培訓時間不會超過三天。弗利德還有一個比較特別的地方，就是在教一個學生之前，會給他一封信，然後告訴他：看完這封信，再來跟我學駕駛。

在弗利德的學生學會汽車操作後，他便會帶著學生出去進行實戰練習。他往往會選擇繁華地段，而且還常常故意選擇上午和下午的車流量高峰期。最初，是弗利德駕駛著車，他一邊開車一邊給他的學生講解駕駛技術和交通法則，以及如何應對突發事件。雖然弗利德在駕駛著車，但這絲毫不影響他的授課，他熟練的駕駛技術常會讓他的學生羨慕不已。他的講解十分詳細，幾乎涵蓋了所有的駕駛知識。每一次出去練習，他的學生都會受益匪淺。

10 天之後，他便會與他的學生位置互換。在學生駕駛時，他會仔細地觀察著學生的動作，偶爾會指點一下。訓練結束時，弗利德才會系統地為他指出錯誤，當然也會表揚他的優點。最後一次授課，需要一整天的時間，弗利德會駕駛著車帶著他的學生穿過城市到達較遠的另一個城市，這一路上會遇到各種各樣的駕駛問題，而弗利德則會為他的學生做最後一次講解，回來時便是他的學生駕車，而弗利德在一旁審核。此後，他的學生便可以去考駕駛執照了，他的學生通過率幾乎是百分之百。

一次，他的一個叫羅斯的學生在跟他學習了十多天後，由於弗利德有緊急事情，培訓中心給他安排了另一位教練。當然，羅斯也順利地拿到了駕駛執照。可是，一個多月後，羅斯在一駕駛途中與一輛卡車相撞。幸運的是，羅斯沒有受重傷，只是左腿輕度骨折，但這依然讓羅斯十分苦惱，畢竟他出了事，而且讓他的教練受到了眾人質疑。

羅斯的一位好朋友同時也是弗利德的學生吉米來看望羅斯，羅斯急忙向他吐露出了心中的疑惑：「為什麼會這樣呢？我是按照教練做的來做的啊。」吉米聽了，問了他一句：「你真的是按照教練做的來駕駛的？」「是的，我肯定。」羅斯點了點頭。

「教練是不是常用一隻手來控制方向盤，而另一隻手卻夾著雪茄？」

「是的。」

「教練是不是常放著音樂，然後左腳不住地跟著音樂打著節拍？」

「是的。」

「是不是常在擁擠的街道上，教練都沒有將速度減下來？」

「是的。」

「你是不是有時也按教練的方式照做了？」

「這，可能吧。」

「你看過教練給你的那封信了嗎？」

「哦，我不小心把它弄丟了。」

吉米笑了笑，從口袋裡掏出一封信遞給羅斯，上面寫著：如果你想達到我的境界，就一定要照我說的做，不要照我做的做。請保留這封信，直到哪天你能用 5 分鐘穿過萊特爾街道（最繁華的街道），你便可以丟掉這封信了。

（來源：http：//blog.china.alibaba.com/blog/27819990/article/b0i2211814.html，引用地址：諷刺與幽默，陳勝編譯。）

新手和資深人士的區別在於：經驗豐富的人掌握規則之後可以超越規則，可以在規則之間遊刃有餘，而新手則需要不折不扣地遵守規則。比如在培訓新手時，他們得到的告誡是諮商師應該身體微微前傾，但在實踐中，一些有經驗的諮商師會身體後仰，這讓新手困惑不已：到底該怎麼做？做為新手，比較安全的做法是遵守規則。完全掌握之後，可以有一些靈活性，但知道這樣做對來訪者的影響，知道自己為什麼這樣做。

11 神經症個案的面談培訓——以焦慮症和恐怖症為例

讓神經症的來訪者走出諮商室時擁有這樣的心境：明月松間照，清泉石上流。

——詩出王維《山居秋暝》。

在中國流行病學的調查中，神經症患病率為 22 ～ 21%，在精神科門診中佔到 50%。

數字來源：鄭曉邊編著，《心理變態與健康》，安徽人民出版社，2004 年，第 94 頁

在諮商面談訓練中，這方面的案例有必要專門進行訓練。訓練的重點有兩個方面：一是在於診斷。學員要對神經症的各種症狀有準確瞭解，能夠圍繞診斷標準來收集相關資訊，並做出準確診斷；二是在於給出具體建議。神經症的來訪者由於自知力較高，有較強烈的改變行為動機，因而要求學員能夠給出有效建議。

我們無法在有限的篇幅中一一觸及神經症的所有類型等，在這部分給出了三個案例，涉及考試焦慮和恐怖症。

考試焦慮練習個案實錄

諮商師：「請問你今天來想跟我談什麼問題？」

來訪者：「我現在成績下降，很著急。以前我在班裡排名前 10 名，現在掉到 20 多名。爸爸媽媽對我也很失望。馬上要考試了，我壓力特別大。」

諮商師：「能具體談談嗎？」

來訪者：「其實我主要是考試考不好。考試時我腦子裡一片空白。」

諮商師：「考試時會怎樣？」

來訪者：「我會手心出汗。」

諮商師：「只是考試時會這樣嗎？考前呢？」

來訪者：「考前也挺緊張的。我一定要上廁所。考試時出汗很多，心跳也加快。」

諮商師：「你是一直這樣還是最近才這樣的？」

來訪者：「是最近。考試時一緊張會的東西就忘掉了。」

（還是不知道具體時間。應再次確認。）

諮商師：「發生過什麼具體的事情讓你變得這樣呢？」

來訪者：「有一次考砸了之後，我就一直熬夜看書，越這樣越考不好。」

（可以對當時考砸的情況再問得具體一些。）

諮商師：「也就是說，你努力，成績卻達不到效果。」

（這是一種解述，較好。）

來訪者：「是啊，而且考不好還影響了父母、老師和同學對我的態度。」

（應該是一個關鍵資訊。從以下的提問看，諮商師抓住了這個重點。）

諮商師：「父母平時對你怎樣？」

來訪者：「他們對我挺好的，但他們期望我考上一所知名大學。所以我特別擔心將來的高考，萬一考不上怎麼辦？」

諮商師：「老師怎麼說呢？」

來訪者：「老師找我談話啊，說我退步了，讓我更努力。」

諮商師：「那你和同學的關係呢？」

來訪者：「因為我成績下降了，所以我很少和他們說話，我大部分時間都用來看書。高三了，大家都忙。」

諮商師：「你怎樣評價自己的個性？有好朋友嗎？」

（這個問題本身是很好的，但和前面問題沒有太大關聯，是跳躍的。可以對前面所說周圍人對來訪者考試的態度進行總結後再轉到這個話題上。）

來訪者：「要好的同學有幾個。他們說我是比較內向的人，說我很用功。但說這些有什麼用？我現在成績不好了，考不上說什麼都沒用。」

諮商師：「感覺你很焦慮，擔心成績不好會影響考試。

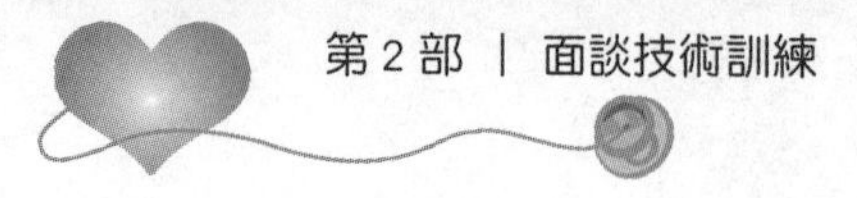

（是個解述，尚可。）

那麼你想解決目前的考試緊張，還是想解決成績不好的問題？」

（這個問題表明諮商師對來訪者的問題還沒有進行很好的梳理。）

來訪者：「解決考試緊張的問題吧！現在一想到考試的問題我就會學不進去。學習一個小時可能只有 15 分鐘是看得進去書的。」

諮商師：「你覺得這件事已讓你分心，學習效率不高。」

（解述，尚可。）

來訪者：「不只是這樣。每次考試時也緊張，想著萬一比上次差怎麼辦？」

諮商師：「我們一次只能解決一個問題。你完全可以放鬆一些。這次針對你學習效率不高的問題，我提出兩點：一是你在學累的時候聽聽音樂；二是學習一段時間後出去散散步。然後下次來我們談談效果。」

（推進無力，直接給建議。不可取。）

來訪者：「嗯。」

諮商師：「那今天的諮商就到這裡結束吧。」

（全部過程持續 9 分鐘。）

個案點評

從整體上來看，這是一個諮商新手典型的諮商過程：能夠收集到一些資訊，但無法準確診斷，推進無力，並且在 9 分鐘時就結束。正因為是這樣，需要對學員有更多鼓勵，以讓其樹立信心。在細節上給了更多的肯定，以讓學員能夠意識到做得好的方面，並且保持這些好的方面。如諮商師關注了來訪者考試緊張造成的影響，也瞭解了其社會支援系統。

這個個案之所以只做了 9 分鐘就結束，其中一個原因是它屬於脈絡清晰、資訊較為單純的個案，它真正考驗的是諮商師的診斷功力、給建議及實施建議的功力。而初學者在這一塊往往是弱點所在。對那些預期在 15 分鐘裡全部用來收集資訊的考生來說，這種個案的難度確實非常高。

分清來訪者問題之間的關係，確立諮商目標。

在諮商中，諮商師問來訪者：「你想解決目前的考試緊張，還是想解決成績不好的問題？」也就是說，在諮商師看來，來訪者有兩個需要解決的問題，在確定諮商目標時，需要來訪者二選一。從表面看，諮商師這樣理解是有一定道理的，因為來訪者反覆提及的兩大苦惱是：考試緊張；成績不好。

但如果諮商師有一定洞察力，會發現這兩個問題其實是有因果關係的：由於考試緊張和焦慮才帶來成績不好。也就是說，考試緊張是因，成績不好是果。只有解決了考試緊張，才能解決成績的問題。

來訪者自己非常清楚這一點，所以選擇了解決考試緊張問題。即使來訪者選擇解決成績不好的問題，諮商師還是要回到考試緊張這個問題上。從已有資訊來看，來訪者不存在學習能力問題，而是由於考試緊張帶來成績下降，所以這是需要解決的核心問題，其他問題是派生的、次一級的問題。

要有診斷意識，並且要瞭解和診斷要件相關的資訊。

在個案中，諮商師有朦朧的診斷意識，但沒有收集到足以診斷的全部資訊。目前確認的資訊只有焦慮和緊張情緒、生理反應，但沒有具體時間期限、變化情況、有無迴避反應等。如果時間持續三個月以上，有焦慮、緊張和害怕的情緒，自主性神經功能紊亂和迴避反應，可以確診為考試恐怖症。在訓練中，學員一定要發展出自己的診斷意識。診斷是給出方案的前提。要想準確診斷，一定要有診斷的基礎知識，對診斷標準非常熟悉，能夠根據診斷標準收集資訊，進行排除或確診。

給建議之前一定要瞭解來訪者已採用的方法。

在個案中，諮商師給出了聽音樂和散步兩個建議，來訪者的反應是冷淡的。這種給建議的方式不可取，主要原因如下：一是根本沒有瞭解來訪者本人的興趣愛好，直接突兀地給出了建議，有強加於人的感覺。心理諮商是非常細緻的心的工作，它強調個性化，因而要給出個性化的建議，而不是千人一面的建議。真正有效的建議只能在來訪者個體經驗、興趣愛好、現實條件基礎上給出。

二是諮商師沒有確認過來訪者採用過哪些方式來緩解緊張情緒，就貿然給出建議，而這些建議有可能是來訪者正在做的，或嘗試後無效的。如果真的是這樣，諮商師的專業性就會受到質疑。

恐懼症練習個案實錄

諮商師：「你今天想跟我講什麼？」

來訪者：「我怕貓、怕狗、怕老鼠。不知為什麼會怕。我想知道這是否在正常範圍內？」

諮商師：「你非常怕嗎？」

（當來訪者說出怕三樣動物後，有很多問題可以問，因為有很多資訊需要瞭解。這個問題在此處問指導性過於強。建議問：「你能具體談談嗎？」把主動權交給來訪者。）

來訪者：「非常怕。」

諮商師：「那你怕圖片上的這些動物嗎？」

（諮商師對於來訪者對這些動物怕到什麼程度不清楚。此處用封閉式問題得到的資訊較少，建議用開放式問題：「你能談談怕到什麼程度嗎？」）

來訪者：「我主要是怕真的動物。我不怕狗的圖片，但不想看貓和老鼠的圖片。」

諮商師：「那你看到真的這些動物時怎麼辦？」

來訪者：「社區裡有很多狗。我就遠遠地繞開。」

諮商師：「有往後退、心慌等感覺嗎？」

來訪者：「有心慌的感覺。過去是跟人家說『不要讓狗過來』，現在試圖改變。」

諮商師：「大概是從什麼時候開始？」

來訪者：「從我有記憶以來就怕。人家都說愛狗、愛貓是有愛心的表現，我很有愛心，但我就是怕這些動物。」

諮商師：「你小時候看到這些動物是什麼感覺？」

來訪者：「小時候在鄉下，親戚家有一條大黃狗，我不敢進門。大人讓我不怕，把狗抱住，我一點一點地往前走，後來摸到了狗，不害怕進門了。之前我怕所有的狗，但這次不怕親戚家這條狗了。」

（這是一個重要細節，因為它是成功經驗，可能會對將來的治療有用。但為什麼這之後還會怕其他的狗？）

來訪者：「還有，我記得有一次親戚家辦喜酒，我和姐姐、祖母坐在一起。因為大人知道我怕狗，所以就把所有的狗都趕出去了。結果吃著吃著，一條狗跑進來，鑽在桌子底下，我害怕得跳起來，要哭。祖母抱住我說：『今天吃喜酒，不興哭。』那時我是小，現在我已經這麼大了，而且自己有了女兒，會不會有問題。」

（兩個事件都是在鄉下發生，而且和老人有關，需要確認來訪者與照料者之間的關係。流露出因怕狗而有繼發性得益：大人額外的關照。）

諮商師：「你很擔心女兒。」

來訪者：「是啊。我女兒連蚊子都怕。是不是我無意中的舉動影響了她？」

（內疚感。需要處理的情緒。）

諮商師：「如果你和女兒走在一起，看到狗你會怎麼辦？」

來訪者：「我會繞過去，但我會對女兒說：『狗狗好可愛。』我知道應該不要怕。」

諮商師：「也就是說，看到貓、狗，你會有不可抑制的恐怖感。」

（來訪者一直沒有用「恐怖」這個詞，而諮商師用了，可能會過於強烈。）

來訪者：「不知是不是恐怖感，反正是害怕。有一次公司旅遊，導遊在車上就說附近的流浪狗很多。我就不敢下車。後來別人都下車了，我看看沒有狗也就下來了。結果一下車就看到一隻狗站在門口，嚇得我轉身就往車上跑，一隻鞋都掉了。後來把狗趕走了我才下車。大家知道我怕狗，就讓我走在隊伍中間，前面也有人，後面也有人。我一路上不停地四處張望，就看有沒有狗。一回頭，看到三條狗，是流浪狗，身上髒兮兮的，其中有一條還有禿斑。我大叫起來，緊緊抱住旁邊的人。這些都是無意識的。等我意識後，我才發現抱住的是個男老師。我的眼淚就下來了。我聽到旁邊有人說：『她是真的怕！她是真的怕！！』難道在別人看來我平時是假的怕嗎？這句話促發了我想改變的起點。這大概是 1998 年的事情。2000 年我有了女兒，我不希望給女兒造成負面影響。」

（「流浪狗」、「真的怕」是關鍵字。這是成年後、近年來發生的事件，給來訪者留下深刻印象。）

諮商師：「怕狗、怕貓這件事給你造成什麼影響？」

（確認影響。）

來訪者：「平時沒什麼，就是我最近需要家訪生病的老師。我不好意思說我怕貓，特意拉了一位同事跟我一起去。進門之前我緊緊拉住她的手，眼睛到處看，看貓在哪裡。結果同事幫我說了，老師就把貓關到陽臺上。貓就在陽臺上抓呀抓的，我在談話，但注意力一直在這隻貓身上。我對貓心裡很內疚，但我絕不敢讓牠進來。這樣的事情連續發生兩次了。」

（轉到怕貓的話題上。）

諮商師：「聽了你以上的介紹，你覺得對貓、對狗害怕，既影響到你的生活，也擔心影響女兒，是嗎？」

來訪者：「其實我已經很注意不要對女兒帶來不利影響。這應該是我改變的主要動力。其他沒什麼特別的影響。」

（來訪者改變動機不是特別強烈，看上去對生活沒有太多不利影響。動力主要來自女兒。）

諮商師：「最主要的是對女兒的影響。」

來訪者：「是啊，還有家訪工作，以及那個老師說我『真的怕』那句話。」

諮商師：「其實恐怖症狀已對你產生影響，你想力圖改變。我們可以花一些時間來改變。」

來訪者：「但我還有一個問題：為什麼別人不怕？」

（來訪者想要瞭解從心理學上怎樣解釋這件事。）

諮商師：「你想探究緣由是嗎？你能回想一下，在大黃狗之前你還遇到過什麼事情嗎？」

來訪者：「沒有太多對狗的記憶。」

諮商師：「那對貓呢？」

來訪者：「主要是厭惡。」

15 分鐘時間到，停止。

個案點評

要有較強的資訊梳理能力。

這個個案的資訊較為詳細、具體，很快可以診斷出來是恐怖症。它考驗的是諮商師梳理資訊的能力：一條線索是來訪者害怕的三樣動物，二是從童年至成人成長過程中遇到的害怕事件。在該個案中，諮商師基本沒有整理這兩條線索，而是跟著來訪者的思路在跑，所以到停下來時，我們得到的資訊還是有些混亂不清：害怕的這三樣動物之間有內在聯繫嗎？有程度區別嗎？還有什麼其他害怕的動物嗎？主要想解決或先解決哪方面的害怕呢？在有限的時間裡，建議諮商師初步瞭解情況後，和來訪者明確先解決哪方面的問題。

要找出來訪者形成恐怖症的內在模式。

在來訪者描述的所有事件中，害怕這些動物一定都是和周圍有人的場景聯繫在一起。需要瞭解其既發性得益、與照料者關係方面的資訊。有一些孩子的恐怖症是由於成人的不恰當強化形成的，對孩子表現出的害怕進行無微不至的安慰、照顧，孩子無意之中會享受這種特殊的關照，因而強化害怕。有時孩子為了獲得照料者更多的關注，也會用自我強化一些害怕情緒，以獲得關注。而這些模式一旦形成，來訪者可能就無法撼動其害怕情緒，即使他們真的想改變。

只用認知療法對來訪者可能效果不佳。

從已經得到的資訊中我們可以看到：來訪者明知這種害怕是不必要的、不合理的，但無法抑制，所以單純用認知療法可能效果不佳，尤其是對已形成 20 ～ 30 年的恐怖症。哪怕最後終於找到其童年最初害怕的事件，也並不能完全解決問題，可能需要採用一些行為療法。

結語

做神經症來訪者個案時，重要的是諮商師諳熟其診斷標準，圍繞診斷標準收集資訊，並有的放矢地給出建議。

學員手記一：害怕並不可怕（牛牛）

今天我們開始接觸神經症的個案。在練習過程中我遇到了兩個恐怖症的案例，我非常有感觸。

諮商師：今天你來想跟我談些什麼呢？

來訪者：是這樣的，我從小就很怕蜘蛛。看到蜘蛛渾身都不舒服。不知道從什麼時候開始，我看到所有 8 條腿的東西都開始害怕起來了。就拿螃蟹來說吧……

諮商師：（打斷）螃蟹是 10 條腿的。

一個練習就這樣被暫時中止了。的確，蟹八跪而二螯，可以說是五對足，也就是 10 條腿。但可能幾條腿對來訪者是不重要的，害怕這些動物是重要的。是否需要立即面質呢？也許應該讓來訪者繼續進行下去比較好吧。（休息片刻後，重新來過。）

來訪者：就拿螃蟹來說吧。現在不光看到活的螃蟹會感覺非常不舒服，看到餐桌上整隻的熟螃蟹，也會感到臉頰發燙，心跳加快，手腳冒汗，甚至完全坐不住，一定要離開餐桌。

諮商師：嗯，看來這個情況給你帶來了不少的困擾。

來訪者：是啊。現在已經 9 月份了，馬上螃蟹要上市了。我經常要跟客戶應酬，要是餐桌上客戶點了螃蟹，到時候因為我的失態，導致生意談不成，那多可惜啊。

（語速非常快。）

諮商師：是啊，如果這樣的原因導致業務告吹真的挺可惜的。那麼你今天來的主要目的是……

來訪者：能不能讓我不要怕螃蟹啊？

諮商師：其實你現在最擔心的並不是看到活的螃蟹失態。最迫在眉睫的是要解決看到餐桌上的螃蟹不要失態的問題，是嗎？

來訪者：對！對！能那樣就足夠了。

恐懼，誰都會有。生活中我們總有一些小技巧來讓我們與我們的恐懼感共處。如果怕老虎、獅子，那只要不看電視裡的動物世界，不要去動物園，就可以安逸地生活。換句話說，怕就怕吧，對我們的生活沒有太大影響。但是當一些特定的恐懼影響到日常生活的時候，我們就會尋求幫助。能夠解決恐懼後面的誘因自然是好，但是如果不能立即解決這個根本的問題，不如就抓住來訪者最急切解決的問題，也是一種不錯的方式。

指導老師的話：學員悟出這個道理「生活中我們總有一些小技巧來讓我們與我們的恐懼感共處」，非常了不起。生活以各種奇妙的方式平衡著，關鍵是你看到了平衡那一面，還是看到了存在的不平衡的可能性。

學員手記二：扮演來訪者獲得的成長（牛牛）

在組員一對一的訓練中，我扮演了一個恐怖症的來訪者。感覺有頗多收穫。把過程詳細記之。

諮商師：今天你來想跟我談些什麼呢？

來訪者：是這樣的，我從小非常怕蟲子，比如蟑螂、天牛、螳螂、蜜蜂、蜘蛛、蜈蚣什麼的，這些我都怕。

諮商師：嗯，那你所說的怕，具體有什麼表現嗎？

來訪者：就是看到以後打心底裡討厭。有時候突然看到這些東西，我會尖叫，然後驚慌失措，不知道該幹什麼。但是……

諮商師：但是什麼呢？

來訪者：但是，我是個男孩嘛！要是讓人看到這樣的情況總歸不太好。

諮商師：害怕和是不是男孩沒有什麼關係的。你不要過於自責，給自己很大壓力。

（我在心裡並不認同這一點。性別意識，對於我來說是一個重要的關注點，這也是我欲言又止、強調性別的緣由。）

其實每個人都可能會有一些害怕的東西。害怕這些蟲子的情況對你的工作和生活帶來什麼困擾了嗎？

來訪者：有啊。我是學生物工程的。遺傳學的一些實驗都是在果蠅和小白鼠上做的。而且，有時候要用顯微鏡來觀察果蠅的一些細部特徵。果蠅你知道嗎？就是爛香蕉上面會飛的那種小蟲。

諮商師：哦。

來訪者：其實平時看到果蠅也沒什麼的，那麼小。但是在顯微鏡底下，你知道嗎？一下子會變得好大。而且還要仔細觀察，真受不了，很恐怖的。

諮商師：看來你看到放大了的果蠅會非常難受。

（這是一個簡單的共感，讓我感覺不錯。但是沒有接著問：「為什麼放大後受不了？」）

來訪者：嗯。

諮商師：那剛才你還提到了另外一種動物——小白鼠。你對小白鼠有沒有類似的感覺呢？

（他很好地傾聽了我。抓住了前面我提到的一個小細節，讓我自己進行一下對比。）

來訪者：沒有啊。小白鼠好可愛啊，有時候，我還覺得他們好可憐。有時候我覺得人類挺殘忍的哦，為了瞭解人類的資訊，就用小白鼠做實驗。

諮商師：你很喜歡小白鼠啊！

來訪者：嗯，對，有一段時間我專門負責飼養小白鼠。

諮商師：很多人其實都很怕這些齧齒類動物的，但是你卻可以做到飼養小白鼠，和它們親密接觸，那麼對於果蠅呢？

來訪者：唔……

（搖頭，非常厭惡的表情。）

諮商師：那你現在畢業了嗎？

來訪者：嗯。

諮商師：已經找到工作了嗎？

（這兩個問題並不是我想在這裡討論的問題。）

來訪者：還沒有。

諮商師：其實對於這樣的情況，你不必過於擔心，如果你因為這樣的情況導致無法從事這個行業的工作，也完全可以到其他行業進行發展的。畢業的時候並不一定要從事原先的專業的。

來訪者：哦。

（我心裡有些微微的阻抗，因為我對剛才那個建議不滿。）

諮商師：你害怕這些蟲，還有什麼其他的例子嗎？能再具體說說嗎？

來訪者：嗯，有時候晚上上課，課堂裡面會突然飛進來一些蛾子什麼的，突然一下飛進來，我也覺得好可怕，尤其是當它們飛累了，跌落在桌子上的時候。天哪！

諮商師：那是飛來橫禍、滅頂之災？

（這兩個詞讓我覺得諮商師很理解我。）

來訪者：嗯，嗯。

諮商師：你會有什麼表現呢？尖叫嗎？

（確認我的感受，比談果蠅的時候更注重我的體驗。）

來訪者：唔……（搖頭）

諮商師：為什麼不呢？

來訪者：班上有好多女生，叫出來多沒面子啊，女生都不叫，我一個男生突然一下叫出來，要讓別人笑話的！

諮商師：哦，那你有沒有跟你的同學說過你怕這些東西？讓他們有個心理準備，不要笑你？

來訪者：大學的課程，並不都是同一個班級的，有很多不認識的人，跟誰說啊。就算是同一班的，也不好意思跟女生說。

諮商師：和男生還是有說過的？

（抓住性別的細節了。）

來訪者：是啊。寢室裡面兄弟我都打點好了。他們看到我這樣也見怪不怪了。我叫得再大聲，他們也不會意外。

諮商師：剛才你談了你的寢室室友，那你父母知道你害怕這些東西嗎？

（雖然從寢室到父母是一個自然的過渡，詢問一下家裡的情況是非常準確的，但是把性別問題又丟掉了。）

來訪者：在家裡，媽媽總說，男孩子怕蟑螂，將來娶了老婆怎麼辦啊？！

諮商師：嗯。父母還有說什麼嗎？

來訪者：我可以要求暫停嗎？

練習暫時中止了。回過頭來看看這段練習。諮商師第一個比較嚴重的錯誤，就是把性別問題當成了錯誤歸因，一上來就給槍斃掉了。

第二個比較嚴重的錯誤，就是在談完果蠅之後給了一個關於可以不從事那個工作的建議。諮商目標都沒有確定，就妄下結論，來訪者自然會有阻抗。

第三，自始至終都沒有提到這個情況的持續時間，只知道是小時候開始。

第四，也就是在中止的地方。其實這句話已經足夠讓來訪者擔憂了。而諮商師完全不顧及來訪者的體驗，繼續詢問父母的其他表現。就好像是把傷口上的紗布一層一層去掉，然後把傷患丟在那邊，繼續問，「還有哪兒疼？」

當然，在諮商過程中幾個共感和幾個引導，還有抓住的幾個小細節都是不錯的表現，但是那最後一個錯誤，足以影響整個諮商的效果。

分析了這些後，我們調整了一下狀態，繼續進行。

諮商師：那剛才你所談到的那些你害怕蟲子的例子都表明了怕蟲

這個情況無論是從工作，學習，還是生活上都給你帶來了不小的困擾。但是好像你更在乎的是你做為一個男性，不應該在女性的面前表現出對蟲子的害怕，是嗎？

來訪者：是啊。其實我也很擔心媽媽說的話。你說，要是以後結婚了，家裡要是看到蟑螂、蜘蛛，別人家都是老婆衝進老公的懷抱。我們家倒是我躲進老婆的懷裡，不是羞死了！

諮商師：所以即便你在公共場所看到你很討厭，或者說害怕的蟲子，你還是會盡量控制自己，讓自己不要非常失態，是這樣嗎？

來訪者：是的。我可以控制住，但是好辛苦啊。

諮商師：嗯，強忍住本來可以自然流露的情緒的確需要很強的自制力。那這樣忍著，會不會給你帶來其他的一些生理感覺？

來訪者：有！那個時候心跳會好快，噗通噗通的，牙關會咬得緊緊的，好像呼吸都停止了，像在憋氣一樣，憋悶得喘不過氣。腦子裡不知道在想些什麼亂七八糟的東西。如果是上課，一下子就走神了，會好長時間不知道老師講了些什麼。

諮商師：也就是說你可以成功地阻止自己的情緒失控，但是這個代價太大了，甚至比你本身受到驚嚇帶來的反應更加讓你難以接受，對嗎？

（我覺得他的概括很準確。）

來訪者：也許吧。在宿舍裡叫過以後，室友把蟲子打死了也就沒事了。

諮商師：那你今天來主要想解決的問題是？（終於開始確認諮商目標了。）

來訪者：能不能讓我不要怕蟲子啊？

諮商師：嗯，那你怕蟲子大概有多久了呢？第一次有這麼強烈的害怕的感覺是在什麼時候還記得嗎？

來訪者：不記得了，不過怕蟲子真的怕了好久了。讓我想想啊。

諮商師：嗯，好。

來訪者：（許久之後）唔……

（強烈的厭惡情緒。）

諮商師：是不是想到了什麼，但是覺得非常不舒服？沒有關係，如果你覺得不舒服可以不說。

來訪者：可以不說嗎？

諮商師：如果你真的覺得說出來反而更加不舒服，那不如就不要說出來比較好。

來訪者：好吧。

（再次沉默。許久。）

可是不說我實在想不出什麼了。

諮商師：那就說吧。也許說出來反而會輕鬆一些。

（之前的兩次確認，諮商師都表明了尊重來訪者的態度，來訪者在第一次確認的時候是非常感動的，但是一再地強調，反而讓來訪者感到無話可說。）

來訪者：是這樣的。小時候，大概是小學一年級吧。

諮商師：嗯。

來訪者：那時候家裡住的還是過去的老式房屋。都要用馬桶的，也只有公共廁所。

諮商師：嗯。

來訪者：我有一個同學，他家就住在公共廁所的旁邊。

諮商師：嗯，然後呢？

來訪者：你也知道，廁所那種地方，又髒又臭，蚊蠅孳生。

諮商師：對，對。過去的公共廁所都是這樣的。

來訪者：對啊。然後記得有一次，我跟同學在他家門口聊天。

諮商師：嗯，聊天。

來訪者：對，聊到開心的地方，突然有兩隻蒼蠅抱成一團飛了過來。

諮商師：哦。接下來發生了什麼？

來訪者：因為在說話，我嘴巴張得很大，結果兩隻蒼蠅……（痛苦狀）

諮商師：就飛進你的嘴巴裡了？

來訪者：嗯……

諮商師：接下來呢？你，它們……

來訪者：我感覺不對，立即往外面吐，可是只吐出來一隻，還有一隻……

諮商師：就被你吞下去了。

來訪者：嗯……

諮商師：這的確是一段令人痛苦的回憶，而且看得出，它對你的影響非常得大。我們常有一種說法，把那些倒楣的事情或者說不出的難受比作像吃了一隻蒼蠅，而你是真正吞過一隻。

來訪者：是啊。而且它們還是抱著團飛進我嘴巴裡的，都不知道它們當時在幹什麼。

諮商師：好了，別想了。不管它們當時在幹什麼，你現在都活得好好的，沒病沒痛，不是嗎？

指導老師的話：諮詢師在這裏顯然無法共感到來訪者的感受。在上文中諮詢師用了「痛苦」這一詞，這還不夠，來訪者可能還有恐懼、噁心、害怕、難過、擔心等種種情緒。僅僅用「沒病沒痛」，是無法安慰到來訪者的。再次回到那個畫面對來訪者不是一件容易的事情，對其情緒部分要有足夠的探索和共感。

來訪者：嗯……

說到這裡，我們又一次打住。不是因為諮商師有什麼不好的地方。剛才那一段表現的確是可圈可點。這段經歷對於「我」來說，的確是一段痛苦的回憶。正因為苦痛難言，所以諮商師的傾聽與鼓勵變得十分重要。而我喊停的原因，是因為「我」要處理一下情緒了。這可能就是來訪者的心結，也許對蟲的害怕，最早就是從那隻進肚的蒼蠅開始的。害怕的、擔心的就是那兩隻蒼蠅當時在做什麼。

既然問題都已經清楚了，諮商師開始和「我」討論起處理的方式。

諮商師：剛才你談到了你兒時與蒼蠅有關的一段痛苦的回憶，但是你現在怕的蟲裡好像並沒有提到蒼蠅。

來訪者：嗯，是的。對於蒼蠅、蚊子這樣非常常見的倒是不會非常非常害怕。但是如果看到體積比較大的蒼蠅，或者是那種和天牛一樣黑白花紋的花蚊子，也就是白紋伊蚊，還是挺害怕的。

諮商師：那麼有沒有什麼你不害怕的蟲子呢？

（我覺得這是一個精妙的問題。）

來訪者：我想想啊。啊，有了，蠶寶寶。對，我以前還養過蠶寶寶。蠶寶寶吃桑葉，有段時間我還特地每天到一棵桑樹上採桑葉餵它們，因為一起養蠶的小夥伴很多，後來桑葉被採光了，我只好餵它們萵筍葉子，嗯，對，爸爸告訴我那是萵筍葉子。

諮商師：這是一段很美好、很棒的回憶啊。所以你也並不是怕所有的蟲。

（美麗的回憶，巧妙的評論。）

來訪者：嗯，但是蠶寶寶破繭以後的蛾子，我還是很討厭。

諮商師：嗯，因為蠶寶寶為我們人類做出了貢獻，就像你之前所提到的小白鼠那樣。所以你不怕了。

（這是一種前後的聯繫，這種聯繫非常的緊密，富有邏輯性。）

來訪者：照你這麼一說，好像是哦。但是怎麼解釋我怕蜜蜂呢？它們也是有貢獻的，但是它們會蜇人。

諮商師：你知道蜇完人以後對蜜蜂意味著什麼嗎？

來訪者：知道，死亡。

諮商師：所以有時候也可以想想，其實很多蟲對人類是有益的。今天我們諮商的時間差不多了。你回去以後嘗試看一些有關於蟲子的書籍，然後我們下次諮商的時候再繼續，好嗎？

來訪者：好，謝謝。再見。

這次的諮商的確是讓我很有收穫的一次。畢竟這是一個真實的案例，所有的情緒、體驗、回憶，都是那麼真實。但是過去我始終無法找到突破點。很多事情我都知道，但就是不知道根源在什麼地方。經過這次之後，不僅在心理諮商的技術上，有了不少的提高，也對害怕蟲子的這個問題有了反思。

現在看看，也許我害怕的從來就不是蟲本身。過去總是將那些蟲子——準確地說是節肢動物，和骯髒、疾病、疼痛等等聯繫在一起。而同樣的對蠶寶寶、基圍蝦反而會很有好感。因為它們不僅對人類有益，而且不會造成對人類的攻擊。引發來訪者的思考——這才是高明助人者幫助人的手段。

指導老師的話：這是寫得最長的一篇學員手記。能寫出這樣手記的學員，一定有很強的反省能力，能從寫作和反省的過程中成長很快。難能可貴的是，他能夠跳出來訪者的角色，用第三隻眼睛看自己當時的感受和諮商師的回饋。儘管他的有些看法顯得稚嫩，但畢竟他嘗試去思考了。學員在訓練過程中善於思考是非常重要的。透過手記來成長，是一種捷徑。

這名學員反思到：「也許我害怕的從來就不是蟲本身，而是和蟲聯繫在一起的骯髒、疾病、疼痛等等」，這是一個很好的起點，可以幫他去探詢更多。從他在手記中的表述來看，蟲似乎還代表著「骯髒的性」—— 最初由兩個抱成一團的蒼蠅所代表，他要遠離這種被符號化的東西，恐懼反應就形成了。當然這只是一種推斷，還需要從來訪者那裡得到更多的資訊。如果這種推斷是正確的，蟲本身也只是一種替代品，是來訪者觀念的現實化產物，在這件事情發生之前，已經有一些刺激讓他形成了觀念。如果有必要，可以對這一部分進行挖掘，然後可以做認知重構。如果這個諮詢要持續進行下去，可以對其進行行為療法，同時在認知層面做一些清理和重新建構。

Section 3 面談示範

12 心理諮商面談示範一：情緒管理

心理諮商師：孫新蘭博士／案例評論：嚴文華

諮商師有時就是在與來訪者細數在人生道路上累積下的種種情緒和感受。正如：夜來風雨聲，花落知多少。

——詩出孟浩然《春曉》。

諮商師：你可不可以告訴我，你來諮商是為什麼呢？

來訪者：（停頓）

諮商師：好像情緒比較激動，很難講是嗎？

來訪者：我比較清楚一個目的，但是（停頓，不安）……

諮商師：但是有一些困惑是嗎？

來訪者：其實說起來是很複雜的。我這個禮拜都蠻焦慮的，當我決定接受諮商的時候。

諮商師：你想到什麼就說什麼，從哪裡說起都可以的，或者你問我也可以。有點緊張是正常的。

來訪者：（思考）應該這麼說，我覺得我是一個意志力蠻強的，我應該是一個蠻有自信的人，最近幾個月以來，尤其是在最近這個月裡頭其實應該有很多的（停頓）……

諮商師：觸動？

（諮商師非常快、非常貼切地接了上去。諮商師的敏感力。）

來訪者：對，我想很多事情應該不會記得。

諮商師：很多事情應該不對你構成這麼大的影響。

（精準的重述。）

來訪者：對，結果……（嘆氣。）

諮商師：回想起來還是會情緒很強烈。

（到位的共感。）

來訪者：結果已經不確定究竟是哪件事，心裡變得很複雜，就是有很多自己覺得應該忘記的事情，這之前真的沒有想起來過，但會有一些事情觸發。比較明顯的是（停頓）這個禮拜有兩次這樣的狀況。

諮商師：什麼樣的狀況呢？

來訪者：有次是我們上課時，班主任（班導師）傳了一個紙條給我，要我下課的時候帶領全班向老師表示感謝……之前我在班上帶過的，結果一看紙條我就蠻焦慮的，這是我的個性，我做事情（停頓）……有比較強烈的焦慮感，這其實的確會讓自己表現得很好，說實話，如果可以控制的話。那天我就想了一個比較創新的點子，那個點子太過於創新了，其實我也蠻擔心，傳了一個紙條讓大家配合這樣做，我希望這樣我的焦慮可以有些緩解。

諮商師：讓大家認可你？

（抓住核心。）

來訪者：但是回來之後紙條背面多了一個贊成與反對，反對的人要比贊成的人多了很多（音調上升），其實我自己跟自己說：反正正好我還不想做。但是接下來的事情就是我走出教室，（嘆氣）你知道那個呼吸覺得非常地，非常地……（停頓）胸悶。

諮商師：你覺得胸悶。

（重複，共感。）

來訪者：對，我得找到一個立刻可以解脫的地方。我就出了教室，在校園一片草地上仰面躺在那兒，那時候心裡感覺很糟，有一個聲音跟我說，怎麼這麼小的事情都不能克服。另外一個聲音說你根本沒有辦法理性做事情。那時候就想（停頓）……如果沒有我的話（哽咽，停頓）……

諮商師：如果沒有你的話……

來訪者：沒有我的話，（停頓）事情會更好。

諮商師：沒有你就沒有這種焦慮的狀態是嗎？

（共感。）

來訪者：那時候旁邊有個樓是比較高的，我覺得，如果真的有勇氣我會跳下去（流淚）

……這種狀況大概持續 20 分鐘吧。

諮商師：你是怎麼調節過來的呢，在這 20 分鐘裡面？

（深入推進。）

來訪者：自己那個理性的聲音跟我說，這個事情真是太傻了。這是一件很小的事情嘛。其實就是不能控制自己的情緒，你可能有一些其他原因導致，因為這件事情真的太小，小到……

諮商師：不足以讓你……

來訪者：變成這樣子。但是那之後，說實話，我是什麼人都不想看到。所以那天晚上課我沒有來上。因為我實在是（停頓）……蠻擔心見到任何人，尤其是跟這個事情相關的人。

諮商師：嗯，怕什麼？

（追問。）

來訪者：大家都可以覺得你做得好，這是一個非常簡單的事情，明明是一個非常簡單的事情（拭淚）……

諮商師：您能不能告訴我，你在怕什麼呢？你覺得你最怕的是什麼？

（再次回到追問的問題。）

來訪者：最大的問題就是，我覺得人家會看到一個……（停頓）

諮商師：什麼呢？

來訪者：這也是我今天害怕的事情。

諮商師：怕人家看到你的某一面？

（說來訪者內心的話。）

來訪者：（思考）說實話我不習慣有人說要同情我，這會讓我更、更無法接受。（停頓。）

諮商師：你無法接受別人同情你這樣一個自尊心這麼強的人、很有自信心的人。即使我問了你怕什麼，也並不是要同情你，而是解決問題。否則你內部永遠有兩個力量在打架，一個在擔心，在怕，另外一個說我怎麼會怕呢？這兩個力量永遠在打架，你經常陷入一種很矛盾很難受的狀況。我不是來同情的。我覺得你非常強，很有創造力，很有熱情，很有感染力，為什麼要同情呢？

（澄清、解釋。）

來訪者：對。我覺得有個理性的我可以去調整。可是……（深呼吸）禮拜六的事情之後，星期一還有一次。星期一那天我是在吃晚餐，跟兩個好朋友，是挺好的，但是（停頓）……我們喝了點酒，有點微醉。其中一位女性朋友突然跟我提到前妻的事情。我壓根忘記我跟她說過這個事情……她講了以後我就開始胸悶，很用力地呼吸。還是那些人，現場沒有什麼改變，但是我覺得有點距離。有一段時間她問你沒事吧，我心裡想說沒有事，我馬上就好，但是講不出來話，我只能呼吸，沒有辦法專心看什麼東西。我知道他們在跟我說話，我心裡知道應該是沒有什麼問題，但是（停頓）……但是其實很難。

諮商師：那種感覺會很強烈？

（共感。）

來訪者：很難，我沒有辦法說話。（嘆氣。）

諮商師：然後持續多長時間呢？

（確認資訊。）

來訪者：沒有很久，幾分鐘而已，我想大概是幾分鐘時間。因為我以前有這種狀況，但那是很久很久很久以前的事了。我知道我可以做什麼，我要找一個跟現場無關的聯結。我打電話給一個朋友，電話裡他講什麼我其實根本沒有聽到，但聽到他的聲音大概一分鐘之後我覺得好了，沒事了，我掛了電話。那時候我就好了。

諮商師：你用這種方式幫助你轉移？

（上升至來訪者行為模式層面。）

來訪者：對。我其實本來也沒有把這兩個事情結合在一起，因為我在書上讀到驚恐發作的介紹，我突然想我是不是驚恐發作，但又覺得我不完全是。我突然想到小的時候我曾經有過這樣子的事情。那個時候我大概只有（思索）……17歲，那個時候我有個女朋友。我們大概是吵架，吵架過程我已不記得，但是我記得好像是我覺得我要讓她知道我有多生氣（加重的語氣），我就開始胸悶、呼吸急促，沒有辦法跟別人講話。原來我以為自己是有意識這樣做，是做給別人看。

諮商師：在你控制之下？

（精準地抓住了「控制」這個核心詞。）

來訪者：但是這兩次就很難控制了。只是件很小的事情，我不應該有這樣的反應。我不知道那天為什麼這麼強烈的反應，有一段時間真的不太能控制，我也不明白星期一為什麼一句話就引起我的強烈反應。

諮商師：這兩件事情之前你現在能夠記得最早的一次完全不能控

制的胸悶、呼吸急促是在什麼時候？

來訪者：我能記得第一次是跟我女朋友吵架。

諮商師：那是你有意的，是嗎？你第一次覺得不能控制的，你不想它出現但是它還是出現了，是在什麼時候？

來訪者：有一次，也十幾歲，我忘記了具體的年齡，看了一部電影，《玫瑰戰爭》，電影大概是說一對夫妻……

諮商師：夫妻之間的矛盾？

來訪者：其實他們開始是為了相愛，可是最後他們（停頓）……互相嫉妒而做了很多彼此傷害對方的事情。結果在他們的房屋裡頭，那個先生把太太的貓煮掉了，最後他們是打架，掛在一個吊燈上，吊燈撐不住了掉下來，兩個都摔死了。導演給的最後一個動作是先生把手搭過去，太太「啪」一下打開。電影結束後，走了十分鐘左右我就發現自己不能控制，必須要停在路邊呼吸，我覺得怎麼會有這樣的事情（停頓）……明明是愛一個人的，怎麼可以到最後是用這樣的結局收場。我沒有辦法跟別人溝通，我必須在那邊大喘氣，喘氣喘了很長時間的，後來好了，就沒有什麼事情。

（來訪者花了這麼多篇幅來講述電影，諮商師一直在傾聽。這是因為來訪者非常擅長表達，給了很多的素材，諮商師從哪裡切入都可以。）

諮商師：你的反應是喘不上來氣，胸很悶。在這反應之前，你看到這樣的鏡頭，或者你聽到別人說你前妻這樣的話的時候，你的感受是什麼，這個生理反應之前你的感受是什麼？

（確認內心感受，進入本源的問題，去找主幹，而暫時不去處理更多的資訊。在隨後的諮商當中隨時可以再回溯至此。）

來訪者：就是覺得難過，那部電影其實是以黑色幽默的方法來拍，那個鏡頭想說明的也可以用喜劇東西來解釋，但是我總是在一些幽默鏡頭後面看到是一些（停頓）……難過的情緒。我看到很多東西都是悲傷的，比較悲傷的。

諮商師：從小是這樣嗎？小的時候比較容易看到一些悲傷的東西、比較多愁善感？還是從小比較樂觀、大大咧咧的？

（思維方式和人格特質的確認。）

來訪者：沒有，我從來沒有樂觀，如果現在看到我樂觀的樣子，那是因為我知道自己怎麼樣裝作樂觀，但是從小我不是一個樂觀個性的人。

諮商師：你天性就是這樣嗎？

來訪者：（停頓，思考）突然想到小時候的一些事情，父親買了很好看的棒棒糖，帶著笑臉，一邊是白色，一邊是巧克力色，我忘了我弟、我姐他們有沒有，可能一人一個。那個太好看了，至少我捨不得把它吃掉，看了一個晚上。後來我把它擺在一邊，第二天早上起來不見了。這個事情我倒是難受了很久，雖然我現在知道它一定是被別人吃掉了。那個時候對我來講是蠻珍貴的東西，但是就是難過我也不會跟別人講。

（來訪者自己跳躍到負面情緒表達事件上，這是來訪者跳躍性思維的反映。諮商師採用的策略是跟著來訪者走，必要時再回到最主要的問題。跟著走，但不迷失。）

諮商師：你難受的時候會怎麼表現呢，你會說誰把我的東西吃了？

（諮商師跟進，確認其負面情緒表達方式。）

來訪者：不會。

諮商師：或者你會哭？

來訪者：不會。

諮商師：或者你會發洩砸東西？

來訪者：也不砸東西。

諮商師：那你會怎麼樣呢？

來訪者：我還記得的一件事情是（思考）……小的時候，（停頓）那時候我比較任性，我一定要養隻鴿子，其實我們家沒有養鴿子的條件，養了兩天（停頓）鴿子就失蹤了。現在我知道它被吃掉了，因為我們家條件也不是特別好，不可能把牠放掉。

（第二件事情跳出。）

諮商師：不可能把牠放掉？

來訪者：對，不可能。結果我就在屋頂上，一個人學鴿子叫，學了蠻長時間，邊叫邊在上面一直原地轉圈。

諮商師：學鴿子叫，你當時的感受是什麼？

（內心感受。）

來訪者：當時覺得很難受，很難過，覺得我連鴿子也沒有辦法留住，它還是不見了。

諮商師：在上面轉圈學鴿子叫，心裡很難受，你也不會跟爸爸媽媽吵，你也不會問鴿子到哪去了？

（確認處理負面情緒的方式，來訪者的模式慢慢浮出水面。）

來訪者：對，我好像只跟媽媽吵過一次架，還在青春期。那時候我已經十幾歲了，她讓我吃什麼，我不吃，因為我不是很愛吃，那時候還有長輩，長輩說小孩子應該聽媽媽的話，媽媽是對你好。我把筷子一摔就回房間去，我聽他們在外面說，現在小孩子怎麼這樣。但是我做的事情是要把自己燜死。

諮商師：燜死是什麼意思？

（確認意義含糊的細節。）

來訪者：就是閉氣、不呼吸。

諮商師：就是把筷子甩了之後嗎？

（確認關鍵細節。）

來訪者：對，但後來當然不可能……

諮商師：為什麼用這種方式呢？這是你第一次比較明顯的反抗媽媽，表達你的不滿。

（問來訪者的內心動機。）

來訪者：應該只有這一次吧，她可能也不知道我會這樣。

諮商師：你為什麼要回到房間閉氣、要把自己憋死呢？

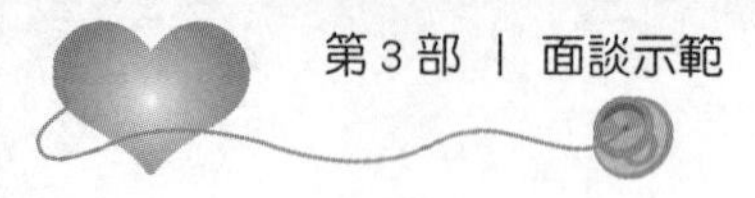

（追問。）

來訪者：搞不清……我覺得這是一種我所能知道的、表達生氣的方法。

（來訪者總結出自己表達憤怒的模式。）

諮商師：這個方法的意義在哪呢？生氣了就懲罰自己、毀滅自己？

（這種質疑會非常深刻地觸及來訪者的價值觀或另一個更深的問題。）

來訪者：因為我做不好吧，我在想。因為小時候成績一直不好，（停頓）很多事情都是我沒有辦法做好。

（更深層的一個觀念，一個不合理觀念浮現。）

諮商師：你對自己不滿意？

（更精準的概括。）

來訪者：不滿意好像是高估我自己了吧。

諮商師：嗯。

來訪者：做不好是應該的，我覺得。

諮商師：所以你會覺得自己沒有價值？

（比「不滿意」程度進深。）

來訪者：沒有價值。

諮商師：什麼都做不好，你爸爸媽媽會覺得你什麼都做不好嗎？

（問到家庭環境的影響。）

來訪者：（嘆氣）說起來已經變成一個玩笑。那時候從初中到高中，我們中考。爸爸知道我成績很差，就幫我補英文，十分鐘他都受不了，他問我 PASS 是什麼意思，我說我不知道。他那個時候站起來，我都可以感覺他的想法：「你是一個初三的學生啊！連這個單詞都不知道！」

諮商師：當時心裡什麼感受呢？看到爸爸那種表情、神情？

（確認感受。）

來訪者：這只是一個結果，這中間我所有東西都不會。我已經知道我不行了，弄不好了。所以（停頓，歎息）……我就是做不好。

諮商師：在你剛才講的時候，我感覺到在你內心裡有三個人：一個小孩，或者裡面有一個人，他會覺得我什麼都做不好，我很差勁，不管我怎麼努力，我什麼都做不好。還有一個就覺得我應該做好，而且我應該做得比一般更好。還有一個人是蠻理智的，會評估說：這是一個小事情，我不值得生氣。至少我們目前感覺到這三個部分。

你來體會一下那個小孩的形象，他會覺得我什麼都做不好，初中了連 PASS 都不認識，他甚至覺得自己好像不是很有價值，他甚至有的時候覺得我這個人不存在就好了，沒有我就好了，我什麼都做不好，什麼都不行。你來看一看這個形象會是什麼樣子？

（諮詢師認為收集到的資訊已經足夠，在這裡可以進行一下小結，聚焦後開始深入挖掘。）

來訪者：這可能是我小學的時候。

諮商師：在你面前，在你腦海裡面。就好像我們能看到他，他覺得自己做什麼都不行，沒什麼價值。我就是什麼都做不好，我就是什麼都不行，什麼都做不好，沒有什麼價值，甚至有的時候沒有我就好了，我們好像看到這樣一個形象。他在你的心裡，或者說在你的內心深處，我們看到這樣一個形象，不是靠回憶，是看到他。在你心裡的某個角落裡面，你能看到這個形象嗎？因為他一直會在你的心裡面翻騰，他一直存在，試試看，去找找他，在你內心的某個角落裡面。他會覺得「我什麼都不行，我什麼都做不好，我就是什麼都做不好，沒有信心」。

（花比較多的篇幅來引導。）

來訪者：（深呼吸）

諮商師：難道你還是不太想看到他？

來訪者：我回憶起，（思索）我小學之前住在一個公寓裡。

諮商師：在公寓裡面的你是什麼樣子？（年齡和地點確定後，開始描畫人物細節。）

來訪者：我記得我那時候老是去找爸爸。（來訪者沒有回答諮商師的問題，而是自顧自地順著意識流往前走了。諮商師是跟著來訪者新開闢的道路往前走，還是把來訪者拽回到剛才的意象框架中？諮商師需要一個快速的決定。）

諮商師：為什麼老是去找爸爸呢？

（諮商師決定跟隨來訪者，暫時不去管那個已提出的意象框架，因為來訪者仍然在源源不斷地湧現出他認為重要的線索和畫面。有可能這些資訊真的重要，也有可能這是一個微妙的對諮商師的測試：如果我不想受你控制，你會不會把我抓回去？在最開始時，來訪者已提到他最擔心的是失去控制，在諮詢中他需要有掌控感。順著自己的思路走，是對諮詢過程的一種掌控。諮商師的跟隨讓其有安心感。這裡諮商師對父子關係的部分進行深入挖掘。）

來訪者：（喘氣）不知道為什麼。

諮商師：跟爸爸的感情更親一點，還是覺得媽媽更親近？

來訪者：我想到我有一次，應該蠻小的時候，我和媽媽在床上睡覺。然後我想，如果有一天我能夠再回到媽媽肚子裡面就好了，那一定很安全。那時候，被我媽媽一腳踹開說「不要煩我」，（停頓）那個感覺是蠻可怕的……（停頓）

（來訪者開始回溯，但可能會被回溯的內容嚇壞。）

諮商師：想到什麼都是有價值的。

（鼓勵來訪者繼續深入內心，不要帶有批判性。自由聯想。）

來訪者：後來（思索）……我記得就是爸爸帶我去上幼稚園，然後我在幼稚園裡面大聲哭著不要他走。我記得小學的時候，我家距離爸爸公司很遠，我一個人騎著單車去他公司找他。

諮商師：覺得好像在爸爸那邊還能得到一些支持、溫暖？

（把來訪者內心的感受總結出來。）

來訪者：是。我覺得玩具什麼的都是爸爸買的。

諮商師：爸爸給你買的，你覺得爸爸更喜愛你一些？

來訪者：（停頓）也許什麼事情都要讓我弟弟。你覺得那個棒棒糖是誰吃掉的呢？（吸氣）

（怨言流露出來，伏筆其實在前面。）

諮商師：是媽媽要求你讓弟弟的？

（確認這種埋怨是針對媽媽的。諮商師的敏銳性。）

來訪者：就算她不要求，也一定是他的，弟弟小我三歲。

諮商師：你覺得爸爸和媽媽偏愛弟弟，特別是媽媽？

（長幼秩序和父母偏愛的影響。）

來訪者：我不知道，應該理智上不會發生這樣的事情，怎麼可能呢？

諮商師：什麼「怎麼可能」？

（沒有讓這個關鍵點滑過。）

來訪者：我媽媽是一個好媽媽。（停頓）

諮商師：人們成年後客觀地評判媽媽都有一點困難，是嗎？

（溫暖的支持。）

來訪者：沒有，其實你說對了，是因為這些事情後面都發生過，真的都發生過。你知道為什麼我會有那次的婚姻嗎？因為我爸爸非常喜歡那個女孩，我們結婚的那天是我父親的生日，是在他們結婚的教堂，是在他去世一週年後的那天。我的理由就是時候到了，而且我爸爸也蠻喜歡她的。

（進入到一件新的事情。）

諮商師：當時父親已經過世了一年，是嗎？

（很好的傾聽。）

來訪者：對。後來又經歷過一些事情，媽媽因為我們婚姻的觸礁而翻臉。那時候我已經下定決心，我非常理智：你們不幫我老婆，就是不幫我這個兒子，我寧可再也不見到媽媽跟大姐。後來我就到另外一座城市了，那時候我們的關係是過年都不回家了，基本上我也不打電話。

（婚姻對母子關係的影響。）

諮商師：我沒聽明白，我剛才理解，好像你結婚其中一個動機是為了爸爸。

（重新回歸關鍵點。）

來訪者：對。

諮商師：後來跟媽媽之間發生了什麼？

來訪者：那是因為我們的婚姻，說實話，我覺得……

諮商師：不是很成熟的婚姻？

（把來訪者要說的話精準地表達出來。）

來訪者：以我這樣的……溝通方式，不可能會有一個比較美滿的婚姻。後來我自己家裡出現很嚴重的財務狀況，那時候我回家希望家裡能夠幫助我。

諮商師：希望家裡幫助你？

來訪者：對，因為父親過世以後遺產每人一份，我希望把我的那

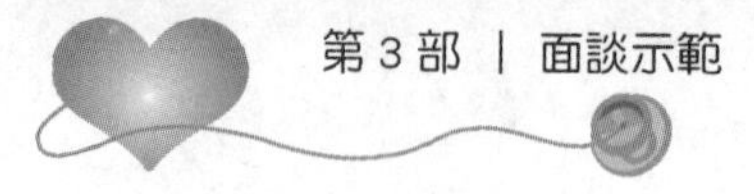

部分……

諮商師：拿出來？

來訪者：想從家裡拿錢出來，想解決自己家中的問題。但誰知道大姐跟我說：「我和媽媽商量過了，現在爸爸剛去世，我們不會這樣做。我們一家人，到最後你還可以用得上。」我那時候就想……這房子我不要了，但是你們這樣等於是要跟我切斷關係。我就再也不要這個家了，我就到外面流浪，是你們把我逼出這個家的。兩年前我就選擇到另外一座城市工作，就算我再回去，我基本是不住在家裡。」

諮商師：好像你會用讓自己過得不是那麼好的方式來懲罰媽媽？

（點出行為背後的動機。）

來訪者：（嘆氣）我用讓自己過得不好的方式來懲罰所有人，我覺得應該是。

諮商師：為什麼？好像剛才你說姐姐是想把這個錢留下來給你，是這個意思嗎？

（引導來訪者看到事情的另外一面。）

來訪者：我的前提是覺得，第一個，錢在我看來就是不重要。雖然現在我的婚姻關係不存在了，但是那時候，無論如何我要（停頓）……跟我爸爸一樣保護我的（語氣加重）那個家。雖然我也很痛苦，這個婚姻問題導致生活現在很痛苦。我那時候真的不能理解，也許只是我沒有說出口而已。

諮商師：沒說出口什麼？

（抓住關鍵點追問。）

來訪者：這樣也能算是一個大姐嗎？這樣也能算是一個媽媽嗎？錢……（嘆氣。）

諮商師：你心裡好像對媽媽、大姐，特別是媽媽有抱怨？

（回到情緒層面。）

來訪者：對，大姐在某一部分是替代了……

諮商師：媽媽？

來訪者：是。因為我們有四個孩子，她大我兩歲，我還有一個大一歲的姐姐、小三歲的弟弟。在很多時候，尤其在我們小學、還有中學的階段，整個小學、初中那段時間，都是大姐帶我們。

諮商師：你可否告訴我，在你內心裡面，你對媽媽最大的不滿是什麼？

（開始處理來訪者與母親的關係。）

來訪者：現在我沒有對她不滿了，我自己覺得好像已經走出來了，我開始打電話回家，跟她聊天，覺得她是一個需要照顧的老人。我覺得其實她有更多方面需要別人照顧。我可以看到這些，但是我沒有原諒我大姐，我很明確跟我家人說，你們要我回家可以，她不要來。我們去吃飯，我請所有家人，她（大姐）不要來，她不要出現。我還是蠻（停頓）在意那時候的事情。

（把母親與大姐區分對待。）

諮商師：你內心深處，我能理解，你現在有很成熟的部分，你能客觀地看待你媽媽，你對她比較好，能理解她。在你內心深處，你覺得你對媽媽，包括大姐最大的不滿是什麼？

（引導來訪者關注不滿。）

來訪者：我覺得她沒有幫我，在那個時候，（停頓）一個是孩子，一個是錢，你保住那個房子要做什麼。

諮商師：再早一點的時候，你對媽媽和大姐最大的不滿是什麼？覺得她們不公平，覺得她們不愛你？在你內心有很多怨恨，其實也是被壓抑住了。你不敢讓這些怨恨表達出來，或者說呈現出來。

（開始處理表達不滿情緒的模式。）

來訪者：其實蠻痛苦的事，就像我剛開始提到，為什麼我會有那麼焦慮的情緒。因為（停頓）這三個月以來，那些覺得可以忘記的事情……

（轉移話題）

諮商師：都翻起來。

（能非常快地走在來訪者前面。）

來訪者：都翻出來的時候（停頓）……

諮商師：你會很難受？

（再一次走在來訪者的前面。）

來訪者：真的是蠻難受的過程，我發現原來可以隱藏這麼久，其實是隱藏了沒有出現。那麼小的時候出現過的事情，我原來以為是自己意志造成的。

諮商師：意志造成的？

來訪者：比如呼吸。

諮商師：不是可控的。

（回到最初提到的「控制性」。）

來訪者：是不可控的。上次簡直是失控，這之後我失控次數越來越多。其實我也蠻懷疑，其實我可以做得很好，我可以讓別人知道我做得到，而且我已經做了很長時間的，其實我做得很好的。

諮商師：我相信你可以做得很好，而且是真實的，那麼是什麼動機或者有什麼力量，觸發你觸碰這些很多年沒有去碰的東西？

（確認動機。）

來訪者：其實我要找一個答案，我實在不知道幸福是什麼，人為什麼快樂，什麼東西對我來講……

諮商師：是最重要的東西，或者是什麼叫幸福。

來訪者：常常有人問我什麼叫幸福，我會給一個奇怪的答案，我說吃東西最快樂。我想不出來其他答案。

諮商師：其實你可以做得很好，比如你可以給大家的形象很好，你可以工作或者人際關係貌似都很好，但你內心其實非常痛苦，除非你不面對它。

（讓來訪者更清楚地看到自己。）

來訪者：其實我不是很怕，（停頓）其實我還是蠻害怕的，但是我可以假裝遺忘，當我不在那個層面上的時候。

諮商師：可以做到嗎？

（溫和的面質。）

來訪者：我可以忘了很多東西，我覺得好像已經把好多東西都忘記了。

諮商師：其實你找到一種幫助自己的方式，或者調節自己的方式，不是不可以用的，一種感受。比如說你以前平衡得還不錯，雖然有點難受，也許你喝喝酒，或者睡個覺，吃點東西，罵罵人，抽抽菸，酗酗酒這些就過去了。

但是到一定的時候，這種方式是不可能長久的，還可以有更好的、更健康的一種讓自己過得更開心、更舒服，不是靠壓抑、不是靠硬去遺忘的方式，不是靠你的意志力去繃緊的方式。當有個想法冒出來的時候，當有個情緒冒出來的時候，你馬上用手壓它，你會覺得很胸悶，那麼憋悶，不那麼舒暢。

你可以考慮一下，如果你願意，我們把這些東西呈現出來，不是說看到就完了，而是說呈現出來以後我們才會發現這些東西可以重新歸位的，你是有消化能力的，否則就像蛇吞進去木頭蛋一樣的，吐不出來又消化不了，不斷地摔自己，不斷折騰自己，糟蹋自己。

我們把這些木頭蛋拿出來後才發現不是木頭，說不定裡面還有些營養的東西，有些皮可以扔掉，有些營養可以吃掉，有些東西上個廁所就排泄掉了。

我們拿出來的目的不是讓你更加難受，更加痛苦。但是你可能也有一些害怕和擔心，因為看到了更多，好像潘朵拉盒子打開一樣，看到了更多好像痛苦就更多。

（一段綜合性的總結，共感的同時想要打消來訪者的顧慮，鼓勵其開放自己。運用了比喻。）

來訪者：說實話，其實這也是我擔心的，我還有多少東西，還能想起多少東西（停頓，嘆氣）……

諮商師：會干擾到你，或者會攪動你？如果想起這些東西會攪動你，其實它攪動你是為了讓你知道它，它在告訴你：「快來認識我，擁抱我，消化掉我。」我從來不認為一個人有心理問題是一個災難，或者有心理困擾是一個災難，其實這是一件好事，因為它在激勵你往前走，否則你就在原地不斷地沉淪了，或者在一個模式裡面那個腳本反覆重演，這樣會更痛。

（來訪者嘆氣）

你願意不願意去把那些在裡面影響著你的東西，看得稍微清楚一點，去感受一下，觸摸它一下，甚至擁抱它一下，把它完全消化掉。如果你不願意，你還需要一段時間醞釀這個力量，到了那個臨界點了你就會出來。我覺得你的主觀意志非常強的，別人真的要去碰的時候，你又封住了。

（用比喻溫暖地鼓勵來訪者。）

來訪者：我不知道要給怎樣的答案。上週躺在草地上那個事件，使得我不能來上課。

諮商師：為什麼？

來訪者：因為你來就要面對大家我想會不會影響別人。

（一個新的情緒浮現。）

諮商師：你在擔心影響別人嗎？

來訪者：其實我一直是這樣，我知道，我覺得我總是會影響別人（停頓）……其實我自己也知道，我自己活得不好，也影響別人活得不好。自己一直想改掉這一部分，如果所有的東西都困擾，我最希望最希望能夠改變，其實我是應該改變這一部分。

（諮商目標。）

諮商師：哪一部分？

（確認。）

來訪者：我自己情緒不能控制的時候一定會影響別人，我知道各種方法能夠去讓別人很不高興。

諮商師：包括你覺得胸悶的時候。

（把影響他人和胸悶聯繫在一起。）

來訪者：對，胸悶的時候也是。

諮商師：你覺得影響到別人？

來訪者：我剛開始跟女朋友吵架的時候，我知道這樣很不爽，但是後來我是不能控制而已。

諮商師：你好像對別人帶來一點負面的東西都很在意？

（回到影響問題上。）

來訪者：對，因為帶來負面影響的都是我最在意的人，這是最大的傷痛。

諮商師：不能給最在意的人帶來一點負面感受，是嗎？

來訪者：看程度吧，如果它比較輕的話，如果它（停頓）……不需要那麼難受的話。

諮商師：正是因為你內心的這種想法，你才控制自己的情緒，讓它不要影響到自己愛的人，這是很難受的，也是違背人性的。我們能做到是不要爆發，而不是爆發以後怎麼樣不要讓整個村莊都被淹。這是很難做的，我們只能在前端做工作，沒法在後端做工作。而且這些情緒困擾著你，最大的受害者是你，對嗎？

我們需要更深入地來觸碰這些情緒，不是用你的方式，而用一種更科學的方式觸碰它，然後讓這些情緒不再氾濫殃及到你所愛的人甚至無辜的人，它是個自然的過程，它不在你這裡作祟，它也不會殃及無辜。更何況你有比一般人更強的自控能力，更不可能殃及無辜，而且你還有創造力。

如果你願意，我們下面的諮商才可以繼續，你有個承諾，你要自己有意願，你潛意識裡會有阻抗這是很正常的，我只是說意識上可以試一試。

（比較長篇幅的解述，運用到比喻。）

來訪者：我願意試，因為我都已經在努力處理，其實我還是蠻害怕的，因為當那些情緒都被翻出來的時候，真的會在控制邊緣的時候。

諮商師：我能理解。

來訪者：其實我不能接受我居然會那麼失控。我覺得那應該是我很小的時候的事情。

諮商師：你好像很不能接受你的失控？

（點出實質。）

來訪者：你想想看，那天是在兩個朋友之間，然後上週是在這麼多同學面前。沒有辦法，控制不住。這樣做會傷害他人，但是沒有辦法控制情緒。

諮商師：事實上造成什麼後果呢，那些朋友都得抑鬱症，還是他們都很傷心？

（用現實的誇張來面質來訪者的不合理理念。）

來訪者：我相信他們有一段時間還是覺得（停頓）……這個人跟發作的那個人，是兩種蠻明顯的不同社會人格的。為什麼班主任會讓我來做，是因為我本來就很適合站在很多人面前，我可以做到，其實我每接到一個任務我都很焦慮，因為我不知道怎麼樣才能比上次更好，怎麼樣才能讓大家覺得更好。其實是非常焦慮，只是經過很長時間的訓練我知道這個焦慮會帶來一個很好的結果，我可以比較好地控制，其實我應該已經很好控制了。

（焦慮情緒浮現。）

諮商師：好，如果我們開始面對你的這些波瀾的時候，我們換一個思路，不是去控制它，你已經意志力很強了，感覺它，接受它。換一個思路，否則永遠沒有辦法打開，不敢進入，他是一個壞人我還可以控制，可是放出來一堆壞人……

（沒有深入，而是回到是否願意解決自己問題上。用到比喻。）

來訪者：是，現在我還可以數它，我害怕接下來我根本不知道怎麼數，根本數不過來。我自己覺得這樣實在太可怕了。

（對比喻做了回應，可以看出這個比喻恰如其分地表達了他的想法。）

諮商師：去感覺它，這是一個化敵為友的過程，我們去感覺它。如果你想去控制它、調配它，你就發現很吃力，敵眾我寡的時候你就感覺失控了。我們現在是感覺它，因為它本來跟你就是朋友的關係，是化敵為友的過程，只是感覺它，而且你要相信自己，一次不會放那麼多的負面的東西出來，你只會放到一個安全的程度。

我們把它們一個一個變成朋友，諮商到一定階段的時候回頭看我們可以看清脈絡，但不是在過程當中來控制它。你控制的願望非常強，而且這個力量非常強，加上你很怕失控，所以你對心理諮商師是一個很大的挑戰。

只有你有意願我們才可以繼續，我需要你的承諾。你要相信自己的內心，它們是會一個一個出來，開始可能面目可憎，但你會發現它們都是對你有價值、有意義的，你會發現惡魔底下原來是正常的人，你才會感覺到你其實一點都不孤獨，否則你會覺得自己很孤獨。

你不要控制今天不要讓誰出來，明天不要讓誰出來。是感覺它，我們要做的是觸碰它，去感覺它。心理諮商就是這樣一個過程。剛才我們翻了這麼多出來，你並沒有失控，因為你的腦子在控制，像緊箍咒一樣，你是一直箍在那裡的，我們只是讓這個緊箍咒放鬆。

我們的內心有它的智慧，會有適量性，都是我們可以承受的量。我們是不是可以有這樣一個你同意做下去的協議了呢？

（解述，支持和鼓勵，但並不強迫。）

來訪者：（點頭）嗯。

13 心理諮商面談示範二：怨恨自我、懲罰自我與當下自我的整合

心理諮商師：孫新蘭博士／評論：嚴文華

接天蓮葉無窮碧，映日荷花別樣紅。

荷出於泥，花美於泥，但荷與泥不可分，如同自我的每一個部分。

——詩出楊萬里《曉出淨慈送林子方》。

諮商師：準備好後，你可以先釋放一種情緒出來。憤怒也好，哀傷也好，焦慮也好，都可以的。這些憤怒、焦慮、哀傷你感覺在你身體的什麼部位呢？你感覺一下。

來訪者：它們都在我心裡。

諮商師：在你心裡是嗎？到你心裡去看一看，看看你現在的心是什麼樣子的，很久都沒看過你自己的心，你進去看看，你的心現在看上去是什麼樣子的呢？

（意象技術的引導。）

來訪者：（嘆氣），以前說過我父親過世的第二年，我結婚了，因為我想做最孝順的那個兒子，所以選擇在他生日那天，他們當年結

婚的教堂。說實話我（在婚姻中）沒有堅持很長時間，我（停頓，喘氣）我覺得我們的溝通有些問題。

（來訪者最先浮現出來的是自己的婚姻問題。）

諮商師：你和前妻的溝通？

來訪者：（停頓，喘氣）最大問題就是什麼都不說，或者是我什麼都不說。

諮商師：有很多的情緒其實是攪在一起的，是嗎？

（共感。）

來訪者：（停頓）那應該是九年前，那天，我們其實為了一件蠻小的事情吵架，根本都不能用「吵架」這個詞，因為根本就沒有吵。（嘆氣。）

諮商師：不開心，大家生悶氣？

來訪者：對，那時候我就一個人走。一個人走到公司，在電腦上（停頓）……寫好遺書了。我實在不知道該怎麼面對這樣的感情，你覺得這個人是這麼重要，你根本就不可以（停頓）……

諮商師：失去她。

來訪者：你根本不可以失去這個承諾，這個承諾是（停頓）……當著那麼多人的面，你承諾會有一個美滿的家庭，你會跟那個很勇敢的人一樣保護那個家。雖然未必保護得很好……

諮商師：你很崇拜你爸爸嗎？

（點出父親對來訪者的影響。）

來訪者：（思索）現在看來是，結果連這個都沒做好。我在電腦上寫好遺書，然後離開。我記得我走到家裡要走兩個多小時。一路上我情緒很惡劣。回到家，她在家。我們沒有講話，她在房間，我在客廳。那時候已經很晚了。我喝掉兩杯洋酒，吃下10顆鎮定劑，我不知道家裡為什麼會有這個，但就是有。然後打電話給我同學，去找他再喝一杯。那時候我內心覺得我不會回來了，我沒打算要再回來。我覺得自己實在是沒有辦法面對。那天晚上，我就出車禍了。我醒來的第二天在醫院，我老婆在旁邊。我撞傷了兩個人，而且因為是酒後駕車、服用了鎮靜劑，被關在警察局裡一段時間。然後……

諮商師：你有什麼感受呢？

（確認感受。）

來訪者：那段事情我不記得，第二天早上起來覺得頭痛欲裂，因為受傷了，撞破頭縫了幾針。等到兩天之後，再去警察局錄口供，因為之前我不能錄。晚上十一點錄完口供。之前我老婆跟我講要怎麼講怎麼講，因為她很清楚要怎麼說對自己比較有利。但是實際上，我實在說不出來那些話，（停頓）其實我根本就不記得講了什麼話。出來之後她情緒蠻失控的，她說：「你知道為了你我去跟受傷那家人賠罪，他們態度很不好，我前面都已經安排好，你居然這樣做！你這是故意傷害我！」講了很多很情緒化的話。那天晚上，在很熱鬧的路口，我在那路邊跪了四個小時。

諮商師：為什麼呢？

（確認動機。）

來訪者：一方面她的情緒很壞，一方面（音量提高）我覺得自己很窩囊（停頓）……連這個事情都做不好。

諮商師：連這麼一點事情都做不好？

來訪者：死也死不好，人家安排的東西你也做不好，做一件這麼傻的事情。

諮商師：你跪在那裡，你的內心是怎樣的？

（再次回到感受。）

來訪者：那個時候其實我蠻恨她的，因為她實在講話蠻狠的，可是一方面，也是自己做了件那麼笨的、酒後駕車的事情。你自己想死死不了，還撞到別人，撞到別人還（停頓）……

諮商師：扯出那麼多事情？

（比來訪者更快地反射其內心。）

來訪者：對，還扯出那麼多事情，人家都安排好，你還做不好。

諮商師：你既恨她，也恨自己。為什麼要跪到那裡呢？

（再次確認動機。這是個關鍵點，所以第三次回到這一點。）

來訪者：我不知道。

諮商師：為什麼以這樣的方式呢？是想懲罰自己，還是懲罰她？還是兩個都懲罰？

（與前次諮商中的懲罰聯繫起來。處理不滿情緒時的模式。）

來訪者：我覺得兩個都懲罰吧。

諮商師：這種方式為什麼能懲罰到她呢？

（面質。）

來訪者：我不知道，我覺得……

諮商師：就像你自己憋著不呼吸，除了自己以外，你還能懲罰到別人，為什麼這個方式能夠懲罰到別人呢？

（沒有滑過，繼續追問。這是一種行為模式。值得深挖。）

來訪者：我不知道。

諮商師：但是你覺得好像可以做到。不僅僅是懲罰自己，還要懲罰別人。為什麼你覺得半夜跪在那裡幾個小時可以懲罰到對方？

（關鍵性的地方，第四次追問。）

來訪者：我不知道，至少是我希望可以懲罰她吧。

諮商師：你希望她感覺怎樣呢？

來訪者：希望她覺得愧疚。

諮商師：讓她覺得愧疚，感覺自己做得過分？

（在來訪者所說基礎上略做拓展。）

來訪者：對，我不知道我希望什麼。我希望……（停頓。）

諮商師：你覺得你希望她什麼？

來訪者：我希望她能夠痛苦，讓她知道這件事，讓她體會現在我多內疚，或者我有多痛苦，或者我多恨自己。

諮商師：然後……

來訪者：讓她體會我多恨她吧。

諮商師：為什麼說要多恨她呢？你經常會很戲劇化地做一些事情？

（轉到行為模式的「行為」上。）

來訪者：我們有個默契，我們家的親戚比較多，其實我們已經蠻清楚的，我們兩個人扮演的角色就是只要在我家一定是我說不，然後再讓我老婆去說，「他脾氣不好了，其實沒有這個意思，我們只是……」

諮商師：去緩和、協調？

來訪者：我覺得如果是我在這樣的家庭也壓力很大。我覺得我們之所以不溝通，因為我們都很清楚，「你知道我的態度的，你為什麼不瞭解、不懂，其實我是非常想要照顧（家庭），我沒有辦法說謊的原因就是因為我就是這樣個性的人，你讓我去到任何地方都沒有辦法說出來的，不管你做得多好」。

諮商師：你有很多話要說，但是好像就像你說，你的溝通不是很通暢，會用一種比較強烈的方式表達一些東西？

來訪者：我不理解她為什麼不懂，就像在之後的事發生，我把所有的東西都交給她之後，她沒有做到，我們一個原來可以很幸福的家庭，等到……某個人跑過來說，你那個支票其實是不能兌現的……

諮商師：你對你前妻有很多的埋怨或者說怨恨，是嗎？

（用「埋怨」、「怨恨」點出來訪者所說內容背後的情緒，是一種深層次共感。）

來訪者：其實好像前兩禮拜我才跟同學說，這些都過去，這些都不重要。現在……

諮商師：你是怎麼表達你的怨恨呢？

（沒有順著來訪者的話題往前走，而是回到關鍵點，提出一個關鍵問題。）

來訪者：我不知道怎麼表達我的怨恨。我真的不知道怎樣表達自己的怨恨。

諮商師：那你在現實生活中是怎麼表達你的怨恨呢？

（進一步明確問題，啟發來訪者思考。）

來訪者：不說話。

諮商師：對爸爸，特別是對媽媽的不滿你用的方式是不表達，但是你同時會用一種懲罰自己的方式？懲罰自己你覺得你希望喚起他們的某種感覺？

來訪者：其實我想懲罰他們，但是沒有辦法懲罰。也許那時候，我覺得被媽媽罵，我這個動作就是懲罰她。

諮商師：哪個動作是懲罰？（澄清。）

來訪者：就是想憋死自己。

諮商師：就是在懲罰她，所以你是用懲罰自己的方式去懲罰自己又懲罰別人。所以你對自己的懲罰是雙倍的，很強烈，或者很劇烈的。這個方式你覺得奏效嗎？有沒有達到你想達到的目的呢？

（實質。）

來訪者：說實話，我沒有辦法知道有沒有達到目的。

諮商師：你用這個方法生活很多年，在你家裡面、在你婚姻裡面都用了這個方式，也許在很多地方都會重複這個方式，有沒有達到目的呢？

來訪者：如果他們還愛我的時候我覺得是達到目的了，但是如果其實他們根本就不睬你，我自己也覺得有時候自己很傻的，你是個屁啊。你自己把心揪在那邊，然後會把所有的跟那個人有關的小動作都紀錄起來編成一個故事，當然對我來說有些幫助，可以寫成很好的文章。但其實在情緒上面來說，很多很小的動作，會被誇張解釋。

諮商師：你希望他（她）在乎你、愛你？

來訪者：他（她）就是透過這個去表達對我的不滿意。我自己就是這樣做的。

諮商師：其實你覺得這是在乎你的，因為在乎你，對你失望了，所以才做出某種不在乎你的樣子？

來訪者：這樣子不是聽起來很合理嗎？！

諮商師：你願不願意我們再嘗試一下，我們感覺到在你裡面有兩個力量，一個力量是懲罰自己的；一個力量是對別人有怨恨的，有不滿的。他倆經常一起。我們把他們分開，怨恨自己的形象，就是好像這個也做不好，這也做不了，死也不能死得乾乾淨淨的。怨恨自己的這個形象會是怎樣的一個形象呢？

（諮商師進行小結，把來訪者呈現的模式意象化為兩個形象，順

理成章地進入意象對話。從上次諮商的三個形象到這次的兩個形象，靈活地跟著來訪者揭示的深度走。）

來訪者：怨恨自己是一個很小時候的形象，很小很小。

諮商師：幾歲？

來訪者：最多是小學吧。

諮商師：七、八歲，還是九、十歲？你感覺一下，看不到不要緊。

來訪者：九歲。

諮商師：一個小男孩，好像我們現在能夠看到這個小男孩，你感覺這個小男孩在做什麼，好像我們能夠看到他。

來訪者：在學校，這個小男孩永遠要姐姐帶，姐姐帶著我，還有弟弟。

諮商師：這個小男孩憎恨自己，感覺自己什麼都做不了？

（這是個憎惡自己的小人形象，需要不時地提醒來訪者以吻合該特點。）

來訪者：沒有辦法。

諮商師：這個小男孩看上去什麼樣子呢？你感覺到什麼呢？

來訪者：很小。

諮商師：九歲。

來訪者：很小，很瘦小，他什麼都做不好。

諮商師：他很瘦小，站著，坐著？

（形象一點一點變得具體。身體動作。）

來訪者：站著，沒有什麼精神。

諮商師：無精打采的。他神情是怎樣的呢？

（神情。）

來訪者：在發呆。穿的是學校的制服。

諮商師：會是什麼顏色？

（顏色。）

來訪者：白色襯衫，綠色褲子。

諮商師：他感覺怎樣呢？

（感覺。）

來訪者：他就一個人。

諮商師：他站在露天嗎？

（地點。）

來訪者：站在操場上。

諮商師：那個天氣怎麼樣？

（環境。）

來訪者：旁邊有同學。

諮商師：但他好像是一個人？

（與前文的資訊不一致，進行確認。）

來訪者：同學不會跟他玩。

諮商師：為什麼？覺得他怎麼了？

來訪者：人家會玩的，他都不會。

諮商師：有怨恨嗎？

（回到主要情緒點。）

來訪者：怨氣很大。

諮商師：恨那些人，怨恨。（停頓）懲罰自己的那個形象，他看上去是什麼？

（第一個意象穩定之後，引出第二個意象。）

來訪者：其實他還是蠻害怕的，他害怕一個人去面對那些事情，一個人去面對，他自己覺得陌生啊，不知道未來會怎麼樣啊？其實很無助，一點計畫都沒有。

（害怕和無助是新出來的情緒。）

諮商師：就是很無助的。

來訪者：就是一副走投無路的樣子。

諮商師：感覺他多大年紀呢？

（年齡。）

來訪者：三十歲吧。

諮商師：看上去神情怎麼樣呢？

（神情。）

來訪者：挺呆氣的。

諮商師：他也很瘦嗎？

（形象。由怨恨形象的瘦小，確認懲罰形象與其相似性。）

來訪者：他很瘦。

諮商師：如果對很多人有種怨恨的時候，他就會離開這些人，是嗎？

（行動。）

來訪者：他怨恨別人。

諮商師：他會怎麼做？

來訪者：他會轉身。

諮商師：轉身以後掉頭離開，但是離開以後心裡什麼感受呢？

（感受。）

來訪者：感覺他們倆很像的。

諮商師：像兄弟兩個是嗎？

來訪者：我覺得他們就是同一個人，其實我還覺得他們蠻可憐的。

諮商師：你會對他們說些什麼，或者做些什麼呢？

（整合前的接觸和碰觸。）

來訪者：想跟小的時候自己說，「小的時候應該快樂一點，其實你沒有那麼差。如果你可以看到以後的話，你會知道其實你有很多能力，只是在那個時候你自己都沒有發現。其實你特別懂得去愛別人的。一種站在別人立場去想的，總會覺得好像別人的感覺很重要。」

諮商師：那你會對他們說什麼？

（引入自我。）

來訪者：（嘆氣）我覺得我會拍拍他們，「其實你們都可以做得很好的，其實你們都能做得很好的」。

諮商師：兩個人都是愛著你，接納著你，在乎著你，無條件地愛你。內心願意對他們怎麼說呢？你是不是想說：「很客觀的看到你有這樣那樣的能力，或者潛力，你會做好很多事，但是很多事你也會做不好，沒有關係，他們一樣在乎你，一樣的愛你。」

（開始引導整合。）

來訪者：這些話真的好難說出口。

諮商師：「在乎你，無條件地愛你們」這句話？

來訪者：我覺得這世界上沒有人會這樣對我說。

諮商師：因為沒有人尊重他們，沒有人愛他們，所以他們才會很難過，才會很瘦弱。你對他們說，「我無條件地愛你們，不管你們做得好也罷，做得不好也罷，有能力也罷，沒能力也罷，成功也罷，傷痛也罷，有吸引力也罷，沒吸引力也罷，我都愛你們。」

（非常具體地引導。）

來訪者：（停頓）其實我已經接受，說實話，（停頓）我內心覺得你們都是很好，其實說實話，我覺得不好的是我自己，當你們出現的時候，我還是這樣想，我一定還有哪裡不好。其實你們已經很好了。

諮商師：他們兩個人一起都對對方說，我們是親人。抱著對方，對對方說，我無條件地愛你……

來訪者：（打斷）怎麼可能？！我這樣挑剔他們。

（整合的阻抗力出現。）

諮商師：你怕他們不能無條件地愛你，接受你？

（揭示阻抗力背後的擔心。）

來訪者：（停頓，流淚）我想他們應該會拒絕我吧。

諮商師：你心裡會有什麼感受呢，渴望被無條件地接受和愛？

來訪者：要是那時候有人跟他說：「你其實是很好的」……從來沒有想像會有人這樣說。

（反事實思維的出現，有怨恨感。）

諮商師：那個時候你是可以這麼對他們說，以前沒有人跟他說這是事實。你現在可以對他們說啊：「我無條件地接受你，無條件地愛你，不管你們怎麼樣。」

來訪者：其實不管你們怎麼樣，真的，不管你們怎麼樣……（開始嘗試。）

（處理怨恨感，把關注焦點引回到當下。）

諮商師：我都愛你們，不管你們怎麼樣，看著他們，我都無條件地接受你們。

（再次示範，鼓勵來訪者這樣說。）

來訪者：其實我都愛你們，我只是擔心，也許你們不接受我。（仍有些阻抗。）

諮商師：你渴望被他們無條件地愛和接受嗎？

（耐心地處理。）

來訪者：如果你們可以原諒我的話（來訪者情緒激動，流淚，停頓）……

（從「拒絕」、「不接受」走到「原諒」，來訪者在一點一點向前走。）

諮商師：你不相信自己會被無條件地接受和愛？

（關注來訪者的遲疑和擔憂。）

來訪者：這句話在我心裡說了很多遍，但是我說不出來，其實太擔心。

諮商師：太擔心什麼呢？

來訪者：不會有人跟我這樣說的，也許他們也不會。

（從意象中跳回現實。沒有現實試驗的基礎。）

諮商師：我們對自己不同的部分，必須無條件地愛和接受，這樣我們才能人格健康，這樣才能內心不矛盾，這樣人格才能變得飽滿、健康，否則永遠是內訌、自我消耗。這個可能是蠻難的，但其實也是容易的，就像你的手對你的腳完全接受一樣。

（解述，接納，鼓勵，比喻。）

來訪者：（流淚）為什麼我說不出口，我覺得小的時候，他已經接受了，肯定了，他肯定也不會說，感覺得出來。

諮商師：你在心裡對那個小的和那個大的人可以說，是嗎？

來訪者：其實我是無條件地可以接受，我也無條件地愛。

諮商師：但是？

（敏銳地察覺到背後仍有不接受的地方。）

來訪者：但是我覺得你們一定要原諒我。

（再次出現「原諒」這個詞。）

諮商師：你有資格對他們說。哪怕你身上有很多毛病，有很多缺點，你也有資格對他們說，「我無條件地愛你們，我無條件地接受你們」。不是因為你完美了才有資格說這個話，你有這個資格，哪怕你全身的毛病，哪怕你是痲瘋病患者你也有這個資格說這個話。你能用有資格的感覺對他們說一些話嗎？

（處理「沒有資格」的情緒。）

來訪者：不知道，你們的確過了一段很苦的日子，如果讓你們知道你們接下去會那樣的話，也許在那一刻，你們（停頓）……可能會做別的決定。

諮商師：避開你？

（敏銳地捕捉。）

來訪者：（停頓）我不知道他們會做什麼事。

諮商師：先對自己講，不管我們做了一些什麼，不管在我生命裡發生了一些什麼不堪的事情，我都無條件地接受你，包括接受這些事情。無條件地接受自己這樣那樣的狀態。否則你永遠消化不了，你有太多的事情不能接受。

（承接住來訪者的千頭萬緒、萬千感覺，溫暖地鼓勵。）

來訪者：我覺得好想把它說出來。

（一直在嘗試。）

諮商師：沒關係，你在心裡也可以這麼說。

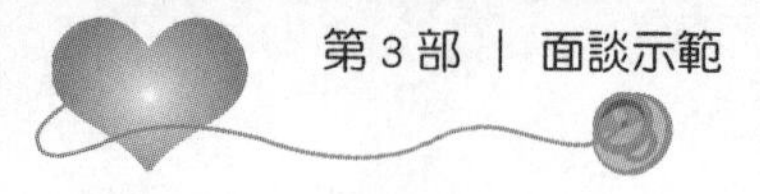

（方式不重要，接納感更為重要。）

來訪者：其實我無條件接受，那時候覺得很傻的事情。我現在還是這樣，如果你可以看到現在的話，我跳下去沒有關係的……球打得不好，考得沒有別人好，每次都是這樣，永遠不是考試考一百分，其實根本沒關係。如果你看到現在的話，你就會知道其實你做得很好的，挺好的。我無條件地接受你。

（走入悦納的境界。）

諮商師：無條件地接受那個怨恨的自己，那個三十多歲的自己，包括現在的自己嘗試著進去，你們三個可以手拉手，甚至手可以搭在彼此的肩膀上。

（嘗試整合。）

來訪者：我情願那樣做，如果真的那時候有人這樣做的話。

（反事實思維再次出現。）

諮商師：不是那個時候，就是現在。

（強調當下的時空感。）

來訪者：我能感覺他們真的很需要我。

（「需要」的感覺。）

諮商師：他們也會搭著你。因為你也很需要，需要他們愛你。你們手臂搭在一起，看著對方，看著對方的眼睛，感覺著對方。彼此講「我無條件地愛你」，找對那個感覺，你們三個，你不僅僅是給予者，你也需要，被愛、被支持、被接受，每個人感覺著對方，看著對方的眼睛，對對方說，我無條件接受你。

（非常具體地引導。）

來訪者：他們都對我說。

諮商師：心裡的能量能夠傳遞進去，不斷地傳遞到彼此的心裡。

（感覺的描述。）

來訪者：我覺得他們眉頭鬆開了，我們可以看著對方。

諮商師：全都眼睛能夠對視對方是嗎？看的神情是什麼樣呢？

（目光接觸、神情。）

來訪者：我覺得他們還是有點懷疑。可能會失去。

（不確信感。）

諮商師：你覺得會失去嗎？

來訪者：總是會失去的。

諮商師：你們三個是一體的，一榮俱榮，一損俱損。如果活著都一起活著，不活著都一起沒有了。這三個人是你的一個部分，你們是不可能分開的，永遠不可能分開。以前的分開其實也沒有真的分開，只不過彼此不知道而已。不可能真的分開的，因為他們都是你，那個感覺是不可能分開的。

（處理「失去感」。）

來訪者：我應該抱起那個小的，應該把他抱著。

（意象的整合。）

諮商師：好，那你抱著他。

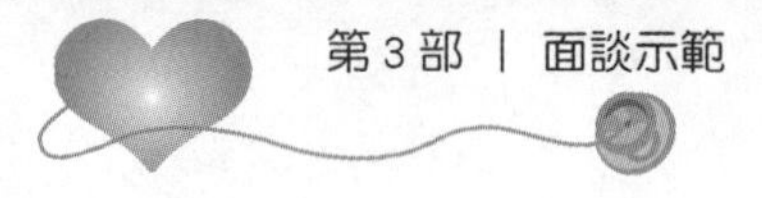

來訪者：我覺得他真的很需要我。

諮商師：你抱著他，你會以什麼神情看著他呢？會以什麼眼神看著他呢？（神情、眼神。）

來訪者：（停頓）會跟他說未來很好的，其實很好的。

諮商師：你以什麼神情看著他，並且跟他說這番話呢？你抱著他，感覺上是什麼神情看著他並且說這番話呢？

（再次追問神情和感覺。）

來訪者：我會說，傻孩子，將來你是很好的，現在別想不開了。

諮商師：你這麼說，他會什麼感受呢？

（繼續整合。）

來訪者：我不知道，我覺得他會（停頓），會笑吧。至少有人說……不用擔心。

諮商師：不用擔心你的未來？

來訪者：對，雖然他可能不知道未來會發生什麼事，會碰到什麼事情。

諮商師：一個安慰還不夠。你抱著他，對他說：「不管你現在會碰到什麼，未來不會一直碰到不好的事情」。同學會不會不理他呢？

（夯實一些細節。）

來訪者：同學會過來找我。

諮商師：「不管你碰到什麼，我都無條件地支持你，愛你。」對他說。

來訪者：未來你可能會碰到很多很糟糕的事情，我可以現在就告訴你，真的，那些事情難過得要死……

諮商師：「不管在你今後的生活中碰到什麼，不管你表現如何，我都一直會無條件地接受你，愛你，以你為榮。」你現在看著這個小孩，你眼中的神情是怎樣呢？

（繼續整合。）

來訪者：我會笑吧，我覺得我會很開心的，如果我知道這個孩子其實會比別人多……說實話是讓他覺得難受的能力，但是他比別人多了能感覺別人的能力。這是一個值得驕傲的事情。

諮商師：他比別人多了個什麼呢？

（澄清。）

來訪者：他會特別敏感。他會特別敏感。他那時候也許不知道，說實話，他那時候真的是不瞭解那個難受。

諮商師：對你無條件地接受，他會感覺怎樣？

（繼續整合。）

來訪者：他會覺得很安全。

諮商師：他會有安全感。

（解述。）

來訪者：解答了我好多問題。

諮商師：他現在看上去……

來訪者：傻笑。

諮商師：為什麼？

（確認細節。）

來訪者：因為他不知道怎麼笑。

諮商師：為什麼不知道怎麼笑呢？是因為好久不笑了？

（確認細節。）

來訪者：從小我的照片都是傻笑的，對著鏡頭做出笑的表情。

諮商師：你對他不會自然地笑感到很心痛？

（回到感覺。）

來訪者：練習練習就好了。

諮商師：為什麼要練習？

（敏銳地察覺到「練習」背後是對目前形象的不滿。）

來訪者：多想一些開心的事情。

諮商師：一不小心你又開始要改變他。接受他，要感覺他的傻笑也好可愛。並且你為他到了九歲都不能發自內心地開懷大笑，或者很少發自內心地開懷大笑感到很痛心，會有嗎？很心痛，覺得這個小孩都不會笑，其實會很心痛，是嗎？

（解釋「練習」與「心痛」不一樣。強調悅納而不是改變。）

來訪者：（沉默，嘆氣。）

諮商師：你告訴他，你很高興他終於笑了。

來訪者：其實真的，我記得你小的時候沒有笑，（停頓）那時的事情幾乎都不記得了。能笑是挺好的。

諮商師：你會不會有點心痛呢，他到九歲真正開懷大笑的時候很少？你會有點心痛嗎？他到九歲都不能自然地開懷大笑。他是否接收到了你的這種心痛？

（耐心地引導。）

來訪者：我覺得他還是會繼續傻笑，不過笑不太一樣。

諮商師：那是一種什麼笑呢？

來訪者：就是第一次感覺到對方……

諮商師：理解了自己？

來訪者：很不容易被理解。也許小孩子不用被理解吧，那時候。

諮商師：他需要被理解。也許他不會說，意識不到，但是至少感覺到被理解了，你體會一下。

（沒有讓這個點滑過。不被理解就不能被徹底接納。）

來訪者：可能他會皺著眼睛歪著頭這樣看著我。

諮商師：會用懷疑、探詢的目光？

來訪者：其實是探詢，既然對方知道好多事情。

諮商師：他原來以為沒有人知道的。

來訪者：沒有人會在意的。

諮商師：他原來以為沒有人會在意的，正當的需要其實都是被壓抑的，是嗎？

（和前面的諮商對應。）

來訪者：其實不習慣。

諮商師：他的需求是可有可無的，別人不知道不理睬，不回應是正常的。你知道這是他的心路歷程，你心裡會……

來訪者：（接上）應該讓他說出來，應該去問他。

諮商師：你心裡什麼感受呢？做為一個跟他朝夕相處的成年人。

來訪者：感覺委屈了他。

諮商師：感覺他挺委屈的，這個小孩活得挺不容易的，沒有人去在乎他要什麼。你對他的理解完全進到這個小孩的心裡，他會什麼感覺呢？

（繼續整合。）

來訪者：（停頓）我覺得他應該很開心。可是實際上，（停頓）我翻了好久找不出他開心的樣子。

諮商師：你沒有這個圖片是嗎？

（理解來訪者。）

來訪者：我找不到他。

諮商師：你不要去找，你只是看著他。他真的開心了，那個圖片會呈現出來，好像你就是他。你感覺他開心了？

（繼續整合。）

來訪者：我只能說感覺他很開心，但是我看不到他的樣子。他不會有那個樣子。

諮商師：好像你感覺他很開心的時候，你體會一下你什麼感覺？

（繼續整合。）

來訪者：我覺得能夠感覺到的，因為我抱著他，我們那麼靠近。我覺得我可以感覺到他會很信任。

諮商師：很有安全感。

來訪者：接下來他會把很多事情都跟我講。他有太多太多事情要說，他沒有人可以說……

諮商師：（打斷）好，這三個人，包括你自己，這個小孩，不要說話，什麼也不要說。因為你的腦子太喜歡說了。摟在一起，感覺著對方的存在，找一種一體的感覺，就像感覺你的心臟和你的胃是一起的，你能夠感覺，什麼都不要問，好嗎？只是感覺到三個人，什麼都不問，體會抱在一起的感覺，甚至體會一下對方的感受，你是一個細膩的人，你會有感受的。感受到什麼就是什麼。什麼都沒感受到不要緊，只是去感受。

（溫和地面質「說」和「感覺」。總結。）

時間原因，今天我們的諮商到這裡就要結束了。剛才的那個練習回家後每天 10 到 15 分鐘，堅持做，好嗎？

（家庭作業法，是認知和行為療法常用的技術。需要具體才有可操作性。）

來訪者：好。

示範個案評論

以上兩個個案是同一個諮詢師對同一個來訪者兩次諮詢過程的實錄。其實全文紀錄並呈現心理諮商的個案是有風險的：一是文字無法重現心理諮商中的多重線索，如語氣、語調、表情、身體動作的細微變化，所以它缺失了很多內容；二是諮訪雙方互動的現場感無法再現，那些奔逸的思想、默契的接傳，在當時的語境中清晰無比，化成文字卻並不容易懂；三是心理諮商具有很強的個性化：來訪者是獨特的，諮商師是獨特的，這使得每一個示範都不具有可被重複性。

這裡的「示範」並不是說諮商師的每個細節都做得完美無缺。把完整的諮商過程紀錄成文發表，對諮商師來說需要勇氣，因為世界上沒有任何一個諮商師敢號稱自己諮商的每一個細節是完美的。我們也不是從細節來評價一個諮商的好壞，而是從諮商的效果。如果讀者誤以為這些是可以拷貝的模式，那就誤解了心理諮商的本質。

在這兩個示範個案中，諮商師成功地抓住了來訪者最主要的情緒問題，運用意象技術對人格當中衝突的一些方面進行了處理。諮商有如下特點：

一是諮商過程具有流暢性，節奏把握得張弛有道。表面看上去諮商師是順著來訪者的思路走，其實諮商師非常清楚方向是什麼，什麼時候該追問，什麼時候該跳過；什麼時候放緩，什麼時候加速。這和諮商師對專業技術的掌握有關。

諮商師善用的理論技術就像一個框架，不論來訪者提供了怎樣零碎的資訊，都可以放在這個框架不同的地方，再根據缺失的資訊來確定需要補充收集的方面。新手會為了提問而問問題，但對收集到的資訊卻不知該如何處理，缺乏的就是理論工具。

二是語言特色具有豐富性、善於使用比喻，比如「蛇吞蛋」等。比喻可以把複雜的問題處理成簡單。使用比喻可以幫助諮商師直接切換到意象，如透過「放出一大堆壞人」的問題，可以直接切換到意象畫面：「放出來都是些什麼人？」意象技術本來就強調生動的畫面，諮商過程中藉助比喻和畫面，往往能快速啟動來訪者的情緒、回憶、整合等，更不具有威脅性。

三是諮商師的敏銳性。在閱讀個案時，大家會發現諮商師有時要比來訪者快一拍說出其內心的感受，或者更早看到呈現在來訪者頭腦中的那幅畫面，或者揭示出來訪者語言背後的情緒感受。這使得來訪者產生對諮商師的高度信任，認為諮商師是理解自己的人，是能夠為自己提供專業幫助的人。

這種敏銳性和諮商師個人的直覺力、經驗和受到的訓練分不開。在三個形象融合的過程中，來訪者不時停下來，諮商師並沒有急躁地往前推進，而是耐心地確認這些遲疑的背後是些什麼，一點一點細心地處理完，再往前推進。如果來訪者停下來，這種停頓是有原因的。要察覺到來訪者的遲疑、不確定、猶豫，並進行回應和處理。

四是諮商師的定位。對這位來訪者而言，他具有很強的個人意志力，不會輕易信任他人，他給諮商師安排好的角色是傾聽者、同情者。諮商師清楚地看到這一點，在他講述的過程中不輕易做判斷、做評價，以化解其防禦。

諮商師對自己的定位是：「我是你的陪伴者，陪伴著你清理自己的內心，陪伴著你解決問題。」在處理來訪者的防禦機制時，來訪者

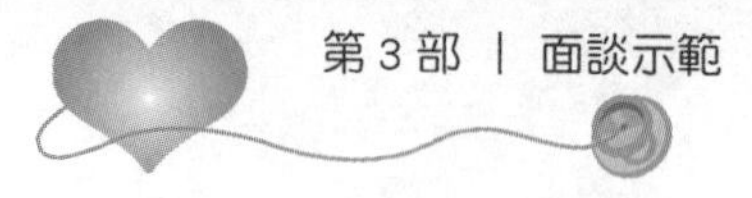

一開始表明自己害怕失控，成長環境不斷強化著他的控制模式，這麼多年他就是靠這個模式生存下來的，所以他不能放棄這個模式。

這是最常見的阻抗，諮商師沒有直接去觸動它，只是告訴他有另外一個可能性：「以前的防禦方式確實保護了你，但還有另外一些方式，它們可以讓你更舒服。」在諮商中把另外的可能性呈現出來，來訪者接受了它們。

五是諮詢的功效非常高。在短短的三個小時內，來訪者在自己過往經歷的時間線上縱橫往來，從當下從到童年，在人際關係的線軸中跳進跳出，有自己的婚姻關係，有與父母、兄妹的關係，有與老師和同學的關係。對這個來訪者來說，只要給他一個問題，他就可以天馬行空，完全沈浸在自己的世界裡，帶著諮商師去參觀他的世界。

如果是諮詢新手，完全會被淹沒在這些資訊的海洋中，迷失方向，或者會花很多時間去確認事件和細節。諮商過程會被大大拉長。但對這位經驗豐富、非常敏銳的諮商師來說，她關注的是行為模式、防禦模式、情緒反應和表達模式以及人格特徵，不論資訊怎樣多，都是放在圍棋盤上的棋子。模式一出來，有些細節就不重要了。

這樣的諮詢，其後效是很長的，因為它直接觸及的是人格部分的整合，涉及的是情緒表達方式、防禦模式的鬆動和改變，人格、情緒和防禦模式是非常深的部分，會影響到很多外在行為的改變。它要比直接改變某個行為有更深遠的意義。只是，來訪者內在會有強大的慣性，如果沒有持續的諮詢跟進，有可能會重新回到原本的模式上。僅就這兩次諮詢而言，能在三個小時內達成這樣的諮詢目標，本身就是非常了不起的。

14 心理諮商面談示範三：不能接受的愛

心理諮商師：孫新蘭博士／評論：嚴文華

當心扉打開時，感覺就如：窗含西嶺千秋雪，門泊東吳萬里船。
——詩出杜甫《絕句》。

諮商師：請告訴我，現在最困擾你的是什麼。

來訪者：可能我很多問題都根源於我比較缺乏安全感。對工作多少也有一些影響。影響比較大的可能是婚姻問題，因為我現在已經30多歲了，還沒有結婚。其實我自己也很矛盾。

（一上來就分析自己的問題。）

諮商師：矛盾指的是什麼？

來訪者：我覺得自己看起來不結婚也很開心。但是我覺得我外婆不開心。由於我從小是外婆帶大的，很親。還有我爸爸對我的壓力很大，我外婆有時候說起來，覺得如果我沒有一個家庭的話，她可能死不瞑目。我已經三年沒有回去過年了，我爸爸覺得你要再一個人來的話，你也不用回來。

（別人的不開心比自己的開心更重要。）

諮商師：你媽媽……

來訪者：媽媽去世了。

諮商師：在你多大時候去世的？

（確認事件發生時來訪者的年齡。）

來訪者：18 歲。

諮商師：你覺得不結婚也很好，但是考慮他們的感受還是有一些壓力，會有一些考慮？

（回應前文。）

來訪者：壓力很大。

諮商師：安全感指什麼？

（回到來訪者自己總結的問題上。）

來訪者：我覺得自己一個人過我覺得最安全，我不信任跟別人一塊生活。

（提出「信任」。）

諮商師：為什麼？

來訪者：我覺得一個人所要面對的問題都在自己掌握當中，可能遇到什麼我覺得自己都能控制，如果多出一個人來，可能憑空多一些不能控制的因素。我覺得對我來說，我不是最願意。

（「控制」是一個關鍵字。）

諮商師：安全感，好像我聽到的是控制是嗎？這兩個好像是有差別的啊。你覺得一個人的生活可以控制，但是多一個人好像我必須顧及他、遷就他？

（確認來訪者想要確切表達的東西。）

來訪者：而且我也擔心他給我帶來不快樂的感覺，增加生活不安定的感覺。我怕他傷害我吧。

諮商師：最主要是怕傷害你，還是怕失去一種控制？

（澄清。）

來訪者：不是控制，我這人沒有什麼太強的控制慾。

（排除。）

諮商師：從小到大有過受傷害的經歷嗎？

（回到「傷害感」。）

來訪者：可能是我父母感情不好這件事吧，儘管我心裡很渴望幸福的家庭生活，但是我不相信它會出現。

（直接跳進主題。）

諮商師：不相信這樣的婚姻會存在？

來訪者：覺得他們好像始終都在爭吵。

諮商師：除了不相信婚姻，還有什麼？是外婆帶大你的？

（從父母到另一個照料者。傾聽力。）

來訪者：外婆帶我。因為外婆是在農村，家裡父母都要工作，我被帶到四、五歲才回到城裡面來。我爸爸他經常出差，家裡就是我和媽媽，後來還有妹妹。小時候我的記憶當中，沒有和媽媽一起睡過覺，很小的時候我就一個人睡。

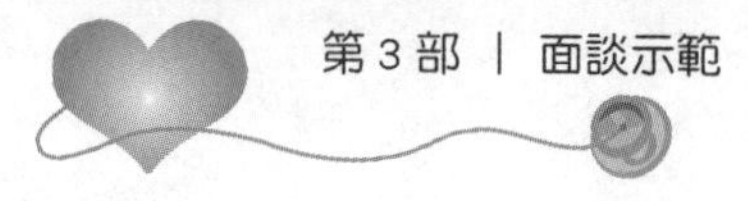

諮商師：離開外婆到父母身邊時你的感受怎麼樣呢？

（確認「分離」感受。）

來訪者：我的記憶當中每次離開外婆的時候我都會很難過，會大哭大叫，會不願意走，會難受一段時間。

諮商師：和你最親的是外婆？

來訪者：是的，外婆好像給了我最無私的愛。

（「最無私的愛」值得關注。）

諮商師：現在給你的壓力也是最大的。回到你父母身邊，你感覺到是什麼？陌生？還是其他？

來訪者：感受到很大的壓力。

諮商師：很大壓力指的是什麼？

來訪者：他們對我要求很高很高。

諮商師：然後你覺得總是達不到他們的要求？

來訪者：沒有，我基本上都達到了，小時候成績一直是非常好，也特別尊重老師、叔叔、伯伯等長輩，反正我們公司裡的人都知道我是一個特別特別懂事的孩子。一直很累。

（「累」的感覺。）

諮商師：一直很累。現在的你，坐在這裡的你，想像一下如果外婆在你旁邊，你會覺得你和外婆身體的什麼部位是連在一起的？

（用意象。）

來訪者：她始終都在我旁邊。

諮商師：看看身體有什麼部分是連在一起的？

（確認牽連。）

來訪者：她會背著我、牽著我。

諮商師：你感覺到你和外婆身體的什麼部位是連在一起的？

來訪者：可能（停頓）……她抱著我，因為小時候經常抱著我。

（現實當中的場景。）

諮商師：是抱著你的？

來訪者：嗯。

諮商師：換一個方式來想像一下，想像在一個草地上。你和外婆在一個草地上，你看看這兩個人身體的什麼部位連在一起呢？

（前一種方式沒有發現黏連，換一種方式確認。）

來訪者：也不連。

諮商師：那麼在草地上，你和外婆以什麼姿勢坐在那裡？

（再換一個場景。）

來訪者：我們老家是山區，很少有大片草地，我們可能會在山上，這樣更易想像一些。基本我走在前面，她會走在我的後面，山區的路很窄，（停頓）如果坐著的話，她有時候抱著我，攬著我，我會把我的手放在她的手裡面。

（還在回憶現實場景。）

諮商師：想像一下，在山坡上或一個平地上，你和外婆都在一個平地上，如果有這個畫面，兩個人是什麼姿勢呢？

（再次確認。）

來訪者：可能我們就是這樣坐著吧。

諮商師：面對面？

（確認。面對面是沒有身體牽連的。）

來訪者：面對面。

諮商師：坐在外婆對面的你，在畫面裡坐在外婆對面的你看上去是什麼樣子呢？就是你現在的樣子嗎？外婆呢？

來訪者：外婆可能比較擔心的，你怎麼還不結婚啊，快點結婚啊。因為現在只要打電話或者見到她，沒有一次不說這件事。

諮商師：外婆這麼說，你心裡有什麼感受呢？

來訪者：心裡覺得我很難跟她解釋清楚我的感受，我會覺得又有壓力，也覺得很煩躁的，她總跟我提我不想去面對的事情。

（還處在現實中。）

諮商師：這個畫面以後，爸爸媽媽也會進到這個畫面，看上去爸爸媽媽會站在什麼位置上呢？

來訪者：可能還是我的對面吧。

諮商師：外婆離你最近？

來訪者：對，外婆離我最近。

諮商師：然後爸爸媽媽離你稍微遠一點，你面對他們三個，你感覺怎麼樣呢？他們三個都是面對著你是吧？

（家庭圖。）

來訪者：嗯。

諮商師：你感受是怎麼樣的呢？

來訪者：他們沒有辦法理解我。

諮商師：嗯，「沒有辦法理解你」是指什麼呢？

來訪者：（哽咽）我心裡想的可能他們體會不到吧。

諮商師：這個畫面裡，所有的人都可以敞開心扉。你心裡想的什麼你覺得他們體會不到？

來訪者：我心裡想的就是，我希望他們尊重我的意願，不要勉強我。

諮商師：你覺得從小到大他們都不是很尊重你的意願嗎？包括外婆？

（把時光感拉開。）

來訪者：我外婆好一點，唯一讓我覺得和外婆有對立的事情就是婚姻的事情，其他事情我外婆從來都沒有罵過我，也沒有打過我。隨便我怎麼樣，她都覺得好。

諮商師：父母對你有要求？

來訪者：父母就覺得你這也是問題，那也是問題。我小時候就覺得，反正好像爸爸媽媽永遠都是意見不統一，一個說東，一個一定是說西，他們很少有統一的時候，唯獨在打我罵我的時候，他們倆就統一。我們家從來沒有過我媽打我的時候，我爸會說你不要打了之類的，或者我爸打我的時候，我媽給我求求情之類的，沒有這種狀況的。

一定是一個打的時候，另外一個在旁邊說，對，她前兩天還做了什麼事情，怎麼怎麼樣。然後我小的時候，我記得心裡就一個想法，拜託不要再添油加醋了，不要再這樣弄了。真的很難承受。

諮商師：心裡會什麼感覺呢？

（確認事情背後的感覺。）

來訪者：（淚水流下來）好像覺得我這樣，會促進他們感情更統一一點吧，所以有的時候……

諮商師：你情願犯點小錯。

（比來訪者更快地表達其內心的想法。）

來訪者：我情願犯點小錯。小時候，外人很難理解，你們家小孩都已經這麼乖了，成績這麼好，又這麼懂事聽話，為什麼老打她。我好像有一種感受，覺得打我的時候，他們最統一，所以那就讓他們打我好了。

諮商師：你好像有種犧牲的精神或者奉獻的精神，你情願自己犯點錯或者挨點打罵，希望看到爸爸媽媽是和諧的，是嗎？他們讀懂你的這個心意了，你會有什麼感受呢？

（深層次共感。）

來訪者：我不在乎他們懂不懂。

諮商師：為什麼不在乎呢？你覺得「只要你們哪怕有片刻的和諧，我付出再多的代價都是願意的」。你覺得自己的這種心理對你現在的生活，或者對你後來的生活有什麼影響嗎？比如說你覺得好像不太相信說，會有人為了你而委屈他自己。

（過去對現在的影響。）

來訪者：有的時候，可能我在跟異性相處的時候，當他們對我很好的時候，我故意折磨他們吧。也不是說折磨，就是好像故意跟他們……

諮商師：鬧彆扭？

（恰當地說出來訪者想表達的意思。）

來訪者：對，不會好好跟他們相處，希望他們最好能給我外婆那樣無私的關愛。讓我再次體會這樣的感覺。其實我一直覺得我很幼稚。

（「無私」的愛第二次出現。）

諮商師：你剛才說的這些話，在山坡上或者平地上，爸爸媽媽他們都聽到了。你達到他們的要求，為了他們和諧，你甚至願意不斷受一些皮肉之苦。你的這番話他們完全聽到了，也完全聽懂了，你爸爸媽媽會什麼感受，你看得見畫面裡面的爸爸媽媽他們會什麼感受呢？

（回到意象中。）

來訪者：在我們那樣的生長環境中，我父母也只是很普通的工人而已，我們從來沒有表達過感情，所以我不確定他們心裡會想什麼。

（來訪者的現實感過強，無法順利進入到意象中。）

諮商師：如果是現實生活中你跟他們說這些，可能你不知道他們的反應，他們甚至可能不反應。但是現在是一個畫面裡面。我們想像在這個畫面裡面所有的人完全敞開心扉，剛才你說的那些話，特別是你說願意犯點錯誤讓他們罵你，或者打你，讓他們之間達成一致。這些話他們都聽到了，他們會有怎樣的感受？

（區分意象與現實。）

來訪者：他們兩個人可能還會相互指責對方吧。我不知道他們最後怎麼樣，因為我 17 歲就離開老家到省會去讀書了。我記得有一次我爸爸的同事來看我，無意中說起他們倆在家裡又吵架打架了，當時我真的很難過。後來我分別給他們兩個人寫了一封信，那是我第一次告訴他們我愛他們。給我爸的信中說，我媽對你很好，可能是你不知道而已，舉了很多很多例子，媽媽會給你打毛衣，你不在的時候說你很勤勞之類的，並不是你看到的跟你吵架的那個樣子。給我媽寫的信中說，其實我爸對你也是很好的，經常跟我們說你身體不好要多體諒你，這些都寫上去了。後來我還跟他們認認真真寫了一句話。我說……（哽咽）

不管家境怎麼樣，大家只要有愛就好。後來聽爸爸有次無意說起來，媽媽收到這封信之後，專門拿這封信找了我爸爸，我爸說我媽當時是哭了，因為我記憶中媽媽也不太流淚，她從來不太願意讓我們看到她流淚，很堅強。我不知道這封信之後他們的感受怎麼樣，因為又過了一年，我媽媽就去世了。所以我也不知道畫面當中他們知道我的心後……（流淚）

他們應該已經知道我的心了，我想他們可能還是什麼都不會說。

（哽咽）因為我做過這樣的嘗試，他們也沒有給我任何回應。

諮商師：可以看到的是，你的內心深處和別人是有距離的，所以你在現實生活中間沒有辦法和別人建立一種沒有距離的關係，我們需要藉助這種想像來改變這些。他們不是你真實中的爸爸媽媽，它是你心中的部分。

（小結。再一次把意象世界和現實世界進行區分。）

來訪者：但我有很多很好的女性朋友，對我很好。

（澄清「無法建立零距離關係」這一說法。）

諮商師：但是我們指爸爸媽媽，指畫面裡的父母。

（回到家庭成員的意象上。）

來訪者：包括外婆嗎？

諮商師：對，他們會有什麼感受，我們只要他們的感受。他們的感受會怎樣呢？

來訪者：我想他們聽了以後可能還是比較難過的吧。

諮商師：為什麼很難過？

來訪者：因為畢竟要一個小孩子去承受這麼大的痛苦……才能得到她所想要的一點東西（哽咽），他們會覺得有點內疚。

諮商師：外婆會什麼感受呢？你的外婆是個什麼樣的人呢？很堅強？

（確認正性支援力量的資訊。）

來訪者：我外婆非常堅強。

諮商師：嗯。

來訪者：很堅強。

諮商師：她會覺得很心痛，爸爸媽媽會有一些內疚。

（把外婆和爸媽的反應做了一個區分。）

來訪者：嗯（贊同）。

諮商師：爸爸媽媽的感受，還有外婆的感受，能完全進到你的心裡面嗎？

來訪者：（停頓）我外婆的感受讓我覺得心裡比較溫暖吧。爸媽不知道會讓我有什麼感覺。我覺得……（停頓）

（在接受爸媽這方面有阻礙。）

諮商師：你覺得他們還是愛你的？

（不勉強，後退一步，先從「愛」開始。）

來訪者：對的。可能也是很愛我的吧。

（「可能」表達了不確定性。）

諮商師：你體會一下，好像你就是他們，聽到這番話，心裡會什麼感受呢？當他們真的接收到來自女兒的愛後會有怎樣的感受？

（引導進入意象。）

來訪者：假設我是他們的話，恨不得日子重新來過，好好過一遍（帶淚的聲音）。

諮商師：體會這個畫面，聽到女兒說這番話後，爸爸媽媽會有怎樣的感受？

來訪者：他們應該覺得比較溫暖吧。

（父母第一次出現溫暖感。）

諮商師：他們有變化嗎？

來訪者：他們倆之間可能也應該不會那麼敵對了吧，溫和一點吧。

諮商師：整個人看上去，眼神看上去怎樣呢？進到他們心裡，他們有什麼感受呢？

（眼神。感覺。）

來訪者：眼神應該是比較柔和的了吧。

諮商師：相互能靠近一些嗎？

來訪者：可以。我感受到溫暖和感激。

（增加了「感激」部分。）

諮商師：為什麼？

（確認。）

來訪者：溫暖來自我感受到他們對女兒的關心；大家在一起蠻好的，他們能夠願意維持這種幸福我就很感激了。

諮商師：擁抱在一起，體會這種溫暖。問一下爸爸媽媽，他們在心裡是不是愛這個女兒的呢？讓這種愛流動起來，在你們之間。

來訪者：（沉默）

諮商師：這種感受是從你心裡流出來時受阻礙了，還是在流進你心裡時受阻礙了？

（敏銳地察覺到流動受阻。）

來訪者：是流進我這裡吧。

諮商師：什麼東西阻礙著呢？

（開始處理阻礙。）

來訪者：（流淚）有很多不開心的事情。

諮商師：你不想接受這個愛？

來訪者：也不是不接受，我覺得心裡其實……（停頓，哽咽。）

諮商師：有怨言，有怨恨。

（比來訪者更快地捕捉到這種情緒。）

來訪者：對，因為他們給了我這麼一個很不開心的童年。

諮商師：特別是同外婆那麼好的狀態，突然一下改變了，反差很大的。

（共感力。傾聽力。）

來訪者：（哭泣）……

諮商師：你曾經怨恨……

來訪者：（打斷）我從來沒有。

諮商師：為什麼沒有？

來訪者：我們那個時候，大家不太會像現在這樣子，去說愛之類的，（哽咽）所有的感情都在心裡面。

（情感的壓抑。）

諮商師：包括怨恨，包括責備，那你心裡對爸爸媽媽的責備是怎麼流露出來呢？在你的生活中是怎麼流露出來呢？這種責備是用什麼通道釋放出來的呢？

（確認情感表達方式。）

來訪者：跟我爸有時候說話比較衝一點。基本上還好，除了他有時候激怒我，我很生氣，然後就很粗魯地對待他。但大部分的時候我對他是很客氣的。我這人本來脾氣不太好，性格很急躁，很暴躁，很容易生氣，可能一句話沒有說好，我就生氣。

（先出來的是與父親的互動。）

諮商師：這是對爸爸，對媽媽呢？

來訪者：媽媽去世那麼早，我也沒辦法怎麼對她。

諮商師：18 歲之前，你對媽媽……

來訪者：從來不敢流露，因為我媽媽有個特點，比方說我們兩個人，有時候爭執什麼事情，嗯（停頓），就是……

諮商師：她一定要佔上風？

（更快地捕捉到這個資訊。）

來訪者：就是。如果我不跟她說話，她一定不會主動跟我說話。

（媽媽把女兒放在一個對立的、勢均力敵的定位上？）

諮商師：你不敢跟她較這個勁。

（精準地概括。）

來訪者：對，因為我知道她的這個特點，所以我根本不敢跟她去比試。

諮商師：爸爸又經常不在家？

來訪者：對，有時候我會經常躲在一個角落裡在想，我媽媽肯定是後媽，要不然她不會這樣對待我。我整天在想，什麼時候可以把親媽找到。有時會想媽媽再對我不好我一定拿一把劍跟她怎麼拼怎麼打，然後我媽一站到我面前，我的劍就收起來了。

她問我在幹什麼，我說我在想點事。我小時候家裡有個櫃子，裡面有把小劍，是小時候練武術我爸給我弄來的，後來成了他們打我的家法，一直好後悔自己把這個武器拿回家。後來把它丟到外面去。

她不在時，我就躲在那個小角落裡比劃，心裡面想我怎麼對付她。她真正來的時候我根本沒有一點勇氣。我現在自己想想，你想非常渴望愛，怎麼敢去再激怒這種愛呢？！

小時候我離開家一定要跟媽媽說「我走了」，我要是哪天不跟她說的話，可能我回來她就不理我了：你走的時候都不打聲招呼，你回來我幹嘛要理你？！

小時候父母打我之類的，基本上我是絕對不敢跑的：你要跑的話，你就永遠不要再回來了。基本我只會跑出五十米遠遠地看著他們，等他們決定不再打我了，我就走回來，如果還要打我，我再跑遠一點。

小時候我做夢，有幾次我從夢裡哭醒過來，媽媽問我哭什麼呀，我還不能說。因為有兩次夢到媽媽要殺掉我，夢裡驚醒了，媽媽問我，我又不能說夢裡她要殺掉我，這種情況，我很想跟我媽睡在一起，媽媽絕對不要我跟她睡在一起的。

諮商師：為什麼這個時候想和媽媽睡一起？

（確認其依戀類型。）

來訪者：我很害怕呀，小時候看到一個影子什麼之類的也會哭醒，媽媽過來把燈打開看看，說「沒事，睡覺」。就這樣。然後我說「跟你一起睡好吧？」「不行，自己睡。」

諮商師：你什麼感受呢？

來訪者：我會等她走了之後再哭上半夜。

諮商師：你會覺得很委屈？

來訪者：很孤單，很害怕。

諮商師：會不會覺得很窩囊呢？

（澄清上文來訪者提到的「我的劍就收起來了」。）

來訪者：沒有，從來沒有覺得。

諮商師：沒有覺得媽媽這樣對我，我還……

來訪者：沒有，我覺得她身體又不好，跟我爸爸感情又不好，其實我心裡是同情她的。

諮商師：你的內心完全放下了。

（往前推進一步。）

來訪者：放下了，我覺得應該放下，我不應該再去傷害她。

諮商師：你能理解媽媽。

來訪者：我想她可能也是關心我的，因為小時候，我覺得我拿所有的獎狀，然後考第一什麼之類的，都是為了讓她笑一下。我覺得拿回來媽媽很開心，我就覺得很滿足，比較安慰吧，（哭，哽咽）至少在她這麼短暫的生命當中，還有人對她這麼好。

諮商師：當爸爸媽媽聽到你對他們的責備，當他們知道在你心裡除了對他們有很深的愛，還知道你對他們是有責備的，他們心裡會什麼感受呢？

（回到意象。）

來訪者：自責吧。

諮商師：為什麼比較自責？

來訪者：（流淚，哽咽）不應該這樣對待一個小孩子。

諮商師：不應該怎麼樣對一個小孩子？

（挖掘感受。）

來訪者：（停頓，哽咽）這麼忽視的態度。

諮商師：特別是媽媽，是嗎？

來訪者：嗯。

諮商師：用這樣懲罰的方式？

（補充更多資訊。）

來訪者：嗯。

諮商師：爸爸不應該怎麼對你呢？

來訪者：我爸還是很喜歡我的。在我之後爸爸可能希望生個兒子吧，後來妹妹生下來以後他聽說是女孩，過了一個禮拜才去醫院看，對妹妹很冷淡。所以呢，他很喜歡我，我跟他也很親，我很多歡樂的記憶可能都是跟我爸爸在一起。但就是因為我爸爸對我很好，我媽媽就可能覺得我妹妹太可憐了，所以我媽對我妹妹就很好。

可能這跟他也有關係吧，如果他不製造出這樣一種狀況，可能我媽也不至於這樣對待我。而且很多時候，我媽媽說什麼我爸都不聽的。大概到我十二、三歲的時候，我媽媽就叫我去跟爸爸說一些事情，可能我說說還管用一點，我覺得她可能也比較嫉妒。

（「嫉妒」一詞值得關注。）

諮商師：嫉妒你和爸爸的關係？

來訪者：我不敢確定是否這個樣子，但是感覺她挺煩躁的，因為他們之間很不好，我爸爸又這麼過分地疼愛我。

諮商師：覺得爸爸太偏愛你了，也會針對你？

來訪者：嗯。

諮商師：爸爸的反省就是他不應該製造這樣的結構，讓一個小孩承受沒有必要承受的一些東西，對你的愛放到妹妹那兒就平衡一些，媽媽可能對你有種不滿意，因為爸爸太偏愛你了，太疼愛你了。這是爸爸的一個反省，那媽媽呢？媽媽應該反省她對一個小孩不應該做不公平的事。

（小結。）

來訪者：我覺得她大人不應該跟我小孩子賭氣吧。

諮商師：跟你較勁，是吧？

來訪者：對。我不知道她怎麼想，可能很多時候她自己也很煩惱，她可能沒有對我有什麼，她只不過沒有心思管我和照顧我的感受而已，估計是這樣的。她也不一定好像不是把我當女兒，嫉妒我，我覺得這些可能也不存在，她也不會想得這麼複雜。

（來訪者為什麼要否定這一點？不清楚。）

諮商師：就覺得她心情很不好，顧不上你了？

來訪者：對，我現在慢慢地會體會她的心情，她自己生活這麼不開心，怎麼會有心思再照顧這麼多事情。因為妹妹比我更小，她可能更多考慮妹妹的一些安全什麼的。對於我來講，她可能沒有想太多吧。

從小我們家父母不太給我什麼鼓勵，我好像不太從他們那裡聽到表揚的話。基本是外面的人表揚我，偶爾我發現我不在的時候他們還是跟很多人說我的優點，但是他們不會當著我的面告訴我的，他們擔心這樣會讓我驕傲。

諮商師：爸爸不應該製造這個結構，媽媽好像承受太多生活的煩惱，他們這種自責反省能不能源源不斷地流進你的心裡呢？

（回到意象。）

來訪者：會的。

諮商師：流進你心裡的時候你有什麼體會呢？

來訪者：比較自然，沒有太多防備。

（「防備」是個關鍵字。）

諮商師：本來你是有防備的。當有防備時，你什麼部位會繃緊？

（當來訪者不容易產生意象時，透過身體部位的具體反應，更容易讓其有感覺。）

來訪者：手腳都會比較緊張的。

諮商師：是嗎？現在手腳放鬆一些嗎？

來訪者：嗯。

諮商師：你在心裡對他們說：「我是你們的孩子。我知道你們愛我，我也愛你們。」外婆很愛你，你也很愛她，你抱抱她。外婆是什麼感受？

（回到外婆。）

來訪者：外婆很高興，以前她為爸爸媽媽的事情傷透了心。我想抱抱她。

（外婆這裡處理比較簡單，因為外婆是積極的形象。）

諮商師：你可以抱抱她。你很愛她。體會一下，抱著媽媽。你現在感覺怎麼樣呢？你能感覺到媽媽是愛你的嗎？

來訪者：這個我始終都不懷疑的。

諮商師：媽媽的愛完全流到你的身體裡，越抱越緊，越抱越緊，和媽媽合在一起，完全和你合在一起。

（繼續整合。這是關鍵的一步。）

來訪者：（哽咽）我不需要他們進入我的心裡。

（再次出現阻抗。）

諮商師：因為你有怨言？

來訪者：（哽咽）我也沒有怨言。

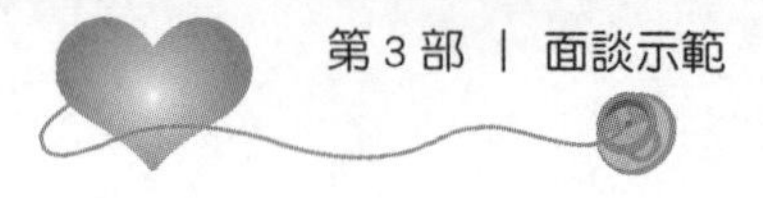

諮商師：你心裡在說你們早幹嘛去了？現在進來太遲了，你不需要了。

（嘗試分析阻抗的原因。）

來訪者：（哽咽）也不是。這麼多年的生活，我已經習慣了一個人，我好像不太能夠，哪怕是她們吧，我也很難想像跟他們合二為一的感覺。可能跟以前他倆就不太表達感情有關係的，大家都很獨立的。加上這麼多年自己生活，好像真的不需要，所以我無法做這樣的想像。但是我確實，在我心裡面，比方在這之前，我自己也反反覆復地想過，今天跟你談了這麼多，可以確定了我肯定不會恨他們的，甚至於連責備我也覺得也沒有了，我也能理解他們，（停頓）但找不到合二為一的感覺。

諮商師：你不能和他們合二為一，也就是說儘管你可以變得善解人意，但你不會讓任何人進到你的生活中，成為你生命裡的一部分，永遠有距離存在。

（解釋融合的必要性。開始退回去找可能阻抗融合的點。）

來訪者：對的，我有時候也在想，以我這樣的狀況去結婚，大家在一起，偶爾相處可能挺好，但是要朝夕相處的話……

諮商師：成為彼此生命的一個部分……

來訪者：嗯，可能還是很……

諮商師：彆扭，是嗎？

（這幾句對話表明諮訪關係進入到心意流暢的境界。）

來訪者：我覺得是。

諮商師：你是從多大開始無法接受別人是你生命的一部分？

（確認起始年齡。這對諮商具有重要意義。）

來訪者：可能是十三、四歲吧。

諮商師：是在青春期。可是事實上，爸爸和媽媽就是你生命的一部分。即使媽媽去世了，這一點還是無法改變的。

（解述。）

來訪者：我覺得如果媽媽現在活著的話，我可能比較容易找到感覺，畢竟她已經去世，我們已經徹底地分開了。

（來訪者意識層面的力量非常強大。）

諮商師：18 歲以後，某種意義上她沒有新的資訊加入你的生命裡面。因為她沒有新的活動、話語，是嗎？但她是你的母親，這種血肉關係是什麼也改變不了的。在畫面中抱著媽媽，體會你的感受，那種疏遠的感受。

（解述。繼續整合。但不急躁，體會「疏遠」的感覺。）

來訪者：我可能還是感應到我們在一起。

諮商師：抱緊，把自己慢慢打開，完全打開，把所有的界限都消失……讓媽媽慢慢進到你的身體裡面……打開，所有的細胞全部打開，你想邀請她進來嗎？打開，完全打開。她跟你融合自然地發生，完全融合在一起了嗎？她是你生命的一個部分，你只是在跟自己的另外一個部分融合。

（具體地引導。）

來訪者：嗯。

諮商師：和生命中的這一部分完全融合在一起。融合後有怎樣的變化？

來訪者：媽媽變得高大一些了。

（形象。）

諮商師：媽媽變得高大一些了。看上去眼中的神情有什麼變化嗎？

（眼神。）

來訪者：會平靜、柔和一些。

諮商師：你一直很渴望媽媽的愛，這些能量特別滋養你身體裡什麼部位呢？

（和具體的身體部位聯繫在一起。）

來訪者：滋養我的心靈吧。

諮商師：沒有那麼乾涸是嗎？能和爸爸合二為一嗎？

（媽媽是最難的。處理好之後到爸爸。）

來訪者：能。會感覺溫暖一些。

諮商師：現在外婆進入。能融入嗎？

來訪者：可以。

諮商師：一個新的形象形成了。新的形象會有怎樣的變化？

來訪者：厚實、高大一些吧。

諮商師：以前的生活沒有男朋友，現在的生活還是這樣子，但現在的生活和以前有什麼不一樣嗎？

（回到來訪者最開始的話題。）

來訪者：可能更開心一些吧。別人要我趕緊結婚時，我不會有那麼煩躁了吧。

諮商師：給婚姻的信心打個分吧！比如說滿分是 10 分，原來是幾分，現在是幾分？

（具體化。）

來訪者：如果過去是四五分的話，現在可能有七八分吧。會更好地跟異性相處了。

諮商師：如果你對婚姻的信心有七八分的話，你覺得現在行為上面會有什麼不一樣呢？比如說去相親、或者談戀愛方面，哪怕很細微的變化？

（行為變化。）

來訪者：我可能現在信心會增加一些。

諮商師：有了安全感，爸爸還有外婆完全活在這種感覺，讓你變得更柔軟一些，女性的很多成分，變得更柔軟一些。

（補充。）

來訪者：（點頭）

諮商師：今天的時間到了。我們諮商也要結束了。給你規定一個作業：回家後每天找 10 ～ 15 分鐘，體驗家人所有的形象融合的感覺。可以做到嗎？

來訪者：可以做到。

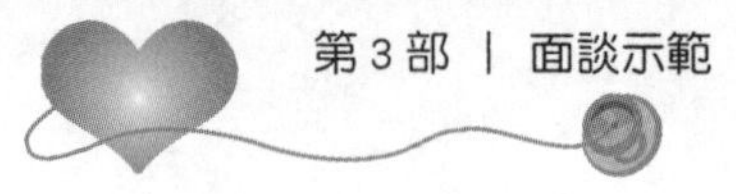

示範個案評論

來訪者的訴求是「沒有安全感」，但諮商師並沒有就此主題展開，而是聽來訪者說得更多，判斷她的不安全感未必比其他人更高——這個時代造成整整幾代人都沒有安全感，處理的重點放在了來訪者處理與原生家庭中父母、外婆的關係上。

因為外婆是以正性支持力量出現的，所以儘管外婆是起點，但花在其身上的時間並不多。爸爸基本也是以支持的形象出現，只是在夫妻關係上父親有需要處理的地方。最多的時間是花在處理母女關係上。那些積壓的委屈、難過、不接受、怨恨、傷心等情緒得到理清。在結束時，諮商師帶著來訪者再次回到面對婚姻的問題，和諮商的開始相呼應。

這個來訪者有強大的意識力量，在做意象技術時有一定難度，因為她是「想像」出來的畫面，而不是「感覺」到的畫面。諮商師並沒有花很大力量去突破其防禦層面，因為這不是諮商的主題，而是直接在其防禦層面來展開，只是增加了確認身體部位感受的方式來確認意象是否真的發揮作用。

在諮商結束後，來訪者總結道：「原來我是想找一個『外婆式』的男朋友啊，像外婆那樣給我無私愛的人，怪不得我始終無法步入婚姻。」

我們每個人都是帶著各種問題步入婚姻的。如果足夠幸運，我們的另一半能夠幫助我們解決以前積存的問題；而大多數情況下，我們的問題給我們的婚姻和情感打下烙印，使其成為更難解開的結。這位來訪者的幸運是她提前開始解自己的結。

小組成員對演示個案的回饋

由於這三個個案都是在小組中公開演示的，每個組員都深刻地參與到其中。演示課程除了向大家展示完整的諮商該怎麼做，更透過那些來訪者組員的敞開心扉，讓整個小組的信任昇華。下面是演示課程結束後組員們的郵件摘抄和兩位組員的手記。

生命當中有一些傷痕，不去觸碰它，你會以為它已經消失，可是事實上它一直在左右著你的人生。謝謝你們的鼓勵，讓我去勇敢地面對藏在心靈深處的悲傷。

我很感恩，感激命運讓我跟你們在一起，感激你們給我的關愛，我感到很溫暖很幸福。

（摘自個案三的來訪者發給組員們的郵件）

我們大家也都感謝你的勇敢和坦率，每個人都有自己的傷痛或問題，或深或淺，但是有勇氣呈現、有勇氣面對、有勇氣改變的人並不多。有些時候你的問題可能也是我們在座其他人的問題，每個人都將從中獲益。我們不單單愛你，我們也很佩服你，當你哭的時候，我的眼中有淚，當我回想當時的情景，現在都依然有淚。你是一個非常有力量的人，正是你強大的內心才讓你這麼強大。

（摘自佳依發給組員的郵件）

帶你們這一組實習，讓我體會到很多成長和感動。以前有過很多次，如每次桌上的那兩加侖水，每次拿鑰匙開門鎖門的人，紅燭晚會，學員之間真誠的淚水和幫助。昨天又是一次感動。以前請孫博士是以教學為目的，只做一些片段演示。而昨天，我想是以成長為主要目的，教學反而是附帶的。因為諮商師成長到哪一層，才能把來訪者帶進哪一層。而很多時候，這些都是單純的教學活動無法做到的。因為我們擁有一個這樣的團隊，組員成為來訪者才有可能，來訪者的成長才能成為每個人內心的成長，演示的技巧才能內化為今後大家用到的技巧。

（摘自指導老師發給學員的郵件）

學員手記一：在別人的故事中成長（錦華）

昨天的諮商，讓我感觸很深。一時間，太多的感慨，卻不知從何說起。

首先衷心地感謝最勇敢的兩位同學，成為來訪者的兩位同學，是你們的勇敢，讓我們大家有了更多的感動，更多的成長。我也相信，當兩位同學勇敢地去面對自己堅強外表下最柔弱的那部分時，他們也一定有了某種程度上的成長。感謝指導老師，感謝孫老師，是你們，讓我們看到心理諮商的真諦：自助與助人。

（1）那個站在屋頂上固執地學鴿子叫的小男孩，那個看著別人跳橡皮筋的小男孩，那個時常跟在姐姐後面怯生生的小男孩……當眼前浮現這一幕幕時，我就不由自主地想起了自己的童年，那個固執、頑皮、勇敢，但卻不善於表達的小女孩。她在那個小男孩的身上看到了自己過去的一些影子，所以她更能體會到父母對子女關愛的重要性，哪怕是一個微笑，一個擁抱，甚至只是一個鼓勵的眼神，都會給他帶來無窮的力量。他用傷害自己的方式來懲罰別人，也來懲罰自己。

其實，也許，他只是想引起周邊他所愛的那些人的關注，想要以另一種方式告訴他們：你們的關愛，對我來說真的很重要。可是，一個小小的孩子，他又怎麼會懂得表達出他的這種想法呢？值得慶幸的是，這個小男孩有很好的悟性，當他一步步成長，不斷發現自己優點的時候，他開始慢慢變得自信起來，他不斷地努力，也取得了不少的成功。他甚至也以為他已經忘記了過去所有的不愉快，所有不願想起的事。

可是隨著諮商課程的深入，他卻覺得有點恐慌了，很多許久都不曾提起，不曾想起的事，卻一幕幕湧上了心頭，開始糾纏著他。甚至，在一些很小的事情上，他覺得他自己都控制不住了，他該怎麼辦？或許找個合適的場合，合適的時間，跟自己不想要的東西，做個告別，也許是最好的選擇。正如孫老師所說：有些事，當你想起的時候，它就攪動你，那就說明這些事一直都在攪動你，只是你不知道而已。

在這樣的諮商中，也許我覺得我可以很好地理解來訪者，但我想，自己不一定能找到幫助來訪者的方法，因為自己太進入來訪者的角色，甚至辨不清那個小男孩到底是誰，是來訪者，還是自己的縮影。所以，這次的諮商，對我個人而言，自己得到了很多的成長，要想幫助別人，得先把自己的問題都解決掉，以最健康、最成熟的心理，走進心理諮商這個行業，在不斷前行的道路上，用最積極的能量去給那些需要幫助的人以幫助。在助人的過程中，表現自己的人生價值。

（2） S，我所看到的S，任何時候都面帶著笑容，給人的感覺很親切，很隨和，很開朗，當然開朗隨和中也透露出一種精明能幹的感覺，我覺得她一定是個內心堅定的女子。因為她和我姐姐年紀相仿，因為我姐姐和她有不少相似之處，因而在自己內心總會把她看作自己的姐姐。我很喜歡S，但同時也覺得有些距離，說不出來的那種感覺，可能覺得她各方面都比自己強很多吧，總覺得她是個會讓人羡慕的女子。

昨天的諮商中，當她向孫老師講述她童年的一些的事情時，才知道堅強外表下的是如此善良、溫柔、體貼的心。她的淚水，讓人有種很心疼的感覺。這個堅毅的女子，她要找的只是一個能給她安全感的人。可就是一個這樣簡單的要求，這個看似簡單的要求，讓她等了不少年。

她從來都對未來、對婚姻抱著很大的憧憬，只不過她還沒有碰到她所等待的人而已。但周邊的親戚朋友急了，他們的焦急，給了她很大的壓力。她該怎麼辦？我覺得她可能要求完美，雖然「安全」只是簡簡單單的兩個字，可是它卻包含了太多太多的內容。

但隨著孫老師和她一步步的交談，我覺得她可能是由於父母之間的關係，給她帶來很多的不安全感。諮商結束，孫老師分析說：她要的是像外婆一樣能夠給她最無私、最溫暖的愛的人，假如不是這樣最無私、最溫暖的愛，她統統不要。

也許，每個人心裡都有一個情結，希望留住甚至一直延續曾經最美好的東西。可是生活就是生活，生活中總會有不完美的地方，因而我們也無法要求完美，我們也無法把曾經的美好永久地持續下去。所以，我覺得，在生活中，我們不要太多地追憶過去，如果過去是美好的，就讓它化作我們前行的動力；如果過去不夠美好，那我們應從現在開始，努力發現，把握未來的美好。

過去，無需太多追憶；現在和未來，要好好把握！

指導老師的話：進行到現在，實習小組在某種意義上已具有了成長小組的意義。每個在其中的人都在探尋內心的成長。有的人透過扮演來訪者解決自己的問題，有的人在扮演諮商師的過程中碰觸到自己的問題，而有的人則是在觀察別人的故事時有了成長。當組員們把自己的故事呈現時，所有聽故事的人都被捲入，都感受到被信任。而每個人則在其中尋找自己的成長點。做第一個演示個案的來訪者提到他最近會為一些非常小的事情而突然情緒變壞，對初學心理諮詢的人來說，這是一個正常現象：在學習的過程中，自己內心逐漸變得強大，自我覺察力變得敏銳，而過去那些被壓抑的問題就會從心底被翻捲上來，要求得到處理。當內心很虛弱時，這些問題會一直安靜地蟄伏。而一個成長團隊為這些問題的出現提供了一個安全的港灣，它讓每個人有一種安全感：不論你內心的風暴怎樣劇烈，你都會被接納。

學員手記二：怎樣做位好母親？（新雨）

孫博士的現場諮商，意象的真諦雖不能領悟，但讓我領略了諮商師如何既貼著來訪者的內心感受走，又引領著來訪者關注自己內心的真實感受。從中的收穫之一是人要學會接納自己，但想得更多的卻是另一個問題。

幾天來，「應該怎樣做父母」這個命題一直縈繞在腦海中。自從小組中兩位學友的現場諮商展示後，一直就有著一種悲憫的心情，那是對孩子的一種悲憫之心。心很痛，以致默默落淚。兩位同學不約而同地說起了不那麼快樂的童年，一位同學曾「躲在角落默想、臆想如何對付母親」、另一位同學曾「因鴿子失蹤而在天臺上打轉學鴿子叫」……一幕幕就像電影鏡頭閃回，孩子的心離父母那麼遙遠，父母知道嗎？體會得到嗎？「什麼是父母對孩子的真正的愛？」這個想法一直揮之不去。

為人父母，愛子之心毋庸置疑，但以何種形式表達，真是千差萬別。回顧自己為人母十多年來的歷程，想想也真是汗顏，心生一絲愧疚。自己何嘗不是也以一種凌駕於孩子之上的姿態出現在孩子面前呢？「我是權威，你得聽我的」，有東西不吃的，「必須給我吃下去，因為我愛你！」「我說的話你不好好聽，我就打你。」因為愛，束縛了孩子，張揚了父母，在這裡，孩子是弱者，而做為父母，則是以一種強勢姿態出現，這公平嗎？莫非做為父母的潛意識中有任意支配另一個生命力量的快意？

還好自己也曾是孩子，沒有全然忘卻做為一個孩子對父母的需要。什麼是愛呢？愛不是怒其不爭、哀其不幸的旁觀態度，愛，應該是走進孩子的心靈，是溝通，是尊重，是理解。

這次諮商，更令我震撼的是，我應該怎樣做一個好母親。

指導老師的話：同一個個案，每一個都看到了不同的方面。這些看到的點，就是我們生命的功課。

指導老師手記：擁抱和眼淚

在演示個案的教室，共有 20 多個人。但現場非常安靜，只聽得見諮商師和當事人的聲音。來訪者流下的淚，流到了組員們的心裡。

在示範個案做完之後，很多組員都低垂著眼，眼裡含著淚，為當事人所感動。教室裡有一種情感在流動，但有些壓抑，有些沉重。我輕聲提議大家把自己的愛和支持傳遞給當事人。第一個衝上去的組員握住她的手，握了好一會兒。其他人靜靜地排成隊，一個一個上去，或是擁抱，或是拍拍肩，大家都不說什麼話，此時無聲勝有聲。

有一位組員上去，抱抱，再抱抱，她的眼淚流了下來。當事人快快地轉身拿了紙遞給她。等這位組員坐回到座位上，我輕輕地拍拍她，她抬起紅紅的眼睛，說：「聽到他說到那個 9 歲的男孩，我想起我兒子。9 歲的孩子不會笑，我心裡很痛⋯⋯」善良而有母性情懷的她，當事人的故事怎樣打動了她內心中那些柔軟的地方？這是我第一次見她動容。

以她的從容、睿智和資歷，職場上的刀光劍影看過無數，卻為自己組員的成長，發自內心地感覺到心痛。她能坦然地、釋然地表達自己的感受，這個小組一定是讓她感到了安心和安全。

演示個案這個環節，讓小組成員的相互信任達到了一個新的高度。

Section 4 電影中的心理諮商

15 把自己做為諮商工具──《心靈捕手》中的心理諮商

在這部影片中，諮商師與來訪者之間鬥智鬥勇的場面，可以用這句詞來形容：亂石穿空，驚濤拍岸，卷起千堆雪。

──語出蘇軾《念奴嬌．赤壁懷古》。

《心靈捕手》（Good Will Hunting）是一部非常精彩的心理諮商影片。它和其他心理諮商影片不同的地方在於它講了一個這樣的理念：最高境界的心理諮商，是心理諮商師把自己做為工具，去開啟來訪者的心靈。

劇情是這樣的：Will Hunting 是個具有極高數學天賦的少年，但他同時也是一個頻頻出入法院和監獄的浪子。他打架鬥毆，情緒衝動，把聰明才智用在和人鬥嘴、和法官鬥智上面。在麻省理工學院其他人眼中，他只是一個受到監管的清潔工，但數學系教授 Lambeau 偶爾看到他在黑板上輕鬆解出數學難題，驚為天才。

Lambeau 教授把他從監獄中保釋出來，前提是他要學習數學，要接受一週一次的心理諮商。Will 用盡方法愚弄並氣走了五位諮商師。

但第六位諮商師 Sean 的出場讓他感到了棋逢對手，一場心靈的角逐就此展開。而第六位諮商師一直把自己定位為「教心理學的老師」，並不是專業的心理諮商師。

第一次諮商：爭奪主動權

Will 穿著滿是破洞的 T 恤前來諮商。一進辦公室的門，和 Sean、Lambeau 教授及助手簡單打個招呼後，他就一屁股坐下，並且一拍手掌宣佈開始，像個主人的樣子，而另外三個人則圍繞他站著，像是客人。Sean 讓無關人員出去，Lambeau 教授讓自己的助手出去了，但 Sean 讓 Lambeau 教授也出去，Lambeau 教授雖然感到意外，但還是服從了。而在第二個諮商師工作時，Lambeau 教授和助手就在諮商室中坐著。Sean 需要和 Will 建立信任關係，他需要讓 Will 徹底放鬆，所以不能有其他人在場。這也是諮商的常規。

諮商師：你好嗎？

（最平常的一句開場，非常安全的問候。）

來訪者：（並不答話，環顧四周。）

諮商師：（觀察著來訪者）你是從南部來的？

（最讓來訪者不設防的一句話。）

來訪者：（沒有回答，反而是另起了一個話題。）我喜歡你這裡的裝潢。

（重要的不是他是否真的喜歡室內裝飾，而是向諮商師宣佈他的態度：我想說什麼就說什麼，我不想說就不說。你無法控制我。）

諮商師：謝謝。

（放鬆，身子往後一靠。完全接收到來訪者傳遞的信號，但並不防禦。）

來訪者：你是一本一本買的書，還是整套整套買的？

諮商師：「你喜歡書？」

（並不回答，而是試圖從中捕捉來訪者的興趣點。Will 是為了對話能繼續而問，所以關注的是他自己的提問，而不是諮商師的回答。）

來訪者：喜歡。

（第一次正面回答。這說明讀書確實是兩個人的共同話題。）

諮商師：你讀過這些書嗎？

（順著對方的興趣點問下去。）

來訪者：不知道。

（不願意跟著對方的思路走。）

諮商師：這些呢？

（指了另外一排書架上的書。並沒有馬上提起一個新話題，而是更具體地提問。）

來訪者：沒有。（從褲袋裡掏出菸。）

諮商師：那這些呢？

（繼續問下去，沒有馬上停止。耐心而具體地搜索話題。）

來訪者：讀過。

（終於找到了共同讀過的書。）

諮商師：很好，那你有什麼感受呢？

來訪者：我不是來做他媽的讀書報告的。

（和諮商師沒有目光接觸。）

那是你的書，你該讀。

（抬起頭挑釁地看著諮商師。）

諮商師：我讀過，我必須得讀。

（並沒有在意來訪者的粗口。繼續談話要比在意細節重要。）

來訪者：一定花了你不少時間。

諮商師：是的。

來訪者沒有接著談下去，而是起身去看書架上的書。一幅越戰的照片引起了他的注意。他開始批判書架上的一本歷史書，諮商師馬上提起另一本書，兩人語速非常快地舌戰。來訪者抽起了菸。

來訪者：我真搞不懂你們這些人，把錢花在他媽的不好的書上。

諮商師：哪些他媽的不好的書？

（開始沿用來訪者的語言系統，哪怕是髒話。）

來訪者：那些讓人怒髮衝冠的書。

（語氣狂妄。）

諮商師：反正我頭髮不多。呵，我說，你把菸戒了會對健康更有利。

（諮商師表現出幽默感。此時氛圍已比較融洽，諮商師開始說到不要抽煙的事。在之前聽之任之。）

來訪者：嗯，我知道，抽菸妨礙我練瑜珈。

（來訪者似乎是接受了，但又似乎是在顯示自己在另一領域的強勢。在房間裡四處走動。）

諮商師：（笑笑）「你運動嗎？」（輕鬆地注視著來訪者。）

來訪者：「你舉重嗎？」（並不回答，反而主動提了一個新的話題。）

諮商師：「對。」

來訪者：「舉重機？」（重新坐下。）

諮商師：「不，舉啞鈴。」

來訪者：「你舉多少？」

諮商師：「285。你呢？」

來訪者：（沒有回答，而是指著另外一幅畫問）「這是你畫的嗎？」

（他為什麼不回答呢？可能的原因是他舉不起這麼重。在這一輪較量中，他輸了。因而轉移話題。兩個人的較量從提問、讀書到舉啞鈴，非常白熱化。前兩方面雙方都不相上下，而啞鈴方面來訪者沒有佔到上風，他會採用其他方式尋找諮商師的弱點加以攻擊。）

看到來訪者凝視著牆上的畫，諮商師一連問了好幾個試探性問題，如是否喜歡畫畫、雕塑、是否喜歡藝術，來訪者都沒有回答。

來訪者：這幅畫畫得真差勁。

諮商師：說說看你的感覺。

（並沒有因此而不高興。）

來訪者：線條複雜混亂，筆法頗有印象派畫風。

諮商師：我倒不想模仿莫內。

（點明是自己畫的。）

來訪者：我不說這個。

諮商師：那是什麼？

來訪者：顏色。

諮商師：你知道嗎？這是以數字畫的。

（站起身走到來訪者身邊，兩人距離很近，看著畫。諮商師的語氣中帶著自豪感。這個細節暗示著他以前是學數學專業的。）

來訪者：給數字塗色？讓我著迷的倒是這色彩。

諮商師：是嗎？色彩怎麼了？

來訪者：色彩讓你差點割耳朵！

（影射諮商師像凡．高梵谷一樣精神錯亂。）

諮商師：是嗎？

來訪者：是的。

諮商師：那我應該搬到法國南部，改名為文森特。

（借文森特．凡．高自嘲，對來訪者的嘲諷毫不介意。）

來訪者：聽說過《暴風雨中的港口》嗎？也許指的就是你。

（開始對諮商師進行心理分析。）

諮商師：哪方面？

（饒有興趣。）

來訪者：也許你正在暴風雨中，天色昏暗，波濤撞擊著小船，槳就要斷了。

（在這個過程中，諮商師的手抱在了胸前，一隻手托著腮，然後摸著鬍子，然後捂著嘴，沉思。）你嚇壞了，你迫切需要港口，也許這就是你成為心理醫生的原因。

（回轉身看著諮商師，眼神炯炯發亮。）

諮商師：（手從嘴邊拿開，指著來訪者）對，你說對了。

（非常坦誠地接受了這一心理分析。和一般諮商師防禦性的反應不同，他始終非常開放，非常自信。他拍拍對方的肩，轉身走回座位）讓我們回到正事上吧，你扯得太遠了。

（有放有收。）

來訪者：（繼續看著那幅畫）也許你娶錯了女人。

諮商師：（非常快、非常嚴肅地回應）也許你應該管住你的嘴。管住你的嘴，好嗎？

來訪者：（一下子轉過頭，盯著諮商師陡然變得嚴肅的臉，無語。諮商師回復得太快，而且表情從平靜變為嚴肅，這其中肯定有原因。再次回身看畫，半晌，肯定地說）是的，你娶錯了女人。

諮商師：（表情已發生變化，身體慢慢變得僵硬。）

來訪者：發生什麼事？

（眼睛中有挑釁）

諮商師：（無語，摘下眼鏡擦，以控制自己的情緒。）

來訪者：她拋棄了你？她和別的男人搞上了？

諮商師：（連眼鏡都來不及戴，猛地衝過來一把掐住來訪者的脖子，惡狠狠地說）如果再對我太太無禮，我就宰了你！我就他媽的就宰了你！聽到沒？！

來訪者：（平靜地看著諮商師）時間到了。

諮商師：是的。

（慢慢鬆開了手，眼裡滿是失落、傷心，毫不掩飾。）

來訪者邊打量著諮商師的側影邊離開，沒有進一步嘲弄這個一下子傷感起來的諮商師。

第一回合看起來是以 Will 的勝利告終，他成功地擊中了 Sean 的薄弱之處。但他並沒有像以前打敗其他諮商師的那種勝利喜悅：趕走第一個諮商師時，他得意非凡；趕走第二個諮商師時，他甚至拿出一串鑰匙對 Lambeau 教授做催眠，以嘲弄諮商師。但這次他是訕訕地走出諮商室。因為這個諮商師什麼都不掩飾！正常的諮商談話是一問一答或圍繞同一個話題展開，但他們兩人的談話是你問我不答、你問我也問，利用話題的變化微妙地爭奪話語權，看誰更佔上風，看誰在微妙之處壓倒對方，從對書的評價到舉起的啞鈴重量！諮商師並沒有把自己的想法強加給來訪者，而是順著來訪者的思路在走。

談什麼並不重要，關鍵是雙方要有連接。諮商師的目標很明確：跟對方建立信任關係最為重要，打破對方的阻抗和防禦最為重要。至於收集資訊、瞭解來訪者想法、給出建議，那是這之後的事情。

諮商師在這裡充分運用了同步（pacing）技術，來訪者速度很快，他也快速反應，語速很快，來訪者用了大街語，諮商師也適度地模仿了這種話語。但另一方面，諮詢師也在不動聲色地作引導，他的語速很快，但語調一直很穩定，他與來訪者鬥嘴鬥得硝煙瀰漫，但他的情緒始終非常平靜，他與來訪者有棋逢對手的感覺，建立的是平等的關係，但他始終很清楚：對方是來訪者，是需要他幫助的人，不是他的對手。

在 Will 離開後，Lambeau 教授走進辦公室，他看到的是丟盔棄甲、沮喪沉痛的 Sean。他主動提出可以終止諮商。還沒有從沉痛中恢復過來的 Sean 卻堅定說：「下個星期四點，請一定讓那個孩子來到辦公室。」「孩子」這個用詞，流露出他對 Will 的定位。

這是他和其他諮商師的不同之處：其他諮商師可能在慘敗後關注自己的狼狽形象，把 Will 當作敵人，而 Sean 的關注點並不在自己的慘敗上，而在來訪者身上。透過 Will 的挑釁和攻擊，他看到了一個被成人世界嚇壞了的、不知所措的、試圖自我保護的孩子。他是第一個撥開迷霧還原 Will 本來面目的人，也是 Will 第一個心靈伴侶（soul partner）。

第二次諮商：對來訪者的定位：你只是個倔強的孩子

第二週 Will 是叼著香菸進入諮商室的，他有些嘲諷地說：「啊，又是你！」

言下之意是：「我對你的打擊還不夠，你現在又想給我當靶子了？！」Sean 一反第一次的隨和，嚴肅地起身拿起衣服帶 Will 到公園裡，坐在同一張長椅上。Will 又開始拿周圍的景物攻擊 Sean：「你喜歡天鵝嗎？這是戀物癖嗎？」Sean 對此不理不睬，順著自己的思路說下去：

諮商師：我在想你那天批評我的畫的事情。在失眠了大半夜後，突然有一個想法進入我的腦海中。一念及此，我便沉沉睡去。你知道我想到了什麼嗎？

來訪者：不知道。

諮商師：你只是一個孩子。你根本不知道你在說什麼。

來訪者：謝謝。

諮商師：你知道為什麼嗎？你從來沒有離開過波士頓。

來訪者：對。

諮商師：如果我問你藝術，你會告訴我書裡的觀點，如米開朗基羅，你瞭解很多，如他的政治抱負、他和教皇的關係、性傾向、作品等，對嗎？

來訪者：（沉默沒有回答。）

諮商師：但你從來沒有聞過西斯廷教堂的氣味，你從來沒有站在

那裡抬頭仰望美麗的穹頂。（沉浸在甜美的回憶中片刻）

如果我問你女人，你會談出自己的各種偏好，你可能上過幾次床，（看著 Will 有些許的停頓）但你沒有體會過在你愛的女人身邊醒來時那種真正的幸福。你是一個倔強的孩子。

（帶著愛意和一絲怒其不爭的恨意）

如果問起戰爭，你會唸起莎士比亞的詩句：「共赴戰場，我親愛的朋友」，但你從來沒有接近過戰爭，你從來沒有把好友的頭抱在你的膝上，看著他咽氣，但你卻無能為力；問起愛情，你會引用十四行詩，但你從來沒有見過女人的脆弱，她能用目光擊中你，讓你感到上帝派天使來到凡間，把你從地獄深處救出，你只想成為她的天使，為她做任何事，直到永遠，經歷所有的事，包括經歷癌症。你無法知道在醫院整整兩個月握住她的手的感覺。

醫生一看你的眼睛就知道陪護的時間規定對你不適用。你體會不到失去的感覺，因為只有你愛某樣事物勝於愛自己才能體會到。我懷疑你是否敢那樣愛別人。（眼睛看著 Will。）

來訪者：（專注地聽，沉思，沉默。他知道諮商師在講自己的故事。）

諮商師：看著你，我看到的不是一個自信的男人，而是一個害怕的狂妄的傻孩子。的確，你是一個天才，沒人否定這一點，沒有人瞭解你的深度。但你僅憑我的畫就斷定你瞭解了我的全部，你把我的生活撕開了。你是個孤兒是嗎？

來訪者：（那種掌控一切、嘲弄一切的表情被一種深深打動的表情所取代。像是陷在某個夢中。聽到問話，眼神回到現實中，但並沒有回答這個問題。）

諮商師：你認為我是透過閱讀《孤兒淚》來瞭解你受了多少苦、你的感受、你是誰嗎？這太簡化了你吧？從我個人來說，我對這些並不感興趣。你知道為什麼？我不可能靠閱讀該死的書來瞭解你，除非你願意談自己，談你是誰，這時我會著迷，我會加入。但你不想這樣做，是嗎？你會被自己所說的話嚇倒。現在輪到你講了，老大。

在這次諮商中，諮商師用了自我揭示的技術，明確地告訴了來訪者：「在諮商師的外衣下，我和你一樣是個活生生的人。我會因為你的批評徹夜難眠。我經歷過各種人生創傷，參加過越戰，在戰爭中眼睜睜地看著好友離去；我有過深愛的人，眼睜睜地看著她在癌症的折磨下離開人世。你是一個比我聰明、比我有深度的天才，但你從書本上得到的所有知識無法代替你去體驗，無法代替你去成長。剝去天才的外衣，你其實是個被生活經歷嚇得瑟瑟發抖的孩子。你沒有任何安全感，所以你不敢暴露真實的自我，甚至不敢全心地愛別人。如果你願意敞開心扉，就像我現在所做的一樣，諮商可以做下去；如果你決定封閉自我，諮商無法進行。」

聰明的 Will 完全能夠理解 Sean 的一番苦心。其他諮商師都是帶了角色和標籤來對他做諮商的。Sean 是第一個對他毫不設防的人。正因為 Sean 毫不設防，所以他看到了在 Will 防禦的外衣下，其實是一顆脆弱的心，非常害怕受到攻擊，非常沒有安全感，所以用攻擊別人的方式來自我保護。「你只是一個倔強的孩子，一個狂妄的傻孩子。」這樣的定位對 Will 來說是全新的。他將在這種定位面前剝去自己帶刺的堅硬外殼，開始安心地做起孩子，而不是一個處處完美的天才。

這次諮商最重要的是開始建立雙方信任關係。Will 破天荒地沒有油嘴滑舌，沒有嘲弄，沒有犀利，而是內心被觸動，陷入沉思。

第三次諮商：沉默是武器——誰先開口誰就輸

第三次走進諮商室，Will 還是那種大大咧咧、天不怕地不怕的架勢，而且穿著建築工地上的工作衣服，佈滿塵土。坐下後掏出菸要抽。

Sean 說：「別抽菸。」Will 順從地把菸放回去，一言不發，開始打量四周。Sean 也一言不發，憂心忡忡地看著鐘，諮商時間在一分一秒地流走。兩個人在沉默中坐滿了一個小時。

當 Sean 跟 Lambeau 教授說起這次諮商時，Lambeau 非常不能理解：「就這樣沉默著坐了一個小時？這跟小孩玩的盯著看的遊戲有什麼區別？」

而在 Sean 看來，這次諮商是有意義的，Will 知道了一個重要的諮商規則：「如果我不想講，沒有人強迫我講。在諮商中我是擁有主動權的。不用爭奪，不用打倒諮商師，我就可以擁有這個權利。」這是建立 Will 安全感的重要步驟。所以 Sean 在整個過程中只對 Will 的抽菸行為進行過干涉，其他時間保持沉默，等待 Will 主動。

Will 曾經像一頭被獵人追捕的豹子，驚慌地來咬追捕的人；而現在，他像一條小溪，可以自由決定自己的流向，諮商師只在岸上跟隨著他。這讓他有安心感。

沉默的一個小時，並不是浪費時間。它有深刻的含意。有些諮商師在結束前 5 分鐘會和來訪者探討「沉默」，如沉默時的想法，對沉默的感受等。

第四次諮商：接受不完美——那些小事讓我懷戀妻子

第四次諮商又是以兩人的一言不發開場，只不過諮商師在輕鬆地吹口哨。後來，諮商師開始打瞌睡。而 Will 一直轉動著自己的眼睛，猶豫著是否要開口。終於在 Sean 頭一點一點的睡夢中，Will 開始講一個關於飛機的笑話。Sean 馬上精神抖擻地醒來參與談話。

笑話只是一個緩和氣氛的前端。Will 開始講起自己的愛情，非常私人性的一個話題。雖然他口口聲聲說自己知道該怎麼做，但他還是流露出自己的不知所措：「她非常完美。我沒有給她打電話，因為我不想破壞她的完美。」

Sean 指出：「也許你只是不想破壞自己的完美。這是一種極棒的哲學，可以一輩子不用認識任何人。」Sean 看到 Will 的不安全感來自於害怕人們認識到他的不完美，因而逃避跟這個世界的接觸、親密接觸，他又一次用了自我揭示：「我妻子去世兩年，但在我回憶當中的都是她的一些小瑕疵，如她愛放屁，有一次甚至把自己臭醒……」

Will 哈哈大笑，在他的開懷中，Sean 鄭重地告訴他：「不完美是好東西，它能讓我們選擇誰進入我們的小世界。你不完美，你認識的女生也不完美，但關鍵是你們能否完美地匹配。這就是親密關係的實質。」

Sean 鼓勵 Will 道：「你可以瞭解全世界的資訊，但重要的方式就是去嘗試。」Sean 看到了 Will 想逃避的舉動：一開始建立親密關係，就會逃到自己的殼中。

在笑過後，Will 開始把火力對準了 Sean：「你考慮過再婚嗎？」

諮商師：我的妻子已經過世了。

來訪者：這是為什麼叫「再婚」啊！

諮商師：她死了。（再一次用現在式強調，一語雙關：世界上不會再有我妻子了。）

來訪者：我想這是一種極棒的哲學，可以一輩子不用認識任何人。（把 Sean 說自己的話還給 Sean。）

諮商師：時間到了。

這次諮商的重要意義在於：諮訪關係中的信任關係已經建立，Will 開始談及自己的愛情。Sean 藉此觸及到 Will 與他人建立親密關係的障礙：害怕暴露自己的不完美，因為他有深深的不安全感。這一點在 Will 身上是系統性的，可以借由任何路徑觸及這個中心點。

Sean 有敏銳的洞察力，早已對此了然於心，但需要等 Will 自己提到時，才能觸及。Sean 選擇了用溫柔而堅定的方式來觸及：他採用了自我揭示，向 Will 顯示良好的夫妻關係是可以包容這些不完美的，但又犀利地指出 Will 要學會接受自己和他人的不完美。

在諮商結束時，Will 開始對 Sean 做起諮商。只不過這一次他不是高高在上、挑釁地想要挑開 Sean 的膿瘡，而是真心想幫助他，所以採用的語氣和語調都是真誠的。Sean 感受到這一點，並不拒絕，內心似乎也有小小的觸動。

第五次：自我揭示——怎麼知道愛上了一個人？

在這次諮商中，Will 似乎對 Sean 和他妻子相識、相戀的經歷特別感興趣。Sean 是個講故事高手。他帶著 Will 一起回到 20 年前那場有名的壘球大賽中，兩個人都身臨其境，抑制不住激動，在辦公室裡又喊又叫地重現當年球迷的狂熱。

當 Will 得知 Sean 為了和一個剛認識的女孩搭訕竟然放棄了夢寐以求、徹夜排隊買到的球票時，他覺得不可思議：怎麼可以為了一個剛認識的女孩就拋棄自己的朋友呢？怎麼可以放棄這麼千載難逢的看球機會呢？但 Sean 告訴他：「我從來沒有後悔過，即使為了照顧妻子放棄對退伍軍人的輔導，即使守護病榻兩年，只是覺得有點遺憾。」

看上去這次諮商一直在談 Sean 和妻子的關係，其實是在解決 Will

的問題：「什麼是真愛？怎麼判斷愛上了一個人？」Will 在學習建立親密關係。

Sean 沒有刻意去校正他的觀念，只是用放棄球賽、放棄心愛的心理諮商等行動，說明了自己是怎樣做的。他沒有建議 Will 該怎樣做，但 Will 已有所觸動。一層觸動是 Sean 對愛的付出和對愛的投入，另外一層觸動是 Sean 對他的自我揭示和開放。在諮商室中發生的當下的事件，是來訪者和諮商師過去經驗、觀念和行為模式的碰撞。諮商師坦坦蕩蕩地與來訪者分享自己愛的經歷，向來訪者樹立了一個開放的榜樣：「我可以做這樣的分享，你也可以。我分享之後，沒有讓你不尊重我，你分享之後，你也會是安全的。」諮訪關係的互動本身會讓來訪者受益。

第六次：面質技術的應用——不要浪費我的時間

在第五次諮商結束後，Lambeau 和 Sean 有一次討論，Lambeau 認為 Sean 應該和 Will 談談他的將來，為他指出人生正確的方向，而 Sean 堅持認為 Will 還沒有準備好談將來。他只有理清自己的過去才有可能談將來。Lambeau 急躁地催促，Sean 認為：「指出方向是一回事，但操縱又是另外一回事。」諮商師不能操縱來訪者，只有他自己願意談了，才有可能有進展。Lambeau 看到的是 Will 的天才，Sean 看到的是 Will 的動機。Lambeau 有 Lambeau 的路，Will 有 Will 的路，「為什麼不給他時間讓他自己來理清他將來想做什麼」。

在這次諮商前，Will 和他的女朋友鬧翻，因為女朋友要他和自己一起去加州，而他擔心去後被女朋友甩掉，因而先提出分手；Will 和 Lambeau 教授鬧翻，他不願意做 Lambeau 教授認為有意義的工作。

他來到諮商室，Sean 問：「你有心靈伴侶嗎？能夠挑戰你的人？觸動你心靈的人？」Will 列出了很多：莎士比亞、尼采、佛斯特、奧康納、康得、洛克，但當 Sean 讓 Will 列出活著的人時，他無言以對。他的防禦心再次出現：「我沒有接受那個工作，你少擺教授的臭架子。」

Sean 沒有以牙還牙，只是說：「你知道我沒有。」Sean 想幫 Will 挖掘出他內心真正想做的事情，有激情的事情。Will 爭辯說自己做建築工、修車工是很光榮的事情。

Sean 認可這一點，但用了面質：「你在哪裡都可以做這種工作，為什麼每天要乘坐 40 分鐘火車到世界一流高等學府去打工？而且每天夜裡回家還要做世界上只有兩個人能懂的算術題？我看不到其中有什麼光榮。」點出 Will 不願意承認的自己對學術的追求。Will 無言以對。

諮商師：你真正想做什麼？

來訪者：我想當牧羊人。

諮商師：真的？

來訪者：我想搬到納什買塊地放羊。

諮商師：也許你該那樣做。（一邊起身去開門）要自慰就回家去找條毛巾。

來訪者：你在趕我？

諮商師：對。

來訪者：時間還沒有到。我不走。

諮商師：你不回答我問題，浪費我的時間。

來訪者：我以為我們是朋友。

諮商師：遊戲結束了。

Will 站起身開始變得憤怒，開始對 Sean 進行人身攻擊：「你這個糟老頭，你自己有心靈伴侶嗎？她是死了，你就不敢再為人生下賭注了？你輸了，但有人比你輸得還慘。」

Sean 沒有回應這些，只是平靜地說：「看著我，你想做什麼？」Will 一時間靜默下來，什麼也說不出來。

Sean 說：「對別人的事你都會有答案，但你自己卻回答不上這麼簡單的問題。因為你不知道答案。」

Will 離開了辦公室。Sean 採用了非常規的諮商方式：用趕走 Will 的方式表達自己的失望。但對 Will 這種類型的人來說，這種方式是有效的。在某些方面，他是思想的巨人、行動的矮子。他永遠有足夠的理由讓自己不去行動。另一方面，他自我防禦的殼太厚，可以看到這個殼有些軟化，但遠沒有剝離。只有採取衝擊力較大的行動，才有可能觸及外殼下面的那個 Will。

在諮商後他開始思索關於未來的問題。後來當他的好朋友說他是

「抱著中了一百萬的彩票卻不敢去兌獎」，比喻他擁有天賦卻不去做更有意義的事情時，他被觸動得更深了。

第七次：從自罪感和不安全感中解脫出來——這不是你的錯

第六次諮商是以 Will 聽到 Sean 和 Lambeau 的爭吵開場的。Lambeau 要求 Sean 給 Will 更多壓力，而 Sean 認為 Will 的防禦機制是：逼得過急就會放棄，以免自己再次經歷被別人拋棄的慘劇，以免自己成為失敗者。

兩人在爭吵中把 Will 的問題升級為兩個人之間的問題：Lambeau 指責 Sean 是個失敗者，而 Sean 認為這是大家逼的，其實他並不認為自己是個失敗者，所以他躲著不參加同學聚會。狂怒中的兩個教授尷尬地看著 Will 推門而進。

似乎感覺到這是最後一次諮商。當 Sean 把 Will 的心理檔案遞給他看時，Will 沒有接檔案，而是問：「你有那些體驗嗎？」他指的是遭受父親虐待的經歷。

Sean 先開始還推說自己在諮商中見過各種慘事，但 Will 堅持問他的個人經歷，Sean 終於承認：「我的父親是個酒鬼，每次喝醉了都要打人。我就會激怒他讓他打我，以保護媽媽和弟弟。」兩個人心有戚戚焉。

Will 談起自己和女友分手。看到 Will 情緒低落，Sean 放下手裡的檔案材料，走到 Will 面前說：「孩子，這不是你的錯。」

來訪者：是的，我知道。（抬起眼睛看看 Sean，又低垂。）

諮商師：看著我，孩子，這不是你的錯。

（又往前走一步，手還是插在褲子口袋中。）

來訪者：我知道。（撇撇嘴，抬眼看看，又低頭。）

諮商師：這不是你的錯。（再認真地重複一遍。）

來訪者：我知道。（帶著一抹感謝的笑意看著 Sean。）

諮商師：不，你不知道，這不是你的錯。（往前走一步，眼睛直視著 Will。）

來訪者：我知道。（盯著 Sean，站起身來。）

諮商師：這不是你的錯。（手從口袋中拿出，再向前走一步）

來訪者：是的。（眼睛低垂，不再說話，表情沉重。）

諮商師：這不是你的錯。（再往前走一步。）

來訪者：別來煩我。

（抬起眼來看 Sean，眼裡滿是淚水，滿是憤怒，臉上也有淚痕。）

諮商師：這不是你的錯。（繼續看著 Will，繼續走近 Will。）

來訪者：別來煩我！

（雙手猛地把 Sean 往外推。淚水控制不住地流下來。）

諮商師：這不是你的錯，這不是你的錯。（走得更近。）

來訪者：（Will 雙手掩臉，痛哭起來。）

諮商師：這不是你的錯。（撫摸 Will 的脖子，安慰他。）

來訪者：（Will 抱住 Sean 大哭起來，哭得盪氣迴腸。）

這次諮商是一次轉捩點：Will 終於敢於面對自己的過去，並且敢於在別人面前放聲大哭。他內心那種深深的內疚感、那種自己配不上任何人、任何事的負面感受得到宣洩。他就像鳳凰涅槃一樣得到了重生。那種厚厚的保護殼在那一刻剝落，內心裡那些柔和的、溫柔的東西第一次旁若無人地鑽出來，和他的外在自我融合在一起。

他的整個心靈為之一震，感受到前所未有的輕鬆和暢通。儘管不能保證 Will 就此脫去他的殼，但他至少體驗過這種感受，至少在這種體驗中暴露過，他知道自己是安全的。如果需要，他可以再次體驗。

值得注意的是 Will 對 Sean 的那一推，那其實是一種移情，在那一瞬間，他把 Sean 當成了虐待自己的養父，有無限的恨意在心頭。Sean 非常理解這一點，所以他堅持重複那一句「魔咒」:「這不是你的錯。」

當 Will 抱住 Sean 痛哭時，是把對父親愛的渴望移情到 Sean 身上，成為正性的移情。這種正向移情彌補了 Will 內心缺失的父愛。而「這不是你的錯」之所以成為一句「魔咒」，能夠軟化 Will 的防禦外殼，是因為 Sean 看到 Will 內心對自己被虐待、被拋棄的經歷有深深的自罪感，在歸因方式上歸因於自己而不是環境、施虐者，因而充滿了自責，甚至會用某種方式進行自虐或自罰。

Will 住在貧民窟，做勞力工作，不時打架鬥毆進監獄，糟蹋自己

的天賦，在某種程度上就是一種自虐。影片沒有交待他為什麼會有這種自罪感，但推測是由於他母親或其他家庭成員的去世，他覺得是自己沒有盡到保護之責，不配舒舒服服地活在世界上，只有遭受懲罰才是贖罪之道。Sean 有和 Will 相似的成長經歷，他看 Will 有時就像看年輕時的自己，所以能用慧眼看到這一層，突破其內心防線，到達 Will 的內心深處。

第八次：諮商結束

最後一次諮商，Will 相當放鬆，腿翹在桌上，但語氣和語調卻前所未有地嚴肅和尊重。他告訴 Sean 自己選擇了工作，並確認是自己想要的。在 Sean 告訴他時間到了後，Will 不願起身。Sean 用「不用謝」堵住了他的感謝之言。

當 Will 流露出戀戀不捨、問是否能保持聯繫時，Sean 給了一個承諾：「你可以打電話給我。」兩人在擁抱中結束諮商。

Will 在諮商結束時表現出來的戀戀不捨，其實是諮商中常見的情況：來訪者對諮商師產生正向移情，建立了依戀關係，對結束諮商感到不安，對自己將要獨立面對生活感到不安。有經驗的諮商師會較好地處理結束關係。向來訪者承諾：「如果你將來有諮商的需要，隨時可以打電話預約」，是一種讓來訪者安心的方法。

還有些諮商師會採取漸進結束式，即從每週一次面談變為兩週一次、一月一次、三個月一次，讓來訪者有一個適應過程。還有些諮商師在諮商開始時就設定了諮商結束的時間，來訪者清楚地知道自己處於進程中的哪一步。採用哪一種方式結束，和諮商目標、諮商師採用的方法以及來訪者的類型有關。

當 Will 擁抱 Sean 時，他還不忘記幽默一下：「這不符合諮訪關係的規定吧？」

Sean 回應道：「除非你對我進行性騷擾。」雖然是幽默，但也提出了一個問題：諮商師和來訪者是否應該有身體接觸？這是一個頗有爭議性的問題。

大家公認的一點是：那些帶著性意味的身體接觸是不當的。而那些非性色彩的身體接觸呢？有些專業人士強烈反對，認為任何身體接觸都應避免，很多來訪者對諮商師的投訴或訴訟都是由身體接觸引起。諮商師出於好心的身體接觸並不一定能被來訪者理解，來訪者可能會有曲解或誤解。

還有些專業人士贊同，認為恰當的身體接觸能夠推進信任關係，使諮商走得更深入。顯然 Sean 是第二種觀點的實踐者。在影片的情境中，兩次擁抱達到了較好的效果。區分是否應該有非性意味身體接觸的一個標準是：這是為了來訪者的利益？還是為了諮商師的身體需要？

在 Will 走到門口時，Sean 又輕輕說了一句：「祝你好運，我的孩子。」

這其實是 Sean 對 Will 的反移情：他一直把 Will 看作是青年時代的自己，看作自己的兒子，所以他在諮商中飽含了真情和深情。Will 是能夠挑戰他的人，是能夠和他心靈進行對話的人。他本人也從這種關係中受益。如果諮商師處理不好這種反移情，會對來訪者造成不良影響。而 Sean 富有諮商經驗，非常有分寸地處理這種反移情，使這種關係為來訪者服務。

Will 社會支援系統的分析

Will 從天才變為人才，除了諮商師的幫助，還有其社會支援系統全方位的幫助。最初，Will 最重要的社會支援系統應該是他身邊的三個同齡夥伴。雖然他們智商平平，舉止粗俗，社會地位低下，但他們講義氣，崇拜 Will，讓 Will 有安全感。在 Will 迷惘之際，其中一位夥伴勸告 Will：你和我們不一樣，你應該把你的天賦用好。我最盼望的事情是有一天我敲門時你沒有來開門，因為你已經做你應該做的事情去了。這對 Will 是很大的觸動，也是最終促使 Will 改變自我的動力之一。

Will 的第二重要支援系統來自 Lambeau 教授。Lambeau 教授熱愛數學，是發現 Will 的伯樂。當他發現 Will 是數學天才後，費盡周折保釋 Will，並為其安排心理輔導。當 Will 第一次跟他合作解一道數學題時，Lambeau 教授和他擊掌慶祝，並排坐下後，愛憐地揉了揉 Will 的頭髮，把手搭在了 Will 的肩上。那種默契和寵愛，令一旁的助手 Tom

心頭不禁酸酸的：自己幫助教授做了這麼多，從來沒有這樣受寵過！

Will 的第三重要支援系統來自他的女友 Skylar。儘管 Will 可以在幾分鐘之內幫助她解出需要苦苦思索一天才能算出的方程式，但 Will 在她面前有深深的自卑感：她是哈佛大學的富家女，自己只是貧民窟裡的孤兒。她接受了他，接受了他只是一個臨時工的現狀，接受他是一個泡泡酒吧、打打球的浪蕩子，接受他身邊的朋友。

為了融入他的小圈子，她講黃色笑話。為了鼓勵他，她真心誇讚他的天賦。她把自己的未來和他聯繫在一起。雖然 Will 由於強烈的不安全感一度曾提出分手，但這段愛情是 Will 改變自己的非常重要的動力。親密關係的建立是 Will 克服不安全感的重要途徑。他的女朋友推進了 Will 的個人成長。諮商結束後 Will 的變化表現在其行為上。他的第一個行動就是開車到加州去找女朋友。

最重要諮商工具：諮商師本人

前五位心理諮商師之所以被 Will 氣走，是因為他們單純靠技術來諮商，而 Will 是位天才，他可以輕而易舉地瞭解他們的知識體系或做為人的特點，找出其中的漏洞或人性的弱點，戲弄、耍弄或愚弄他們。

如果一個人把活生生的自己呈現在他面前時，他可以輕易找到對方的弱點，但當把弱點指給對方看時，對方並沒有被嚇跑，而是認可，同時透過他不停地去找別人弱點這個行動，判斷出他的安全感極低，只是一種本能的保護行為，害怕別人看透他，攻擊別人是因為害怕別人。這就是 Sean 所做的。

不是所有的諮商師都敢於用自己做為諮商工具的。能夠這樣做的諮商師要有足夠的自我意識和自信。他們知道用自己做工具時的風險：把自己變成一個透明人，面對來訪者。做到這一點並不容易。這要求諮詢師分得清楚哪些是來訪者對自己的攻擊，哪些是自己身上本來就存在的弱點；哪些是來訪者投射在自己身上的部分，哪些是自己防禦反應。只有變得透明，諮詢師才會對來訪者所有的反應的洞察力，透過其表象看到內在。這種做法是在向來訪者做示範：你在這裡怎麼做都會是安全的，你怎麼做都會被理解和接納。你可以擁有安全感，至少在諮商室。

第一個諮商師在諮商中採用的是教訓式口吻：你別再這樣做，你別再那樣做。Will 的整個肢體語言充滿了誘惑，講話的方式充滿挑逗，有意引導到同性戀酒吧的話題上。當 Will 揭穿諮商師的性取向是同性戀後，他惱羞成怒地從辦公室出來：「我不能再做這種公眾服務，不值得。」當教授問發生了什麼時，他根本不敢給出真實的解釋，只是說自己要上電視，就一走了之，他對 Will 的結論是「胡言亂語的瘋子」。他無法面對自己的弱點被看穿，尤其是被自己的來訪者，一個需要自己幫助的人揭穿，這個人還只是一個小孩，一個被保釋的問題青年。這是很多諮商師常見的反應。

第二個諮商師使用的是催眠療法。當著 Lambeau 教授和助手的面，

Will 愚弄了所有的人：假裝被催眠，然後講一些和性有關的話，然後唱著歌睜開眼睛。諮商師的眼裡充滿著受挫和無奈的感受。Will 是個人意志非常強的人，受暗示性非常弱，特別是在充滿防禦心時，所以在沒有建立信任關係之前，運用放鬆或催眠療法對他是不適用的。

Sean 的反應是和一般諮商師不同，所以他的方式適用於天才來訪者。他在影片中出場時正在給社區大學的學生上課，講的內容就是信任對於諮訪關係的重要性。這是比任何技術都重要的一點，它超越於任何技術。他自己在實踐中也正是這樣做的。

電影畢竟不是生活。如果 Sean 不是和 Will 有非常相似的童年經歷，我們不知道最後他是否能成功剝離 Will 的防禦外殼。把諮商成功與否過多寄託在諮商師本人的成長經歷上，不是心理諮商的常規模式。心理諮商師的個人經歷確實非常重要，但不能把個人經歷的重要性無限拔高。畢竟心理諮商師是靠專業技術而不是靠經驗來做。

在諮商過程中諮商師本人的成長

影片的主要是 Sean 給 Will 的諮商，次要是 Will 的愛情故事、Lambeau 對 Will 的幫助、Sean 與 Lambeau 的故事。

Sean 和 Lambeau 本是一同學習數學的同宿舍好友。Lambeau 一直從事數學研究，成為大學教授，獲得著名的數學獎章。而 Sean 改變了專業，從事心理諮商。上過越南戰場。妻子病故。自己受到拖累，

只在社區大學教心理學，發表的論文和著作很少。在同學眼中是個失敗者、逃避者。儘管他不是這樣看自己，但他有深深的自卑感。尤其是在喪妻後他一直處於封閉狀態，和外界的聯繫很少，同學聚會都很少參加，拒絕接受別人對他妻子去世表示遺憾。他的內心也枯死了。

給 Will 的諮商，對他自己是個挑戰，因為他必須把自己剖開給 Will 看，還得事事給 Will 做榜樣。Will 不僅「成功」地在第一次諮商時就激怒他，而且在諮商過程中，不時給 Sean 反諮商，第一次時指出 Sean 躲到心理諮商的港灣中；第四次指出 Sean 不考慮再婚其實也是一種與別人隔絕的逃避；第五次指出 Sean 不願意再擁有心靈的伴侶是沒有勇氣面對生活。這些反諮商對 Sean 的內心頗有震動。他意識到自己是在用工作麻木自己。

當 Sean 把 Will 講給他的笑話講給酒吧中的人聽時，我們知道 Sean 已經被 Will 的話觸動。在 Will 奔向心的召喚時，他也打點行裝，開始新的旅程。諮商師在幫助來訪者的過程中成長了。在諮商最後結束時 Will 謝謝 Sean，而 Sean 也真誠地說：「謝謝你。」這不是一句虛空的話，而是 Sean 在成長中的真實感受。藉由來訪者的故事完成自我成長，是所有諮商師面臨的命題。

結語

《心靈捕手》是一部較完整地表現心理諮商的佳片。需要提醒讀者的是：這部電影中看到的不是心理諮商的全貌和真實。現實中如果有這樣一個個案，可能諮商的次數遠不止 7 次，而且每次的諮商過程並不像電影中表現出的那樣精彩紛呈、節奏鮮明，有可能會非常冗長、單調和乏味，而 Will 的變化也可能是漸進式而不是突然發生式。影片中使用的諮商方式更多是針對 Will 這個天才少年而言，而不能把其生搬硬套在所有的諮商群體上。影片表現的是美國文化和美國式諮商，和中國文化、中國式諮商尚有一定距離。

16 心理諮商師和黑幫老大——《老大靠邊閃》中的心理諮商服務

如果諮商師過深地捲入來訪者的生活，縱使晴明無雨色，入雲深處亦沾衣。

——詩出張旭《山中留客》。

和其他心理諮商的電影相比，《老大靠邊閃》（Analyze This）這部電影有它的特色：把心理諮商師還原為一個活生生的人，而不是一個只戴著職業面具的工作者。把心理諮商師與黑幫老大的生活聯繫在一起，讓其走出心理諮商室幫助這個特殊的當事人。

第一次諮商：闖進心理諮商室的來訪者

在影片中，Paul 是個黑幫老大。不說殺人如麻，也是惡貫滿盈。就是這樣一個人，在人到中年時遭遇了危機。按照心理診斷標準，他至少可以被診斷為神經症中的焦慮症，主要特徵是驚恐發作，三週發作八次，每次的特徵都是呼吸困難，有瀕死體驗。於是他到醫院去做心臟檢查，想要確診是心臟病。當醫生給出的診斷結論是焦慮引起的身體不適後，不能接受這一點的 Paul 把醫生暴打一頓。他想辦法證明自己的不適是由於生理原因引起的。

「自己的心理出了問題」，這就像一顆定時炸彈一樣威脅著他。於是他想到偷偷摸摸間接求助於心理醫生。諮商有以下場景：

第一次諮商：由於「黑幫老大」這個標籤，Paul 無法接受自己身上出現的問題。他只能借為朋友諮商為名，到諮商室找到 Ben。

來訪者：你知道我嗎？

諮商師：我知道。

來訪者：不，你不知道。

諮商師：好。

來訪者：你在報紙上看過我的照片？

諮商師：是的。

來訪者：不。

諮商師：我從不看報紙。

來訪者：（指著 Ben）坐下。

諮商師：（順從地應聲坐下，坐在面巾紙盒上。發現這一點後把紙盒挪出。順從和害怕的形象，與他引導來訪者要「堅持自己」形成鮮明對比。）

來訪者：你這裡沒有盒子吧？

諮商師：盒子？

來訪者：用來錄音那種。

諮商師：沒有錄音，我只記筆記。

Ben 開始解釋撞車事件。他以為這個赫赫有名的黑社會頭子是為了撞車而找自己算賬的，懇請對方不要殺了自己。而 Paul 卻和他談起音樂和歌手，以讓其放鬆，告訴他不是為了車子而來。

來訪者：我有個朋友需要看心理醫生，我想問你幾個問題。

諮商師：請說吧。（鬆了一口氣，恢復了自如。）

來訪者：我們要怎麼做？坐下談嗎？

諮商師：請隨尊便。

（往自己習慣的主位上去坐，卻被 Paul 搶了先，坐在了平常來訪者坐的位置上。Paul 一下子就有了主人的優勢。而 Ben 則渾身不自在，甚至要鬆一下領帶以掩飾緊張。）

來訪者：那我們該怎麼開始？

（Paul 坐得舒舒服服，像個諮商師一樣掌握著主動權。）

諮商師：為什麼不從你先開始，說說自己為什麼需要接受心理治療？

（Ben 進入到心理諮商師的角色，用了自己慣用的開場。）

來訪者：我不需要諮商，我剛才說過了，我是為朋友來的。你應該是個好的傾聽者，但你這個傢伙連我幾秒鐘前說過的話都記不得！

諮商師：對不起！對不起！我非常抱歉！

來訪者：老實說，醫生，到目前為止我對你的服務並不滿意！

諮商師：我非常抱歉！這是我的錯！讓我們從頭開始。你為何不談你的朋友？

（可能從來沒有遇到過這麼強勢的來訪者，身份這麼特殊的來訪者。）

來訪者：我的朋友是個非常有權勢的人，世界上沒有什麼他對付不了的事情。但突然有一天他就崩潰了，他無緣無故地哭，晚上睡不著。他無法再與朋友相處，不信任他們，想要離開他們。但這些人都是一輩子的朋友了。他還有突發性的窒息、暈眩、胸痛，還有馬上就要死掉的感覺。

諮商師：驚恐發作。

來訪者：你們這些傢伙怎麼老喜歡提他媽的這個詞？誰說驚恐了？！誰說驚恐了？！

諮商師：不是驚恐，是胸痛、頭暈、透不過氣。

來訪者：我的朋友想知道該如何讓這種情況不再發生。

諮商師：我要斗膽說一句：你的朋友就是你吧？

（眼睛有些緊張，盯著 Paul。）

來訪者：（對視片刻後，用手指著 Ben 說）你真是天才啊！我的朋友，你真是天才！你一眼看透了我，難怪要幹這一行。

當 Paul 要 Ben 給出解決方案時，Ben 首先提出吃藥，被 Paul 否定。Paul 提出讓 Ben 做自己的心理醫生。在 Ben 再三推辭後 Paul 追問出了度假賓館。本打算堅持自己立場的 Ben 很輕易就放棄了自己的主張。Paul 打算利用 Ben 的假期做諮商。

在 Paul 離開前，他說：「說來好笑，當我說出來後，我覺得輕鬆多了。我覺得如釋重負。你真行！謝謝你醫生！」

Ben 在一頭霧水中被 Paul 稱為「有天賦的醫生」，而 Paul 在離開前對他的臉又擰又拍，更讓他不知做何表示——在短暫的會面中，完全是 Paul 佔了主導地位。不是 Ben 的諮商功底深厚，而是 Paul 說出了自己的問題，承認自己有問題，這讓他的第三重焦慮減輕——第一重焦慮是由焦慮症引起的，第二重焦慮是由擔心驚恐發作引起的，第三重焦慮是由無法接受自己是個有問題的人引起的。

這段場景對 Ben 充滿了嘲諷：當他面對來訪者時，有很多指導和睿智；而當他面對黑幫老大時，就不知所措，所有教導來訪者的原則都不見了，只剩保命要緊。這個場景也從另一個側面說明：諮訪關係越純粹越好。一旦有其他關係糾纏其中，諮商很難進行。

第二次諮商：基本信任關係建立

當 Paul 發現自己在性生活中不能像以前那樣雄性勃勃後，馬上派人半夜把 Ben 從床上抓過來諮商。Paul 指責 Ben 對自己沒有幫助，而 Ben 對自己半夜被抓來一肚子怒氣。Ben 在兩人的爭吵中要憤然離去，而 Paul 像個孩子一樣哇哇大哭起來。Ben 決定留下來幫助 Paul。

儘管 Paul 對自己出現不舉的次數遮遮掩掩，開始說只有一次，最後坦白有八次，但 Ben 的一句分析讓 Paul 陰雲頓掃、重振雄風：「你生理上沒有問題，目前的問題只是壓力帶來的，而壓力可能來自你的好友被殺。」這個解釋讓他一下子釋懷。本來 Ben 斷言兩個星期內無法解決的問題，Paul 在幾分鐘之內就得到了解決。

在這個諮商場景中，儘管並不像正式的心理諮商，但 Paul 已對 Ben 產生了基本信任。這從他毫無顧忌地哇哇大哭中可以看出。對喜怒不形於色的黑社會老大來說，這種痛哭流涕可以說是非常信任的表現。Ben 正是被這種信任打動。

其實在兩次諮商中，Ben 並沒有真正幫助到 Paul，而 Paul 的自我揭示、情緒宣洩和釋放是真正起作用的因素。因為沒有觸及核心問題，Paul 的驚恐發作仍不時出現。

第三次諮商：擔心驚恐發作

由於Paul擔心驚恐發作而把Ben從觀看表演的臺上強行拉來諮商。Ben 關注的是 Paul 與父親的關係。Paul 談到在 12 歲時父親因心臟病發作去世，以前父子關係較好，但是在父親去世前，反對 Paul 加入幫派，因而 Paul 對父親有意見。當 Ben 問到 Paul 對父親去世的感受時，Paul 說感到痛快，Ben 確認是否有內疚感，Paul 說沒有，反而問 Ben 為什麼應該有，又不是他殺死父親的。Ben 用俄狄普斯情結來解釋，被 Paul 臭罵一頓，Ben 搬出佛洛德做擋箭牌。

擔心驚恐發作確實是焦慮症當事人的重要特徵。Paul 正是表現出這樣的特徵。Ben 從父子關係入手，其方向是正確的。但由於 Paul 的善於掩飾，Ben 沒有看出 Paul 對父親的死有內疚感。對 Paul 這種當事人，用深奧的理論說服他們是不可能的。他們需要的是現實的、有行動力的語言。有在些來訪者那裡，當諮商師用一些深奧的專業名詞去解釋其現象時，來訪者可能會對諮商師更加尊敬或欽佩，但對黑幫老大來說，這樣的做法只會讓他反感。

第四次到第六次諮商：諮商師和來訪者的生活糾纏在一起

第四次諮商：這是一次非常短暫的諮商。Paul 想瞭解自己所做夢的含意，把 Ben 從晚宴上拖出來。怒氣衝衝的 Ben 拒絕釋夢。Paul 以朋友的身份出現在晚宴上，把自己的家庭介紹給 Ben 和其未婚妻的家庭，並且向 Ben 的未婚妻贈送婚禮禮物。現在已不再是 Ben 和 Paul 的關係糾纏在一起，而是雙方的家庭也捲入了。

第五次諮商：和前幾次不同，這次是 Ben 主動找上門去的，因為 Ben 的婚禮儀式被 Paul 間接地破壞了：暗殺 Paul 的殺手被從 7 樓扔下，砸在了婚禮現場，婚禮儀式中斷。Ben 衝上去找 Paul 算賬。面對 Paul 的苦水，Ben 用行為療法幫助他：讓他給派暗殺者的對頭打電話，揭示自己的情緒：「我很憤怒！」

而當 Ben 告訴 Paul 自己常用打枕頭的方式來發洩憤怒後，Paul 拔槍射擊枕頭，Ben 目瞪口呆。Ben 本來是想跟 Paul 一刀兩斷的，但雙方發洩完情緒後相互信任感反而更深。Paul 第一次問 Ben：「我該怎麼辦？」於是就有了滑稽的一幕：黑社會老大不按自己的話語系統說話，而在諮商師的指導下對另一個黑幫頭目揭示自己情緒的情境。顯然這種溝通方式在黑幫是行不通的，但這個舉動本身贏得了 Ben 繼續幫助 Paul 的決定。

第六次：這次諮商是在教堂裡。Ben 從介入調查的聯邦特工那裡知道全國黑幫很快就要開會，加上他自己出現惡夢，他焦慮地告訴 Paul「時間不多了」。他其實是帶了一腔正義感在幫助 Paul，知道這個會議對 Paul 的重要性，也知道 Paul 在此之前做出決定對其人生都非常重要。

Ben 透過自己的夢感悟到 Paul 諮商的重點是與父親的關係。當他開始著手這一點時，遭到 Paul 的強烈阻抗。Paul 甚至採用對 Ben 進行心理分析的方式阻抗，指出 Ben 自己與父親的關係是有問題的。Ben 帶著滿心失望離開。

第七次諮商：槍口下的諮商

由於 Ben 相信了聯邦特工帶來的資訊「Paul 將殺死你」，他配合地帶著竊聽器與 Paul 共進晚餐。當他得知 Paul 的父親就是在同一家餐館被槍殺時，突然悟到 Paul 其實是向自己伸出求援之手。他在洗手間拆除了竊聽器。但 Paul 認定 Ben 已經背叛自己，決定親手斃了他。Ben 在被槍指著時對 Paul 進行諮商。

Paul 漸漸回想起當時的場景：殺手扮成侍者走近，自己當時最先發現可疑之處，那個人的褲子太高級了！但沒有告訴父親，眼睜睜看著父親被殺。他內心有深重的罪孽感，他認為是自己殺了父親。說出來之後，他抱著 Ben 痛哭。Ben 輕拍著這個幾分鐘之前還要殺死自己的人，告訴他：「你救不了父親。」

而 Paul 的驚恐症狀又一次發作，在殺手襲來時竟然只是癱軟在地上，慌亂中 Ben 一口氣殺死了兩個殺手。影片中的精彩片段如下：

諮商師：我可以問你最後一個問題嗎？（Paul 在其身旁用槍指著其頭。）

來訪者：什麼？

諮商師：你點了什麼菜？

（這是一個沒有事實性的問題，沒有任何威脅性。它不是謀殺事件的關鍵細節，因而也不是非常敏感的。這樣具體的問題更有可能帶對方回到過去。）

訪者：什麼？

諮商師：你點了什麼菜？

來訪者：什麼時候？

諮商師：你父親被殺的那個晚上。你們吃了些什麼？

來訪者：我他媽的怎麼知道？

諮商師：想不起來了？

來訪者：那是 35 年前的事情了。

諮商師：那你父親吃的是什麼菜？

來訪者：我告訴了你我不知道，你在說什麼？

諮商師：想想看。這是一個簡單的問題。你父親在吃什麼？

來訪者：（長久沉默，認真回溯）義大利麵。

諮商師：很好。你呢？

（小心翼翼地轉身面對來訪者，眼睛瞟了幾下對方手中的手槍。）

來訪者：我吃的是義大利方餃。

（開始進入當時的場景，進入來訪者的角色。）

諮商師：當時菜已經上好了嗎？

（非常具體的問題，幫助 Paul 回到當時。）

來訪者：服務員正在上菜。

諮商師：你看到殺手走過來了嗎？

（又是封閉式問題，想讓 Paul 跟著他的思路走。）

來訪者：看到了其中一個，穿得像個打雜的。

諮商師：你父親也看到了嗎？

（封閉式問題。是一個關鍵問題。）

來訪者：沒。但我知道那個人不對勁。

諮商師：為什麼，Paul？

（稱呼對方的名字，重新建立兩人的信任關係。）

來訪者：對一個打雜的人來說，他的褲子太高級了。

諮商師：他走向桌子……

（在頭腦中有一幅畫面，具有動感，可以引導來訪者具有現場感。）

來訪者：我一直盯著他。

（這是 Paul 主動描述的第一句話。）

諮商師：你說了什麼嗎？

（關鍵性提問。）

來訪者：（搖搖頭）沒。爸爸正在生我的氣，他很氣，我不敢告訴他。

（帶著哭腔，情緒佔了主導地位。）

諮商師：你也正在生他的氣。然後發生了什麼？

（儘管來訪者處於情緒狀態中，但仍然繼續追問。）

來訪者：我沒有看見第二個人，我只聽到媽媽在尖叫。

諮商師：你自責？

（從事實的描述轉向對內心的分析。）

來訪者：我沒有救他。

（開始泣不成聲。這是他內疚的最核心的點。）

諮商師：你當時正在生他的氣。

（為 Paul 找理由，讓其行為合理化。）

來訪者：我當時應該告訴他。

（哽咽不止。繼續內疚。）

諮商師：你救不了他，Paul。

（告訴其事實。）

來訪者：是我害死他的。

（內疚到頂點。歸因方式為內歸因，自己是殺死父親的罪魁禍首。）

諮商師：你沒有害死他。你沒有害死他。你對他有氣，但你並沒有害死他。這是他選擇的結果。（把生氣的情緒和死亡的結果進行區分。）

來訪者：是我讓他死的……我就這樣讓他死了，我都沒有向他道別。

（放聲痛哭。從內疚轉向遺憾。）

諮商師：那你為什麼不現在說出來呢？假設他就在這裡，你會對他說什麼，Paul？

（這是空椅子技術的運用，宣洩 Paul 的內疚情緒，解決其遺憾。）

來訪者：我無法說。

（阻抗。內心過於沉重，無法讓這些平時被壓抑的情緒浮現於表面，更無法把它們暴露在空氣中。）

諮商師：你可以的，Paul，說出來。

（鼓勵。）

來訪者：不，我說不出。

諮商師：說出來，Paul。

（鼓勵。不用很長的句子，只是行動的語言，短句。）

來訪者：我要告訴他，我很抱歉爸爸……我很抱歉爸爸……我很抱歉爸爸……

（抱著諮商師放聲大哭起來。終於把內疚感徹底釋放。對 Ben 正向移情，把其當作父親。）

諮商師：你救不了他。

來訪者：我可以救他。

（哭倒在地。）

諮商師：是他想救你。這是你掙扎的原因。他不要你過這種生活。你也不想要自己的兒子過這種生活。

（揭示除了內疚之外的情緒：掙扎。自己應該過哪一種生活？父親希望自己過哪一種生活？自己的兒子應該過哪一種生活？）

來訪者：我不要。

諮商師：你不希望他像你一樣成為一個沒有父親的孩子。

（點出 Paul 心中最恐懼的點。這是 Paul 非常沒有安全感的一個原因。）

來訪者：你的父親並沒有死，Paul，他透過你而活著。他想要告訴你什麼事，他已告訴你……（槍聲響起，諮商驟然中斷。諮商師想用新的框架來解釋 Paul 父親被殺這件事。）

Ben之所以能救自己一命，除了Paul並不心甘情願殺他、願意回答他的問題之外，Ben有足夠的智慧和技巧，讓Paul重回12歲時目睹父親被殺的時刻。他要幫助那個少年釋放內心的自責感、內疚感和罪惡感。透過運用封閉式提問，運用具體的問題，他做到了這一點。

可以想像，如果Ben直接切入「是誰殺死你父親」等類似的問題，沒有前面的鋪墊，在惱怒情緒中的Paul說不定用一粒子彈做為回答。Ben有豐富的諮商經驗，他清楚地瞭解情感扳機（emotional trigger）在哪裡，他知道該沿著怎樣的路徑，沒有威脅性地走進Paul的內心。

在槍擊結束後，Ben告訴Paul：「你觸及了內心的傷痛，可能會難過一陣子，已接近問題的實質了，接下來就看你自己的了。」這種告誡是非常必要的。一個有著35年內心創傷的來訪者不會為諮商師的幾句話就解決所有的問題，他還需要時間去消化、去治癒、去成長。

影片中這是最後一次諮商鏡頭。但導演最後用一個高潮來演繹心理諮商的效果：當Ben被強拉到黑幫大會代表Paul、正把Paul的對頭激怒得要開槍之時，Paul在兒子的激勵下，從低潮中恢復過來，承擔起自己的責任，趕到會場，宣佈自己金盆洗手，退出黑幫。Ben對此舉大加讚賞：「從來還沒有當事人成長得這麼快！」

角色與規則

在第一次諮商場景中，我們簡直分不清誰是來訪者，誰是諮商師，因為現場的動力結構非常奇怪：明明是客場的Paul像個諮商師一樣發問，用教訓的口吻不斷糾正著 Ben；明明是主場的 Ben 怯懦得像自己剛剛指導過的當事人，頻頻道歉，小心翼翼。Ben 根本無法有諮商師的感覺，因為規則從一開始就被打破了：Paul 沒有提前預約，Ben 對他的來意一無所知，Ben 在 Paul 眼中沒有任何權威，也沒有任何來訪者普遍帶有的求助心理和自我標籤。Ben 甚至都沒有機會跟 Paul 解釋心理諮商的基本規則。

在後來的諮商中，Ben 和 Paul 之間的互動也存在著角色混亂：Paul 藐視一切規則，隨心所欲地差使著 Ben；Ben 則時而以受害者的身份對 Paul 發火，與其對罵，時而以諮商師的身份為 Paul 進行心理諮商。這種混亂一直持續到 Paul 有根本性的好轉。而這種諮商，從一開始就是災難。沒有諮商師能夠駕馭，如果來訪者本人沒有準備好當來訪者。

心理諮商的時間和地點也是混亂不堪的：除了第一次 Paul 在工作時間闖進諮商室，其他的諮商發生在沙灘上、賓館裡、宴會上，甚至中斷的婚禮中、教堂中，半夜時分諮商師會被強拉來諮商，正在看演出的時候被強拉來諮商……來訪者和諮商師的個人生活糾纏在一起，對雙方都有深刻影響。Ben 的第二任未婚妻差點因為這種擔驚受怕的生活而離開他。而 Paul 也因 Ben 幫助 FBI 而險些槍殺 Ben。Ben 在槍口下仍然在給持槍的 Paul 做心理諮商。

Paul 之所以會藐視諮商師和規則，因為他沒有把自己定義為「來訪者」。當來訪者走進諮商室時，他們會自動把諮商師定義為「諮商師」，能夠給他們提供專業幫助的人。對諮商師的信任不是單純依靠諮商師去建立，而主要來自來訪者的這種角色認同和標籤。這也是為什麼心理諮商強調自願原則的原因之一。沒有對角色和規則的認同，心理諮商其實無法進行。

七次諮商都是在非常特殊的情境中、以非常特殊的方式發生：沒有固定場所，沒有預約時間，來訪者不像來訪者，諮商師不像諮商師。儘管我們把其做為「心理諮商」影片來分析，但它早已不是標準化的心理諮商。儘管它有著心理諮商的色彩，但它遠比一般心理諮商風險性大。諮商師是在玩危險的平衡遊戲，稍微有一個環節無法把控，就會出問題。

影片這些情境再一次告訴人們：心理諮商應該是建立在純粹的關係上，在規定的地點，從事專業助人的活動。除諮商室外，諮商師和來訪者最好不要有任何社會關係，不能接受來訪者的贈禮，也不能和來訪者在其他場所會面，更不能讓來訪者影響自己的個人生活、家庭生活。

在影片的結尾，Ben 與妻子安心享受 Paul 提供的禮物——一支現場演奏的樂隊，而此時 Paul 仍然是 Ben 的當事人。這是非常不妥當的舉動。按照諮商規則，Ben 不應該接受來自 Paul 的任何禮物。那座高聳的噴泉、浪漫的樂隊其實都是對諮商規則的嘲諷。也許在 Ben 心裡，他從來沒有把 Paul 當作一個來訪者，反而像是不打不相識的朋友。

諮商師的價值觀對諮商的影響

在 Ben 出場時，一位分手後頻頻騷擾前男友的女性 Kathrina 正在諮商。她一直在哭訴。諮商師其實心裡早已不耐煩，早就想跳起來指責來訪者這種哭泣沒有意義，對那個男的關注沒有意義。諮商師可以採用頓喝療法，讓來訪者看清自己的本質。但在諮商室中，諮商師只是和她在繞圈子，玩弄詞句。他選擇了傾聽傾聽再傾聽，聽憑來訪者一遍又一遍演繹相同的腳本，甚至演繹在他身上，把他休假也看作是對自己的拋棄。

而在影片快結束時，又有一對性生活不和諧的夫妻坐在諮商室中。當妻子抱怨丈夫在夫妻生活中有要求時，諮商師一反中立的原則，旗幟鮮明地支持丈夫的觀點。「你為什麼不試著照先生的要求做呢？」並且說：「人生苦短啊！喝喝酒、抽點菸、找點樂子，有何不可？」對這種指導性非常強的建議，妻子點頭同意，而丈夫的眼中放出了光。

而此前 Ben 是以「模糊」的諮商風格著稱的，並在黑幫會議上上演了「模糊秀」，用搗漿糊的方式激怒了 Paul 的對頭 Primo。之所以有轉變，一是經歷了生死無常，他更加看重過好當下的每一天；二是透過黑幫老大的轉變，他意識到旗幟鮮明也是一種力量。諮商師本人的價值觀發生了變化，所以他的諮商風格也隨之發生了變化。在 Paul 的個案中，Ben 的深度捲入是有效的。但這並不意味著對所有的當事人都適用。

諮商師始終要清楚：自己可以指導來訪者，但沒有權力操縱來訪者。諮商師要清楚自己的價值觀會對諮商帶來哪些影響，並在需要的時候和來訪者進行探討。

有著困擾的心理諮商師

在影片中，我們看到的是一個活生生的、有血有肉的諮商師。他遭遇過離婚，單身帶著兒子度過 8 年，而兒子又處於逆反的青春期。父母和他的關係相當冷漠，連他的婚禮都託辭沒空不參加。對做為同行的父親，他既欽佩又嫉妒。他即將和一位美麗的女性結為夫妻，新的家庭關係即將形成。所有這些都需要他處理。

在沒有遇到 Paul 之前，至少他可以應對這一切。而在和 Paul 的周旋中，他感受到職業倦怠，時時刻刻提心吊膽。他無法再置身於當事人的生活之外，過度捲入讓整個家庭擔驚受怕。他自己做惡夢，夢見自己被殺死。再加上聯邦調查局的介入，事情更加複雜化。很多事情已遠遠超越了心理諮商的角色和職責。

這個影片塑造的這一點是成功的：即使身為心理諮商師，其專業是為別人排憂解難，仍然有可能解決不了自己的困擾。走出自己的困境仍需要付出很大努力。

行為療法

影片第二個諮商場景是 Ben 正在給沒有主見、不能堅持自己意見的來訪者 Carl 做諮商，並且在諮商中用到面質，「我說出建議你馬上同意」，讓來訪者探詢這種行為背後的原因，並鼓勵來訪者「做自己的主人，堅持自己的立場，別任人擺佈」。

當 Paul 的跟班闖進來後，Ben 憤然地說自己正在諮商過程中，跟 Ben 用錢擺平，雖然 Ben 讓 Carl 拒絕這種方式，但 Carl 對自己討價還價到 300 元欣喜若狂，認為這是「做自己主人」的表現。在下一次諮商時，Ben 可以跟 Carl 再次討論該場景，讓該事件成為諮商過程中的一個行為療法事件，從中探詢將來行為改變的方向。

在 Ben 給 Paul 的第五次諮商中也用到行為療法。Paul 在 Ben 的現場指導下給另一黑幫頭目打電話。雖然其效果是滑稽的，但在諮商中，諮商師確實可以用這種行為療法來幫助當事人形成新的行為。

黑幫為什麼怕看心理醫生？

當 Paul 托自己忠心耿耿的老跟班 Jelly 找心理醫生時，託辭是為朋友找。而 Jelly 認真地問：「是在給我找嗎？」Paul 被這個問題問得一愣，順口承認。Jelly 覺得無比羞愧。為什麼黑幫的人害怕去看心理醫生？

他們其實不是自己害怕，而是害怕周圍人知道。一旦別人知道，自己在黑幫中的地位就會受到挑戰。沒有人會願意為心理有問題的人賣命。黑幫老大的位置就岌岌可危了。得心臟病沒什麼，但得焦慮症就是有問題的，因為心臟病是無法控制的，而焦慮症則表明一個人的意識失去控制，表現出對世界的無奈、軟弱無力。黑幫老大的形象應該是生理和心理上都刀槍不入。現實中自我的狀況與這種形象不符合，Paul 除了焦慮症本身之外，又產生了第二重焦慮。

黑幫如此，現實中的人們亦如此。每個人都有一些自我形象的設定：「我是男的，所以我不能表現出軟弱。」「我是女的，我不應該表現出太好強。」這些自我形象會影響、決定著人們的行為。諮商當中我們常需要重塑來訪者的這些不合理假設。

結語

Ben 是幸運的，他不僅生存了下來，而且還幫助黑幫老大改變了生命的軌跡。但這是導演創造出來的幸運。在訓練中我用這部影片來告訴新手：遵守心理諮商的規則，對來訪者和諮商師都是重要的。沒有規則和角色認同的諮商不是真正的諮商，從一開始就註定是一場災難。

17 穿越時空的兒童心理諮商——《第六感》中的心理諮商

空裡流霜不覺飛，汀上白沙看不見。

——詩出張若虛《春江花月夜》。

當一個人專注於自己的目標時，周圍會變得不重要。

《第六感》（The Sixth Sense，台灣譯成《靈異第六感》）講述了諮商師 Malcolm 穿越時空和生死界限幫助一位孩子 Cole 的故事。Malcolm 是位成功的諮商師，幫助了很多孩子，但有一天一位曾經的來訪者 Vancent 持槍闖到他家裡，指責他的諮商是失敗的，並向他開槍。他從此有了心結，想要透過幫助 Cole 來彌補他在 Vancent 身上所犯的錯誤。他選中了和 Vancent 非常相似的 Cole：兩個人年齡相仿，都生活在單親家庭中，都有高度焦慮、被孤立、情緒障礙等問題。

Cole 對其從不信任到信任，並告訴了他自己的秘密：能看見死去的人。Malcolm 對其診斷為學齡兒童精神分裂症。在此過程中，他因和妻子無法溝通、發現妻子在服抗抑鬱藥、在和別的男子約會而憂心忡忡。透過偶然的機會，他知道了 Cole 不是幻聽和幻覺，而是他真的具有第六感。

在 Malcolm 的鼓勵下，Cole 開始傾聽那些鬼魂的需求，透過幫助他們，在陰陽兩界搭起橋樑，並與兩個世界建立信任關係。而完成使命的 Malcolm 驚訝地發現自己早已是陰界之魂，只是為了解心結而暫時沒有離去。按 Cole 所告訴的方法，他與自己心愛的妻子道別，坦然離開。在幫助 Cole 的過程中，Cole 用自己的方式幫助了他，讓 Malcolm 安心地離開。

影片中，Malcolm 與 Cole 在一起的場景共有 11 次，每一次都展示了諮商的推進。對這些諮商進行如下分析。

透過遊戲建立孩子對諮商師的信任

兒童諮商和成人諮商不同的地方在於兒童所看到的世界、思維方式和話語系統與成人不同。在面對兒童來訪者時，遊戲是常用的諮商方式，遊戲療法對那些防禦心非常重的兒童尤其適合。Cole 是個內斂的、膽怯的、怕犯錯誤的孩子。他的眼神是憂鬱的，與他的年齡不相稱。他的眼神讓你感到他背負了太沉重的東西，而世界上沒有人替他分擔。

影片中的 Cole 和 Malcolm 的第一次見面對話是在教堂中。Cole 把教堂看作一個庇護所，讓他可以暫時遠離恐懼感。Malcolm 和他的對話是從 Cole 正在玩的玩具兵開始的：「它們都會說拉丁語嗎？」兩個人只說了寥寥數語，但卻意義重大。

一是 Cole 向 Malcolm 傳遞了求救信號：「Out of the depths，I cry to you O Lord.」（主啊！我從深淵裡向你哭喊！）當 Malcolm 從書中查出這句話的含意時，他為之震撼：該有多深的痛苦才會說這樣的話？

二是 Cole 關心的一個問題：「你是一個好的諮商師嗎？」Malcolm 知道，之前 Cole 的媽媽曾向一位心理諮商師求助，但效果並不好，因而 Cole 很難信任心理諮商。在這次見面中，Malcolm 並沒有問及很多問題，對 Cole 這樣的孩子，初次見面不適宜施加太多壓力。

第二次見面是在 Cole 的家裡。Malcolm 邀請 Cole 玩「Mind read」（讀出內心）的遊戲。其規則是：Malcolm 來猜 Cole 的想法，說對了，Cole 向前走一步；說錯了，Cole 向後退一步。Cole 默許後，Malcolm 甩手、揉太陽穴，認真地入戲。關鍵不是誰輸，而是 Cole 開口談自己。

在遊戲結束時，Cole 說：「你是一個好人，但你幫不了我。」「好人」是 Cole 感受到 Malcolm 的良好意願，而「幫不了我」是對其諮商師能力的否定。

第三次見面是在路上。「怪胎」（freak）這個標籤讓 Cole 抬不起頭。他無法跟任何人分享這個秘密：他看得見鬼魂。鬼魂拿他當惡作劇的靶子，周圍人也戲弄他。而 Malcolm 則跟他說：「不要相信這些 bullshit（胡說八道）！」當諮商師說髒話時，Cole 簡直不敢相信自己的耳朵，一直盯著他，半天才說：「你說了髒話。」在他的行為規則中，絕對不能說髒話，而 Malcolm 這個舉動，無意中告訴他規則是可以逾越的。

第四次見面是在諮商室。Malcolm 跟 Cole 提起「筆仙」（free association writing）。Cole 說自己寫過無意識的文字。在諮商過程中，Cole 一直在沙發背後做著自己的假想遊戲——這並不影響他和 Malcolm 的對話。要求孩子像大人一樣老老實實坐在自己面前一問一答，是違背孩子天性的諮商方式。當 Malcolm 讓 Cole 提出自己的要求時，Cole 問：「不是要什麼東西，我能夠不要我已經有的東西嗎？」「我不想再處於恐懼當中。」

第五次見面是在 Cole 的學校裡，他和老師激烈衝突後：在課堂上，當老師問起孩子們學校以前曾經是什麼時，Cole 回答說是用來吊死人們的刑場，而老師則說是法院。Cole 是眼見為實，他看到了那些被吊死的人，而老師則照本宣科。

Cole 忍受不了老師的目光，在老師的挑釁下揭了老師的短：「你以前上學時是『結巴 Stanley』！」本來流暢無比的老師這時結結巴巴不成句，最終惱羞成怒：「你……你這個怪胎！」

之後，Malcolm 來看 Cole。眼睛哭紅的 Cole 不想談話。Malcolm 用分幣變魔術吸引他、安慰他。他卻像個成人一樣冷靜地旁觀：「這不是魔術，從頭至尾硬幣都在你的手中。我還不知道你這麼滑稽。」Malcolm 無語。但這個遊戲本身並不是沒有意義的。

過後 Cole 對其他小朋友重複這個遊戲，這表明他受到了影響，Cole 能夠理解 Malcolm 這樣做是為了讓自己感覺好。

這五次諮商當中大量地運用了遊戲手法，正是在這些過程中，孩子跟諮商師建立了基本信任關係。而在此過程中，觀眾覺得奇怪的可能是：諮商師會出現在孩子上學路上、家中、學校裡，諮商為什麼沒有固定的地點？諮商師怎麼會有那麼多時間？這是本片為結尾打下的伏筆。雖然這種諮商方式在現實中不可能實現，但它揭示了一點：對孩子家庭——學校系統的瞭解非常必要。

透過觀察 Cole 與媽媽的互動，Malcolm 排除了其母親虐待 Cole 的可能性；透過觀察 Cole 與同齡夥伴的互動，Malcolm 看到了 Cole 的孤僻；透過觀察 Cole 與老師的衝突，Malcolm 看到 Cole 自我保護時的攻擊性策略。諮商師越是全面是瞭解孩子，越能準確地做出診斷，越能幫助孩子。

透過自我揭示贏得孩子的信任

第六次見面是在醫院裡：在小朋友的聚會上，Cole 被惡作劇的男孩們關進壁櫥，結果被裡面的惡鬼一頓痛打至暈。送到醫院後，醫生懷疑 Cole 的媽媽有虐待孩子的嫌疑。Cole 的媽媽感受到巨大壓力，Cole 感受到無奈和悲傷：他無法向別人解釋這一切。

而當 Malcolm 試圖給 Cole 講睡前故事時，Cole 禮貌而又毫不客氣地說：「醫生你從來沒講過睡前故事。睡前故事應該有些曲折和內容。」

他轉而關切地問 Malcolm：「你為什麼傷心？」

Malcolm 驚奇地問他怎麼知道自己傷心，「你的眼睛告訴我。」

Malcolm 對孩子做了自我揭示：我以前幫助了很多孩子，但沒有幫助到其中一個。這以後一切都不一樣了。他妻子不喜歡他變成這樣，兩人冷漠得像是陌生人。直到他遇到了一個很酷的小男孩，和以前那個男孩一樣。他覺得只要幫到這個男孩，也就可以幫到以前那個男孩。

Cole 問：故事的結局是什麼？

Malcolm 答：不知道。

Cole 猶豫再三說：我願意現在告訴你我的秘密。（停頓片刻）

我看見死去的人。（淚水充滿眼眶。）

Malcolm：在你夢中？（聽到秘密並不驚訝。）

Cole：（搖搖頭。）

Malcolm：醒著時？

Cole：（抽噎著點點頭。）

Malcolm：在棺材中、墳墓中的那些死人？（語調一直保持平靜。）

Cole：跟平常人一樣走動的死人。他們看不見對方。他們只能看見他們想看見的。他們不知道自己已經死了。（充滿了恐懼。）

Malcolm：你隔多久會見到他們？（眼神有些呆滯。）

Cole：時時刻刻。他們無處不在。（有一些絕望，淚光閃閃。）

你不會告訴任何人我的秘密，對嗎？

Malcolm：我承諾，我不會。（這個承諾會讓孩子安心。）

Cole：你會待在這兒直到我睡著嗎？

（說出秘密後有強烈的不安全感。）

Malcolm：當然。

Cole：（轉身沉沉入睡，似乎放下了千斤重擔。）

Malcolm 對 Cole 的診斷是學齡兒童精神分裂症，因為他有幻覺和幻聽，只有藥物和住院才能治療。他無能為力。直到這時，Malcolm 還是按常規的心理諮商在做：找到最主要的因素進行診斷。他把 Cole 的秘密當作是幻聽和幻覺，而不是真實。

Cole 之所以決定在這時向 Malcolm 揭示自己天大的秘密，除了他無法再承受生命中無法承受之重，還因為 Malcolm 向他進行了自我揭示。以 Cole 的特異功能，他對 Malcolm 所有的事情都瞭若指掌。但他透過特異功能瞭解到的事情，和 Malcolm 親口告訴他，在性質上不一樣。Malcolm 能突破自己的界限告訴他內心的苦悶，Cole 也可以模仿：突破自己的防禦，告訴他秘密。Malcolm 的示範作用非常大。

第七次見面：看完學校的戲劇表演後，兩個人高高興興地走在教學樓裡。突然 Cole 呆立不動，毛骨悚然，因為他看到三個吊死鬼。Malcolm 看不見這些鬼，但他認真地對待 Cole 的表現。Cole 這是第一次把他遇見死人的情景在別人面前表現出來。這是對 Malcolm 的一種信任。

「如果你不相信我，你怎麼能幫到我？」

第八次見面：Malcolm 看到自己的妻子和一個男子親密接觸，妒火中燒。當他和 Cole 見面時，他告訴 Cole 無法做他的醫生了，因為他對家庭忽略太多。

Malcolm：我會把你轉介，我認識兩個很好的心理醫生。（非常悲傷。）

Cole：不要扔下我！不要放棄！我知道，你是唯一能幫助我的人！（悲傷而絕望。）

Malcolm：我無法幫你。（眼睛看著別處，淚光閃爍。）

Cole：你……（抽泣起來。）

Malcolm：其他人會幫你的。（淚水流下來。）

Cole：你相信我，是嗎？（淚水流到臉上。）

Malcolm：（眼睛看著別處，沒有回答。）

Cole：醫生你相信我的秘密，是嗎？（仍在哭。）

Malcolm：我不知道該如何回答，Cole。（眼睛仍看著別處。）

Cole：如果你不相信我，你怎麼能幫到我？！（Cole 淚水盈盈地把一枚錢幣從桌上推過來。）有些魔術是真的。

Malcolm：（沒有說話，但轉過頭來認真地看著 Cole。）

在諮商進程中，諮商師有時會被自己的無能為力感壓倒。尤其 Malcolm 帶著贖罪感在做這個個案，對自己的要求更高。但由於他沒有任何支援系統，沒有同事可以交流，妻子很久不和他說話，他處於工作倦怠狀態中。現在 Cole 對他的幫助要比他對 Cole 的幫助更大。

當來訪者成為諮商師唯一的支持力量時，這種力量的流向是不健康的。除非 Malcolm 迅速做出調整，否則他無法幫助 Cole。做為一個孩子，Cole 無法用華麗的辭藻來說服 Malcolm，他也無法證明自己不是幻聽和幻覺，因為別人，包括 Malcolm 都聽不見、看不見他所看到的世界。他只能寄希望於 Malcolm 的信任。他用了一個比喻：「有些魔術是真的。」

第九次見面：在此次見面前，偶然間，Malcolm 從自己的錄音磁帶上偶然聽到鬼魂的叫喊和哭泣聲。他開始相信 Cole，並找到了幫助 Cole 的方法。他在教堂找到 Cole。Cole 敏感地發現了他情緒激動。

Malcolm 問 Cole：當這些鬼魂跟你說話時他們想幹什麼？

Cole：（露出害怕的表情，一言不發，往後退，直到坐在長椅上。）

Malcolm：請好好想一想，Cole。（走到 Cole 身邊，蹲下。）

我請你好好地認真想一想。你認為他們想要什麼？

Cole：只是幫助。（怯怯地看著 Malcolm。）

Malcolm：對了，這也是我想到的。（興奮地）

他們只想得到幫助，即使那些最嚇人的。我想我可以找到讓他們離開的方法。

Cole：怎麼做？（不相信地。）

Malcolm：傾聽他們。（眼睛一直注視著 Cole。）

Cole：如果他們需要的不是幫助怎麼辦？如果他們真是很生氣，想要傷害別人怎麼辦？（充滿恐懼。）

Malcolm：我認為這不是發揮作用的方式。

Cole：你怎麼確信？（近乎耳語。）

Malcolm：我不確信。（也是耳語。）

但當天夜裡，當 Cole 又遇到鬼魂時，他克制住自己的恐懼，開始瞭解鬼魂的需求。Malcolm 的話對他是有用的。

第十次：應女鬼 Kray 的請求，Cole 去一個遙遠的地方。Malcolm 陪著他。透過 Cole 轉遞的一捲錄影帶，Kray 的父親瞭解了她死亡的真相，並且使得 Kray 的妹妹倖免於難。這是 Cole 第一次成功地幫助死去的人。他的心結打開了。Cole 受 Kray 之托把玩具送給其妹，並像個大人一樣安慰著她。看著鞦韆上這一對孩子，Malcolm 的心結也打開了。

與媽媽建立信任關係

第十一次：Malcolm 觀看 Cole 的表演以後，Cole 一直處於興奮狀態，他突然說了一句：「我知道你可以怎樣和妻子談話。你可以在她睡覺時跟她說話，即使她不知道，她也會傾聽你。」Malcolm 為 Cole 的轉變歡欣鼓舞，兩人都為分別流下不捨的淚水。Cole 預感到 Malcolm 不會再出現，因為他的使命完成了，他要回到自己的世界去了。

當媽媽接了 Cole 在回家的路上，前方發生車禍，道路被堵塞，Cole 和媽媽在車裡有一段對話：

Cole：我現在準備好和你溝通了。（嚴肅地轉向媽媽。）

媽媽：溝通？（很驚訝，「溝通」這個詞太正式。）

Cole：告訴你我的秘密。（仍一臉嚴肅。）

媽媽：什麼秘密？

Cole：你知道剛才那邊發生的車禍？

（非常照顧媽媽的承受力，沒有單刀直入，而是慢慢進入。）

媽媽：知道。

Cole：有人受傷了。

媽媽：是嗎？

Cole：一位女士。她死了。（聲音開始發顫。）

媽媽：哦，上帝！你看得見她？（開始趴在窗前往前看。）

Cole：是的。

媽媽：她在哪兒？

Cole：她就站在我的車窗旁。（克制後的顫抖。）

媽媽：Cole，你嚇住我了。（轉頭來看，什麼都沒有看到。）

Cole：他們有時也讓我害怕。（沒有因此而退縮，決心把真相全部說出來。）

媽媽：他們？（有些茫然。）

Cole：鬼魂。（聲音有些發顫。）

媽媽：你看得見鬼魂，Cole？（認真地打量著 Cole。）

Cole：他們想讓我幫他們做事情。

（點點頭。「看得見」不再是重點，而是怎樣和鬼魂相處。）

媽媽：他們跟你說話？！他們讓你做事？！（不可思議的表情。）

Cole：就是過去曾傷害過我的那些鬼魂。（知道媽媽一定會想起他身上的傷痕。）媽媽，你正在想什麼？（停頓一下）

你認為我是一個怪胎嗎？

（這句話才是他要溝通的重點。他能否看見鬼魂並不重要，關鍵是媽媽怎麼看他。）

媽媽：看著我的臉，我從來沒有這樣想過你，從來沒有。知道了嗎？

（認真地。儘管自己還處於震驚當中，但先給孩子一個承諾。）

Cole：知道了。（聲音仍有些緊張，但明顯地鬆了一口氣。）

媽媽：給我一分鐘讓我思考一下這件事。

（開始處理兒子具有特異功能這些事情。腦子裡飛快地把一些片段聯繫在一起。）

Cole：外婆向妳問好。

（向媽媽證明他真的看得見鬼魂。）

媽媽：（轉過頭不相信似地盯著 Cole）

Cole：她說她很抱歉把大黃蜂掛件拿走，她只是太喜歡它了。

（以前媽媽曾以為是他拿的，他死不承認，但不能解釋。現在他能解釋了。澄清自己對 Cole 來說很重要。）

媽媽：你說什麼？（仍處於震驚中。）

Cole：外婆有時來看我。

媽媽：Cole，你完全弄錯了。（搖頭）

外婆已經離開人世了，你知道這一點。

（可以看出媽媽仍然不相信他具有特異功能，以為他只是隨口說說而已。）

Cole：我知道。她想讓我告訴你……（試圖解釋。）

媽媽：Cole，請打住……

Cole：她想讓我告訴妳她看過你跳舞……（繼續說下去。）

媽媽：（媽媽瞪大眼睛看著他。）

Cole：她說在你小時候，在妳獨舞表演前你們吵架了，妳以為她不會去看妳的表演，但她去了。她躲在後排所以妳沒發現她。她說你像一個天使。

媽媽：（媽媽的眼眶開始濕潤，一隻手捂著嘴，終於忍不住哭出來。）

Cole：她說妳到埋葬她的地方去看她時，問了她一個問題，她說回答是「每天」。

媽媽：（掩面哭泣。）

Cole：妳問了什麼問題？

媽媽：我……我讓她驕傲嗎？（難以抑制的哽咽。）

母子倆抱頭痛哭。

透過這樣的溝通，Cole 身邊有了分享秘密的人。Malcolm 離開帶來的缺失有了新的填充。媽媽成為 Cole 更加重要的支持者。Cole 的安全基地已經建立。以前 Cole 不光是為鬼魂擔驚受怕，而且還為自己的秘密擔驚受怕，怕別人認為自己是怪胎。現在這兩座大山都被移除了。

孩子的移情

在影片中，Cole 的父親始終沒有露過臉，但他卻無處不在：Cole 出家門後戴的那副奇大無比的平光鏡是父親的；Cole 每天戴在手上的、不走的手錶是父親落下的；吃飯時擺弄的大手套是爸爸的；Cole 對父親的依戀還從這個動作中可以看出：他看到電視上爸爸媽媽關心兒子的廣告就扔東西把電視機關上。

Cole 對母親的依戀：當廚房所有的抽屜轉瞬之間被打開、Cole 的媽媽大驚失色時，Cole 問媽媽：「你覺得我不好是嗎？」馬上歸因於自己。

為了安慰媽媽、服從媽媽，讓自己不再被孤立地安排，Cole 接受了讓一個同學來叫自己上學、並裝模作樣幫自己背書包的安排，儘管這個同學恨他。他有時根據成人的做法調整自己：當他畫了一幅一個男的被另一個男的砍斷脖子的圖畫時，媽媽大哭，學校專門開會，此後他就不敢再隨心所欲地畫畫。當他把自己的秘密告訴媽媽後，第一反應是問媽媽：「你覺得我是個怪胎嗎？」

當 Malcolm 出現在他的生活中時，儘管 Malcolm 只是一個鬼魂，但他是一個「好的」鬼魂，在 Cole 心裡，Malcolm 扮演著一個父親的角色：與自己平等對話；關心自己的感受；想要幫助自己；笨拙地給自己講睡前故事；在自己受到委屈時，試圖安慰自己。所以 Cole 對 Malcolm 也產生了依戀：「在我睡著之前你能陪著我嗎？」「在我出來之前你不會回家是嗎？」「只有你能幫我！」在某種意義上，Cole 把對父親的依戀感情移情到 Malcolm 身上。這是諮商被推進的一個力量。

結語

在這個感人的跨越陰陽兩界、跨越時空進行的諮商故事中，我們看到 Malcolm 透過 Cole 的成長得到了幫助，透過幫助 Cole 解決了自己的問題。從某種意義上說，這個影片用了一個隱喻：對孩子來說，成人永遠是另外一個世界的人。成人會因為孩子年齡小而無法相信孩子的話，但在孩子眼裡，「如果你不相信我，你怎麼幫助我？」

孩子是需要幫助的。只是有時他們無法跟成人溝通他們的這種需求。可能像影片中的 Cole 一樣，用拉丁文說出自己的呼救，需要有心的成人去傾聽這些「兒童語言」，並把它翻譯出來。我不知道 Cole 要用多大勇氣才能面對隨時隨地可能出現的鬼魂，又要用多大勇氣守住自己的秘密，以成為一個「正常」的孩子；我不知道 Cole 第一次看見 Malcolm 時，是怎樣判斷自己能夠信任這個「鬼魂諮商師」，但我想，Malcolm 眼中的悲傷一定打動了他，讓他願意幫助這個悲傷的鬼魂。Malcolm 儘管不知道自己已經離開人世，但他很悲傷。他一直在一心一意地幫助 Cole，不知 Cole 也一直在幫助自己。諮商師和來訪者就以這樣的方式互動著。

18 誰是誰的心理分析師？——《沙發上的心理醫生》中的心理醫生

影片中諮商角色顛倒的男女角形成了這樣的關係：相看兩不厭，只有敬亭山。

——詩出李白《獨坐敬亭山》。

《沙發上的心理醫生》（Un Divan A New York，台灣譯為《巴黎情人，紐約沙發》）講述了一個這樣的故事：一位紐約有名的心理諮商師 Harriston 因不堪病人的電話騷擾而到巴黎休假。他透過報紙與一位女舞蹈演員 Binoche 易房而住，這位女演員正為無數男人的糾纏而心煩意亂。

兩人不僅換了房，而且還換了其他方面：Binoche 為找上門的來訪者做起了心理分析，而 Harriston 則為 Binoche 的男性朋友做起了諮商。後來 Harriston 因不堪那些男人的騷擾、住房條件之差，提前兩週回到紐約。當他偶然發現 Binoche 居然在為他的病人診治時，開始時他怒不可遏，後來假扮來訪者上門約見。

儘管 Binoche 沒有任何心理諮商的技術，但她的清新、活力和直率感染了所有前來諮商的來訪者，甚至包括 Harriston。他們都愛上了她。甚至醫生的狗也變得有活力多了。最後以兩人相聚在一起的大團圓結局。

心理分析師的形象

Harriston 是位一絲不苟、嚴謹、做事井井有條、非常理性的著名心理分析師，這從他的房間佈局可以看出（但把諮商場所同時做為自己的家，這不符合 Harriston 的風格）。而 Binoche 則雜亂無章、率性，所有的事情都充滿了衝動和隨機。

Binoche 的密友 Anne 自稱接受過心理分析。在她眼中，心理分析師的形象是：「千萬不要給建議。」

「當他覺得我說的東西很重要，或我確實被困擾時，當我停下來時，在兩句話的中間，他會『嗯哼』。這意味著這一點很重要。」

「有時候重複一個詞，從我最後一句話中找一個詞，這對我的影響就是我會日日夜夜想那個詞。」

「他講話很輕，非常中性，很柔和，以免干擾我的思路。」

「有時候他也會說『是的』。」

當觀眾看到 Binoche 一心一意地扮演分析師、很用力地重複來訪者的最後一個詞時，會忍俊不禁。心理諮商行業的內涵不在於點頭或搖頭的表面動作上，而在於知道什麼時候搖頭、什麼時候點頭、為什麼點頭、為什麼搖頭以及這些動作對來訪者會產生怎樣的影響。

來訪者對心理分析師的界定

凱普頓在門開之後，徑直走向他熟悉的治療椅躺下，滔滔不絕地、自顧自地說起來，甚至一開始都沒有注意到心理分析師不在房間裡。當 Binoche 開口說話後，他警惕地問了一句：「你是誰？」馬上又自我回答：「我知道，你是在補他的缺。」根本不管 Binoche 穿著睡袍、隨意地坐在桌邊、根本沒有任何職業的痕跡，然後又自顧自地說下去。

甚至當 Binoche 問出「你的鬚後水用的是什麼牌子？」這樣完全不相干的話題，來訪者也可以聯想到以前妻子還愛自己時，常說自己好聞。當來訪者離開時，精神氣十足。尤其是當 Binoche 用法國禮節吻別他後，他更覺得熱血沸騰。

諮商能夠發揮作用，不單是諮商師的功力，要有來訪者願意認可諮商師的權威。Binoche 之所以對凱普頓和伍德先生有效，是因為之前 Harriston 長期的諮商奠定了良好的基礎，讓他們對心理分析非常信服，對心理分析師非常信服，不管他／她是誰，只要被貼上「心理分析師」的標籤，就具有權威。從當事人本人的情況來看，凱普頓和史蒂文這兩個男性當事人都處於中年危機當中，與女性關係建立不良。

Binoche 以一位有魅力的女性分析師的身份出現（或者說被標籤為分析師），美麗大方，熱情活潑，異國情調，這對兩位當事人的衝擊力不小。與其說 Binoche 是以分析師的角色讓其有變化，不如說 Binoche 是以共感的、美麗女性的身份讓其發生變化。

面對沉默的來訪者

從巴黎提前回到紐約後，Harriston 化名 John Will，假扮來訪者去見 Binoche。在整個諮商過程中，除了「嗯哼」、「對，對」這兩個詞之外，兩個人一直處在沉默中。Binoche 在 Harriston 的沉默中一直誠惶誠恐，甚至不由自主往 Harriston 的方向坐得近一些。Harriston 在 Binoche 的沉默中思緒萬千、心潮澎湃。在結束時，Binoche 送 Harriston 出來。

Binoche 說：對不起先生，我沒有辦法幫助您。您是第一個也是唯一一個。

Harriston 問：真的？

Binoche 說：是的，對別人可以。也許您可以等 Harriston 先生回來更好些。

真正的諮商並沒有在 Binoche 說再見時就結束，而是在兩人門口的告別、電梯裡的談話中延續。沒有受過訓練的 Binoche 並不知道，諮商師所有與來訪者的互動都可以是諮商的有機組成部分。這是為什麼電影一開頭凱普頓在騷擾電話中抱怨 Harriston 告別時說再見的聲音太大，是別有用心。

對那些初涉心理諮商行業的新手，他們會問：「諮商結束時我應該和當事人乘坐同一部電梯下樓嗎？」「如果乘坐同一部電梯，我應該和當事人說一些什麼？」「這樣會不會因此建立諮商關係之外的社會關係？」而 Binoche 在電梯裡延續著心理分析：

Binoche 說：您與眾不同。

Harriston 說：與眾不同？

Binoche 說：與我以前的男人不同，我是說我的病人。您沒有做出與他們相同的反應。

Harriston 說：我沒有嗎？

Binoche 說：您一點也沒有。您有些神秘。您一定有一些以前受到的精神創傷，被深埋著，在您的心靈深處想說：『是的，是這樣的。』這就是原因，我認為，至少我希望這樣。

Harriston 被觸動。最後他用支付診費的方式表明自己得到了幫助。

在美國文化中，沉默的含意往往是負性的：防禦的、不能表達的、敵意的。諮商當中的沉默是一種不良信號。不要說 Binoche 是沒有經過任何訓練的分析師，就是經驗豐富的諮商師，也對沉默怵頭（如《心靈捕手》中 Will 和諮商師的沉默較量）。對每個沉默的場景都要具體分析。

從該影片中的場景來看，Binoche 同樣保持沉默是一種良好的選擇，因為 Binoche 不知該說些什麼、該怎麼說。沉默反而有助於其理清自己的思路。Binoche 偶爾的「是的」、「是這樣」對 Harriston 有一種寬慰作用。

心理分析師應不應該流淚？

在 Binoche 為 Harriston 做的第二次心理分析中，Harriston 吃驚地發現 Binoche 在流淚，為自己所描述的場景打動。在結束時兩人有一段對話：

Harriston 說：我把所有的感受都發洩給你，我很抱歉。

（其實是想說自己做為一個諮商師，在一個非專業人士面前暴露這些是不夠「專業」的。）

Binoche 說：哦，請別這樣，這很正常。你愛你的母親這很正常，這是你來這裡的目的。我很理解她。我可以看見她的手，她的眼睛，多麼強大的力量啊！你知道我也愛我的母親。

Harriston 說：哦。

Binoche 說：愛你的母親是很正常的事，並且沒有理由懼怕亂倫。這正是你來這兒的目的。

Harriston 說：是的。

Binoche 說：哦，我是指你躺在沙發上時，感覺並不像是在一個真實的世界中，你被保護了，你完全可以毫無禁忌地表達。對於我來說，關於母親最糟糕的事情就是她變老了，然後離開人世，突然有一天你再沒有父親和母親。

在此過程中，Harriston 一直用一種探詢的目光在看著 Binoche：他從來沒有這樣向來訪者揭示過自己的內心，而 Binoche 則毫無顧忌地、真誠地表達自己的情緒和感受。Binoche 的流淚對 Harriston 一定是有衝擊力的。諮商師的情緒和感受對來訪者有非常強大的影響力。這種展示對 Harriston 有衝擊力。

回到 Binoche 流淚的那個鏡頭。其實關鍵不在於諮商師能否流淚，而在於諮商師是否能夠共感來訪者，能夠深層次共感來訪者。心理諮商的新手常常會有熱淚盈眶的時刻，被來訪者的故事感動得掉淚。但諮商經驗豐富的老手常常會透過現象看本質，看看那個感人故事的背後想要訴求什麼，眼淚自然出不來。即使偶爾有被感動，諮商結束後也要問自己：為什麼這一點觸動了我？我有哪些沒有處理完的問題？

如果將來 Binoche 真的透過專業學習成為心理諮商師，她發展出的風格也會和 Harriston 完全不同。她會走感性的、較多自我揭示的、暴露自我價值觀的路線。

諮商師能不能吻來訪者？

在影片中有這樣一段經典對話。Binoche 發現自己愛上了自己的當事人 John Will。她問自己的好友兼心理顧問：

「他愛我還是不愛？」

「不愛。」

「如果，如果，他⋯⋯」

「想要吻你？」

「是的。」

「你是他的心理醫生，他沒有這個權利。」

「哦……那我呢？」

「你更沒這個權利！」

「我明白了。真令人失望！」

這位自稱接受過心理分析的「半瓶子心理顧問」在這一點上無疑是正確的。諮商關係中不能有以性為目的的身體接觸和關係。

美國心理學會（APA， 1989）有這樣的規定：「治療關係的必要強度可能傾向於激發『性』以及其他方面的需求和幻想，這在當事人與治療者雙方均同。它同時也削弱控制所必要的客觀性，和病人有性的活動是不合倫理的；和以前的病人有性的關係通常是利用出自治療的情緒，因此幾乎總是不合倫理的。」

美國心理學會（1991）有這樣的進一步說明：「心理學家無論如何不能和結束或停止專業服務一年以內的心理治療的病人或當事人有性的親密關係。」轉摘於 Corey、 Corey、 Callanan 著，楊瑞珠總校閱：《諮商倫理》，臺灣：心理出版社，1997 年，第 241 頁。

職業特點在心理諮商師身上的烙印

Harriston 在長期的職業生涯中被深深地烙上心理分析師的特點：對任何事物都傾向於含糊，不明確地表態，甚至在是否喝飲料這樣的事情上既否定又肯定，讓空姐不知所措。

當他被過分地烙印後，他的職業倦怠也就出現了。來訪者過多地侵蝕了他的生活。他的生活也像被分析、被解剖過的一樣：未婚妻渾身上下挑不出一點毛病，但卻有完美傾向；他的狗整天昏昏欲睡，因為他沒有活力，很少溜狗，甚至出現腸胃功能紊亂；他房間種的植物被修剪得整整齊齊，每天的光照、濕度都被精心地控制；跳下河去救他的狗之前，不忘脫衣服，甚至不忘把錶解下來。但他並不開心。

他的生活沒有隨意性，離真實的生活太遠。這是為什麼他會被 Binoche 所吸引，因為她不做作，沒有諮商師的面具，充滿活力，是用真實的人性在做諮商，而不是用心理諮商的技術在做諮商。

當 Harriston 開始大白天醉酒、在街頭席地而坐時，他的兄弟感覺他又是一個真實的人了，而不是那個生活在象牙塔中的人了。他會衝動地要去買機票去巴黎，會沒有任何理性地守在登機口看是否會有最後一分鐘的退票。這就是他的變化。

結語

精神分析的典型元素在電影中有所呈現：舒適的診療長沙發；坐在沙發後的諮商師；自由聯想；「戀母情結」、「轉移」等名詞不時出現；預約諮商時間；不隨意增加或改動諮商時間；漫長的諮商療程等。

電影畢竟是電影。如同 Binoche 所說：「你躺在沙發上時，感覺並不像是在一個真實的世界中，你被保護了，你完全可以毫無禁忌地表達。」這也是我們躺在沙發上看電影的感受。

Binoche 用她的本色在做心理分析，Harriston 用經過訓練的技術在做心理分析。在愛情中我們分不清誰是誰的分析師。他們雖然相互吸引，但婚姻未必會如愛情那樣甜美：可能過不了多久，Harriston 就會抱怨 Binoche 到處亂扔東西，完全破壞了他的正常生活：那些規則和秩序；而 Binoche 則會嫌 Harriston 沒有活力、沒有精神。而愛德格，那條狗，則會有些不知所措，不知該適應哪一位的風格。那將是另外一部故事。在這部影片中我們看到的是心理分析師與世界的互動，被他人吸引和吸引他人。

Section 5 結語

19 心理諮商師的個人成長

個人成長的力量如同春天種下的種子，一矣遲日江山麗，春風花草香，就沒有什麼力量可以阻擋這種成長。

——詩出杜甫《絕句》。

在心理諮商面談的訓練過程中，除了專業技能和知識的獲得，每個人還在自我成長。這些成長可能表現在各個方面：與人相處變得柔和；情緒更加穩定；服飾顏色和風格發生變化；思考問題的角度不同了；在小組中的角色發生了變化……有些是外顯的，有些是內在的。

在訓練結束時對這些變化即時總結是非常有必要的。一個精心準備和設計的總結活動將發揮承前啟後的作用：訓練結束了，但自我成長新的旅程又將開始。

透過圖畫看自我成長的主題

我常用到的一個活動是透過圖畫來表達自己的成長。圖畫可以非常直觀、鮮明地表達出學員成長的不同方面。下面舉一些圖畫的例子：

圖 1

自我意識更加清晰（圖 1）：「照鏡子」是最常見的成長比喻，它的主題是自我意識更加清晰，敢於面對自我，也願意面對自我。這面鏡子可能是過去的自己，也可能是一同學習的人，也可能是心理學的工具，也可能是其他。

在這幅畫中，照出了「半身像」，全面瞭解自我還有一個過程。在畫的右面，是一扇敞開的門，可以看到外面花紅樹綠，景色優美。當畫中人準備好之後，他可以踏上在現實世界中照鏡子的路。目前他還只是在室內（訓練場所、諮商室裡）照鏡子，他要做出決定後才能步入新世界。目前他知道有一個風景美麗的地方，但還沒有做出決定，因為從畫面上還看不到通往那扇門的路。

圖2

生命的和諧（圖2）：內心更加和諧也是一個重要的成長主題。作畫者這樣描述這幅畫：「太陽剛剛升起，一大片山、一大片海、一大片草原。野馬在安靜地吃草、飲水。天上老鷹在盤旋。老虎趴在那裡，是個守護者。初秋的山，有多變的顏色。這代表我的心境：安全、力量和寧靜。」作畫者自比為畫中的老虎，「是個守護者」。這幅畫突出了這個特點：在海、陸、空三個不同的領域中，分別有鯨魚、野馬和老虎、老鷹四種生物。儘管它們中不乏海中之巨、山中之王、空中之靈，代表著力量，但它們和平共處，組成大自然和諧的畫面，代表著內心的寧和。

圖 3

擁有力量（圖 3）：內心更加有能量是一個重要的成長主題。作畫者說：「左邊是一座懸崖，有樹、有草，還有很多鳥。大海裡有鯨魚，它在大海裡顯得很渺小。天空裡有一架飛機，它在自由自在地飛上飛下。心理學給了我另外一種思考方式，可以讓我立體地來思考問題。」

在畫中出現的事物常常代表我們自己。這裡出現的鯨魚和飛機，尤其是體積巨大的飛機，代表了作畫者感受到的能量。飛機是一種交通工具，所以心理學提供給他一種工具性，讓他感受到生命的自由。

圖4

擁有更多的道路（圖4）：作畫者自述：「我以前更多的交往是跟自己的家裡人、自己的同事。到了小組後，感覺和很多人建立了密切關係，有路、有船到外面的世界，感覺出路多了。」

這幅畫突出的是更多的可能性、選擇性和溝通途徑。河裡有船，山裡有路，路上有車，不論從哪裡開始，都有通途。當一個人具有這麼多選擇時，他（她）的靈活性一定會增加很多。

圖 5

歸屬感（圖 5—7）：這三幅畫看上去很不一樣，其實表達了一個相同的主題：擁有歸屬感。圖 5 是右邊一個人正走近左邊的小群體中。這是一個開心的、快樂的、充滿童真的群體，加入的人也是非常開心的。這是對所在實習小組的歸屬感。

圖6

圖6是一棵孤單的小樹成長為一株大樹、成為森林中一棵樹的故事。最初那棵無助的、弱小的樹，在森林的懷中，是一棵強壯的、結果實的樹，它和其他樹沒有邊界，共用陽光、水分和養料。這是一棵樹對森林的歸屬，在自我成長和貢獻中找到了家。

圖7

圖 7 用了好多種比喻來說明歸屬感：就像一隻雁在雁群中，就像一條魚在魚群中，就像在樹林中，就像一個人在團隊中。這些強烈的歸屬感和團隊本身的發展有關，和他們對團隊的需要有關。

圖 8

享受心理諮商（圖 8）：有些人在訓練結束時對心理諮商工作充滿嚮往。圖 8 就是這樣的代表。「我在和來訪者談話，桌上有咖啡、點心。我們在舒暢地交流。窗明几淨，茂盛的大樹，遊弋的天鵝。內心充滿了坦然、寧靜和喜悅。非常喜歡這種狀態。」體驗過諮商之後能用這種心態看待心理諮商，是真正享受做心理諮商這種工作。

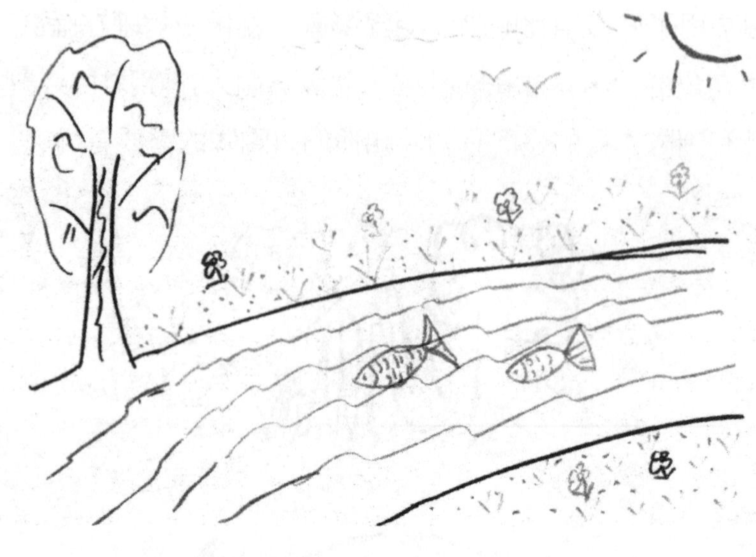

圖 9

步入生命的新階段（圖 9）：這幅畫的主題是「成雙成對」。水裡的魚兒在成雙成對地游，天上的鳥兒在比翼雙飛，地上的花兒在兩朵兩朵地開。不用問，作畫者即將步入婚姻的殿堂。不清楚個人成長對她進入這個階段到底有怎樣的幫助，但呈現在畫面上的小河、花草、魚兒、大樹、小鳥和群山，表達了內心的和諧、喜悅、祥和、期盼和生機盎然。

除了圖畫活動外，還可以透過學員們的相互分享、對別人成長的感悟等方式展開總結活動。

學員手記一：自畫像的另一面（陳湘霖）

小組演練，李同學扮演來訪者，我扮演諮商師。來訪者背景：女，27 歲，江西農村人，右腿略有殘疾。

我收集到以下資訊：來訪者初中畢業，經人介紹，三年前嫁入上海某離休幹部家庭，丈夫同樣略有殘疾，育有一女，現 2 歲，很迫切地想工作，但不知自己該如何選擇，感覺自己學歷不高，什麼也不會，但目前家境不錯，家裡人並不需要她出來賺錢，但她個人認為應該為家庭盡一份力。我詢問她過去學習成績，得知她學歷雖然不高，但成績中上等，應該學習能力較強，我又問了她有什麼特長與趣並要她做自我性格評價，她說沒什麼，自認是很普通的一個人。

我還詳細問了她與丈夫及婆家的關係，以及他們對她工作的期望，來訪者表示沒什麼特別，並沒有詳談。諮商進行到這裡，我感到自己對她瞭解了，開始給她建議，在建議之前，我還裝模作樣地掩飾了一番：「我的建議僅供參考，你可以自己看看適合什麼，喜歡什麼，或者你自己有更好的想法也可以嘗試。」

然後我「指導」她可以去學電腦、學插花、學會計等，以後可以在某個文印社或花店去應聘，有一份較穩定並適合她腿部缺陷的工作，我感到這樣或許就是她最好的職業選擇了，諮商就此結束。

演練完畢後，我詢問扮演者李同學的感受，他說我基本都問到了，但很遺憾，並沒有在一些關鍵點：比如職業與趣、動機（價值觀）、職業優勢劣勢上深挖下去，並且建議給得太早，或許就不應給建議，

把來訪者放進一個框框裡面，其實人的職業潛力是無窮的，是讓人意想不到的。

由於李同學本人是從事職業諮商顧問工作十三年的資深專業人員，這個案例就是他面接的真實個案，我很好奇地問了他，這個來訪者最終做了什麼工作，李同學看著我，平靜地告訴我：「這個女士現在在恒隆廣場一家外企做白領。」我驚呆了！半晌沒有說話，我在想自己是多麼拙劣！

同樣一個來訪者，遇到優秀的諮商師，她就可以成長為在一流寫字樓（辦公室）裡工作的外企職員，實現自己更多的夢想，挖掘出自己的潛力，不斷挑戰自我；可是如果遇上一個「庸醫」，她或許就認為自己真的沒有優勢，沒有才華，能找到一個工作就是自己最大的成就了。

今天的小組演練，讓我久久不能平靜，凌晨4點突然醒來後再難以入睡。我強烈地意識到，如果我的個性不做適當的改變，或許我將永遠無法成為一個優秀的心理諮商師。一個好的諮商師，她（他）一定是非常有耐心、非常客觀，在諮商過程中，她（他）會將自我及主觀意識放得很低很低，把一顆心「空」出來，去全身心地感受來訪者，從深層次去體會來訪者，關心來訪者，以來訪者為中心。而我呢？雖然我從本性來說是一個非常善良、非常樂於助人的人，可是多年的生活工作經歷，卻讓我在不知不覺中，漸漸變成一個以自我為中心的人，我主觀、缺乏耐心，我更多關心我的心怎麼想，我想怎麼做，最好所有的人都按我的意思辦。

儘管我也關心他人，但從來都是蜻蜓點水，一點就過，大致知道別人想什麼後，就開始給人下結論。有時候我也會克制自己不說出來，但我心裡卻這樣認為的：「哦，我知道了，你就是這樣的！」當出現這個念頭後，我就不再用心去體會對方的心，因為我感到自己已經瞭解對方是怎麼想的，是怎麼樣的人。

在諮商中，我尚且還知道假模假樣地「關懷和引導」來訪者，而在工作中，我卻從沒有耐心去聽完別人到底有些什麼想法，我只會去打斷他們，指揮他們，命令他們就按我說的辦。

想到這裡，我非常羞愧，我是一個多麼自高自大，自以為是並且缺乏耐心的人啊！我那麼強勢，說出來的道理聽上去又似乎合情合理，這讓我很多朋友、下屬儘管心裡不舒服，但也無法來反駁。

朋友們是愛我，懶得跟我吵；下屬們是敬我怕我，沒辦法跟我繼續理論。可是如果我用這樣的個性和心態與來訪者相處，不論我用多麼高明的「傾聽、共感」來掩蓋，敏感的來訪者一定會覺察到我的強勢，或許在心裡就悄悄地阻抗了，或許來一次後就再也不來了。

這樣的次數多了，留給我的感受只會有深深的挫敗感！我似乎已經很久沒有把自己的心完全「空」出來，去耐心地、全身心地感受過他人的想法了。這，應該是我的另一面吧？！

想到這裡，我對自己個性中的這一面感到很害怕，在不知不覺中，我肯定傷害過很多人的心。如果不改變，我不僅無法實現我的夢想——做一個優秀的心理諮商師，還有可能將來朋友越來越少，最後孤單一個人；可是改變起來，我能想像有多麼難，不良個性的養成，不是一朝一夕。所以，我暫且將我的助人好意放一放，沉下心來學習，透過尋求同學、指導老師的幫助，解決自己的問題。或許，這就是助人中做到自助、自助中達到助人的真正含意吧。

指導老師的話：在心理諮商面談實習中，敏感的學員會不停地照鏡子，透過別的組員、透過來訪者、透過扮演諮商師，看到在新的角色中顯現出的自我，並且用合格心理諮商師的標準去要求自己。

熟悉的自畫像會出現不熟悉的部分。這是成長的表現，是一種自我探索，是自我意識的增加。但從另一方面，需要去看自畫像是否角色過度。如果從諮商師的角色來看，確實需要「清空」自己；但在工作和生活中，我們的角色不再是心理諮商師，而是領導、朋友，大多數時候需要的不是清空，而是「輸出」。初學心理諮商的人可能會有一段心路歷程是：把心理諮商師的角色過度化，投射在所有的生活或工作角色中。這種角色錯位會帶來新的困擾。

心理諮商師的最高修練也許是內外一致，但對大多數諮商師來說，走出諮商室，也是平常人，不可能永遠戴著諮商師的面具。區分角色，不要角色過度，這對新手來說很重要。

學員手記二：法無定法（老虎）

在我從事職業諮商與職業指導的生涯中，我一直在尋找更好的方法來幫助我的來訪者，這也是我來學習心理諮商的目的之一，但就在我看了《心靈捕手》及孫新蘭博士的現場諮商後，我有了一種豁然開朗的感覺。

有人講，學習有四種狀態，第一種是不知道自己不知道，第二種是知道自己不知道，第三種是不知道自己知道，第四種是知道自己知道。這四種狀態是依次遞進，逐步完善的。

當我第一次為別人做職業諮商時，我是初生牛犢不怕虎，抱著幫助別人為自己最大快樂的理念及最樸素的情感與來訪者進行交流，這段時間有成功也有失敗。這是第一種狀態。就在自己不斷總結失敗的教訓與成功的經驗時，我忽然發現自己有許多不知道，不知道如何最有效地幫助來訪者，不知道如何應對來訪者的與職業無關的情緒體驗……由此我進入第二種狀態，並在這種狀態下掙扎了許多年。

就在我覺得自己處於職業高原期時，我有了一次到北京去學習職業指導的機會，在許多專家的幫助下，我系統地學習了職業諮商與職業指導的理論，並學習到了許多方法，但我還是很迷惘，不知這樣的我是否已足夠強大並能幫助我的來訪者，此時我已不知不覺地進入第三種狀態。

在心理諮商實習過程中，我在前期一直沒有實質的感覺，因為小組練習時大家都是模擬來訪者，所以在練習時感覺像是在練習一種武功的套路，只得其形而不得其意。在進行小組共感訓練時，我的同學提供了一個有關職業壓力與職業困惑的案例，我在聽了大概一分鐘後，忽然感到這是她本人的一段真實經歷，同時想起了孫博士的「跟著來訪者的意識流」的要求，因為我有時也能感受到自己的意識流，這是真實的感受，也是一種愉悅的體驗。

於是，我默默地要求自己打開心靈，集中所有的注意力來傾聽她的聲音，觀察她的表情與小動作，體會她當下的情感，同時將自己的真實感受與她分享。

我彷彿能體會到她的壓力，以及她當時的無助與無奈，我甚至已經忘記了我是身處在一個很多人的教室裡。當觀察員叫停時，我才發現我的後背已濕了一片，而我的來訪者反應是非常舒服。這次經歷讓我對心理諮商有了深刻的體會，那就是不必過分重視技術本身，而要重視來訪者的感受，當諮商師與來訪者的心靈能夠產生共鳴時，一定會有非常美妙的感覺。

後來，在指導老師的推薦下看了電影《心靈捕手》，並且觀摩了資深諮商師的現場諮商，我忽然明白，其實這些我都知道，而且，回顧我過去的諮商個案，我也在不自覺中運用了一些認知及行為技術，在交流過程中也能運用一些共感、面質、澄清等技巧，我終於進入了第四階段，我的內心有一種脫胎換骨的喜悅。

與此同時，我也更堅定了自己當一個優秀的職業諮商師的信心，因為我明白，任何技術都是為諮商服務的，諮商的目的是為了幫助來訪者成長並解決問題，運用何種技術在此時已變得不那麼重要。雖然我還是決定會去學習更多的諮商技術，但已不是為了技術而去學習，只是為了豐富自己的諮商方法及更好地幫助來訪者。

面對當前的考試，我和許多同學一樣，一直在想用怎樣的技術與方法來通過，但始終沒有答案。在觀摩了示範諮商後，我忽然發現：法無定法，是因為法本身並不重要，重要的是我們如何運用這法來解決當下的問題，心理諮商並沒有固定的模式與套路，只是運用我們的智慧與經驗，幫助來訪者理清思路，直接面對困難，這才是我們真正的目的。

就如 Sean 運用非常規的諮商手段來幫助天才少年 Will，孫博士用意象技術來解決兩個截然不同的案例，這些使我茅塞頓開，我彷彿看到了心理諮商的真諦。

我還要感謝我親愛的組員們，他們的勇氣及對大家的信任給了我很大的震撼，每個來學心理諮商的目的都是不一樣的，但他們在尋找真實自我的過程中，敢於放下重重的鎧甲，露出真實的自我，並幫助在座的所有的人成長，這需要何等的勇氣啊！

我們都是凡夫俗子，我們都會有這樣那樣的問題，相信我們在今後成長的過程中，也會用不同方法克服不同的困難，但最後都會達到自我修練，自我成長的目的，這也正是所謂的法無定法吧！

指導老師的話：這位學員把心理諮商學習的階段分為不同境界，並且揭示了他自己怎樣走過不同的階段。能夠悟到「法」與「術」的區別，本身就是在思考。從學習技術，到質疑技術的作用，這是新手在成長過程中的必經之路。而觀摩資深諮商師的諮商過程，往往會幫助新手參透其中的關係。這對他們來說，會在自己的諮商訓練中少一些套路，多一些共感；少一些表面的花拳繡腳，多一些實在的解決問題。

結語

在諮商師的培訓中，我常常與那些讓我感動的成長事件相遇，可能是一件事，可能是一句話，可能是一次流淚。成長的過程如同李清照《添字採桑子．芭蕉》一詞中所寫：「窗前誰種芭蕉樹？陰滿中庭，陰滿中庭，葉葉心心，舒卷有餘情。」芭蕉葉子老去，其實就是我們不停地跟自己的過去告別，看上去無情，其實每一片葉子的成長都曾給自己和別人以陰涼。

個人成長是每個人一生的命題。不論你是否學習心理學，不論你是否關注自我成長。一直為這句話打動：「上帝啊！原來那扇門是虛掩著的！」（1968 年墨西哥奧運會上美國選手吉．海因斯在衝過百米終點線後，看到積分牌上顯示出 9.95 秒的時候，他才知道那些專家所謂的「肌肉極限論」是可以突破的。）有時我們以為自我成長是個神秘的領域，沒有人帶領我們將寸步難行。其實，那扇門從來沒有對誰關閉過。

20 未完結的培訓

在中國，不論心理諮商的培訓遇到怎樣的困難，青山遮不住，畢竟東流去，最終將整合為一個規範的體系。

——詩出辛棄疾《菩薩蠻．書江西造口壁》

心理諮商面談的正式培訓是有時間限制的。但學員需要的培訓卻不可能那麼快結束。我接到的最多的需求是關於案例督導的需要。拿到二級心理諮商師證書的學員，有一部分在專業機構中開始接個案或帶團體。在面接個案之前，他們心裡惴惴不安，沒有信心，沒有膽量。在面接的過程中，他們有許多疑惑和不解，面接結束之後，他們迫切需要找人分享，需要找人指導。

缺位的心理諮商師督導培訓

在中國目前沒有專業的制度給這批人提供幫助和指導。在畢淑敏的小說《女心理諮商師》中主角賀頓就面臨這樣的難題。她的做法是：一是開案例「研討」會，讓身邊不懂心理學的人給建議；二是去找主播搭檔尋求答案；三是托關係找權威進行私人接觸。這些做法都是不

得已的做法：第一種和第二種做法其實發揮不到作用，因為那些不是專業人士，他們可以給出常識性的解讀，甚至有智慧的解讀，但不是心理學的解讀；第三種做法的危險在於對這種私人接觸沒有監控，有可能成為權威人物的試驗品和受害者。

大批從各種專業機構培訓出的、拿到證書的學員呼喚督導制度的誕生，大批新從業者在渴望督導制度的誕生。讓這些拿到證書的新手在心理諮商的汪洋大海中流浪，任其漂流，是不負責任的，也是危險的，對來訪者和心理諮商師來說都如此。

常見的新手遇到的問題有：所接個案難度超出其力所能及的範圍，不僅不能解決來訪者的問題，反而把自己過多地捲入到來訪者的生活中，在諮商室之外仍為來訪者擔憂，仍為自己找不出諮商方向所焦慮；來訪者的問題觸及自己的傷痛之處，因自己的問題尚未解決，因而無法解決來訪者的問題；對自己的能力不自信，因而過分要求來訪者發生變化，以此證明自己的能力；心理學專業技巧掌握不足，用家常聊天或說教代替心理諮商。

而對來訪者來說，不管是誰坐在心理諮商師的位置上，對自己都具有意義，因而會非常看重來自諮商師的回應。如果他們是帶著內疚心理來到諮商室，而諮商師不是共感，而是評價他們的行為不當，甚至用指責的口吻批評其行為，他們會帶著更加內疚的心理離開諮商室；如果他們帶著自己的決定來到諮商室，而諮商師用自己的價值觀和意志來引導他們，他們會做出另外一個決定，並帶著內心的困惑和衝突離開諮商室。下面是兩個小例子。

強化依戀還是割斷依戀？

我曾觀摩過一個這樣的個案：

來訪者：我現在學不進去。但我應該學習更好，否則對不起父母，尤其對不起父親。

諮商師：為什麼？

來訪者：因為……父親去世時我不在他身邊。

諮商師：父親去世這麼大一件事情，你為什麼不在他身邊呢？

（「這麼大一件事情」和「為什麼不在」有指責來訪者之意，加重來訪者的內疚感。）

來訪者：因為媽媽沒有告訴我……我當時在考研……為了不耽誤我考研，媽媽沒有告訴我。

（痛苦而斷續，因為又一次觸及傷心事。）

諮商師：可以理解。考上研究所也是父親的心願是嗎？

（沒有共感。）

來訪者：是的。

諮商師：那父親的心願實現了，儘管他離開了，但他的感覺是開心還是不開心？

（封閉式問題不利於來訪者揭示內心感受。）

來訪者：是開心。

諮商師：父親開心，你還放不開你的心結。就你目前的學習而言，你覺得父親最希望你做的是什麼？

來訪者：是努力學習，讀完學業，而不是我現在有時想到的退學。

諮商師：學習好是對父親的回報，對嗎？

（又是一個封閉問題。）

來訪者：對。

諮商師：只有學習好了才能完成父親的心願，想到這一點難道不能讓你擁有動力嗎？

（使用面質本來無可厚非，但這裡有些咄咄逼人。）

來訪者：我想學好，但我沒法學進去。

諮商師：你可以想想父親對你有多好，學不好會讓他有什麼感受？

來訪者：（一聲不吭，保持沉默。）

在這一小段對話中，諮商師想透過來訪者與父親建立更深刻的正性聯結來鼓勵其學習。可能在父親去世當時，這些常識性的說教對來訪者會有一定作用，但顯然目前來訪者已無法用這些認知來解決自己的問題。

我們看到來訪者已對這些說教產生心理阻抗。可能這位諮商師還不知道為什麼來訪者會產生阻抗。諮商師跟來訪者所說的，可能是來訪者母親已在家嘮叨過千遍萬遍的內容，為什麼還要花錢請諮商師再唸叨？況且來訪者早就知道這些道理。

如果懂得心理學依戀原理，會瞭解這裡需要的不是建立依戀，而是割斷依戀，讓來訪者正視親人去世這個事實，學會適應依戀關係不復存在的新環境。

做為一個新手，是往相反方向去做的。諮商師把來訪者與父親捆綁得越緊密，來訪者越無法正視喪親之痛，越無法原諒自己當時和現在的所有行為。

在情緒的處理上，諮商師要給來訪者足夠的時間和空間讓其表達其哀傷、內疚、自責等情緒，在這些情緒被吐露、敞開後，來訪者才可能吸納積極情緒。而在目前諮商中，諮商師強化了來訪者對父親的依戀和內疚感，加重了來訪者的焦慮。

「我是否應該上門為其做心理諮商？」

我會不時接到以前學員的電話，問及他們在諮商實踐中遇到的困惑。如一個學員問：「有一位家長請我上門為其兒子做心理諮商，我應該去嗎？」

問及具體情況，說：「她兒子 18 歲，一年多前被醫院診斷為強迫症，一直在服藥治療。但孩子對去醫院、心理諮商機構強烈抗拒，這一年多孩子去醫院只有兩三次，其他時間都是母親代替其去醫院開藥。」

再問具體一點，「因生理發育上曾出過問題，孩子一直有心病，初三就曾輟學在家，後來去上過一年高中，但一年前又不上學了。當時大概和同學相處出了些問題。家庭關係複雜，父母一直沒有住在一

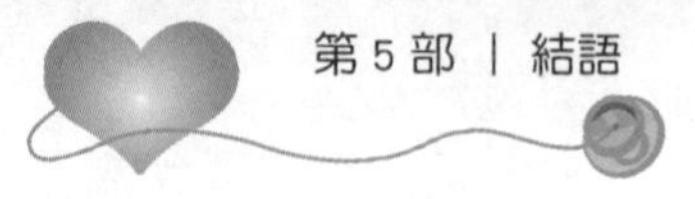

起。孩子與父母關係非常冷淡。童年時孩子與老人一起長大。」

「家長是怎樣聯繫到你？」

「透過朋友的朋友。」

「那你以什麼身份上門？」

「因為她兒子排斥心理諮商，所以家長希望我以她家朋友的身份去，慢慢和她兒子聊一聊。」

「你是否收費？」

「收費。」

「你自己是怎麼考慮的？去還是不去？」

「因為我現在剛剛開始做，接個案的機會很少，現在有這個機會，我很想做。但總是有點惴惴不安。」惴惴不安是有道理的。

對新手來說，即使是這個孩子願意到心理諮商室來，有足夠的改變意願，這個個案也是有難度的：一是明確的診斷已有一年多，而且持續服藥到目前，沒有根本性好轉，因為孩子仍未上學；二是孩子的問題可能不單純因情境性的問題引起，有可能是系統性的：自身的、家庭的、學校的三者同時並存，要把這些問題分解、一一解決，需要時間和功力。

目前的狀況是孩子沒有意願諮商，如果這位學員以朋友身份上門諮商，孩子不會自我標籤為需要接受幫助的人，不會認同這位學員的諮商師的身份，更不會遵守心理諮商的規則，再加上家長在家中可以隨時介入，增加了互動的複雜性和難度，可以想見「諮商」過程困難重重。

我們在電影《老大靠邊閃》中看到過不認可心理諮商規則帶來的災難。但因為在家長眼中這位學員是收費的心理諮商師，所以這位學員要承擔諮商責任，其情形就像夾板中的角色。我很理解這位學員想要當心理諮商師的動機，新手擁有這樣的強烈動機是非常好的，但他在做決定之前一定要看清這些情形。良好的助人意願不是心理諮商的全部。

結語

除了心理諮商的專業技能需要督導外，心理諮商新手的個人成長也需要督導。真正從事心理諮商工作後，新手會發現：心理諮商確實能夠滿足自己的好奇心，可以知道別人的很多故事，但它還有很多以前沒有注意到的方面：非常乏味，需要非凡的耐心，需要非凡的專注力，需要非凡的服務意識，需要非凡的敏銳……那些試圖透過來訪者成長的新手，往往會被這些挫折壓垮。如果沒有即時的指導、引導和分享，心理諮商師本人的心理健康也使人擔憂。

心理諮商是諮商師和來訪者共同成長的過程。雖然來訪者可能比諮商師本人走得更快、更遠，但諮商師不能永遠停留在原地。而成長的過程需要離開舒適區，需要有人鼓勵和支援。對心理諮商師個人成長的督導和專業技能的督導一樣重要。

後記

二〇〇七年七月二十八日，一個炎熱的傍晚，我和華東師範大學國家二級心理諮商師培訓班第 12 期 C 小組的二十位學員相遇。在狹小的教室裡，夕陽斜斜地照進來，照在一張張充滿激情和熱愛的臉上。是對心理諮商的熱愛讓大家聚集在一起，是助人助己的動機讓大家相互理解。面接實習開始了。我沒有預期這將是一次特殊的實習帶教：它讓我反思心理諮商師面談培訓機制本身，促成我寫作本書。

和這個小組特別的緣分是在他們一次次的提問和分享中慢慢濃厚起來。那一雙雙亮晶晶的眼睛後面，有著強烈的求知慾。我對他們提出一個又一個要求：每次要精心準備個案；每次要帶活動；每次要即時總結……他們不僅做到了，而且比我要求的做得更好。他們提出一個又一個問題，他們急迫地想要瞭解所有關於面談的知識和技能……

在我們的相互深入溝通中，一個想法從模糊到清楚，漸漸在我腦子中成形：為什麼不寫一本書，把我這些年來帶心理諮商面談培訓的經驗寫出來跟大家分享？把學員們在學習過程中的快樂和煩惱、成長和失落寫出來？這個想法就像一粒小小的種子，一旦發芽，就開始生長。直到有一天我開始和組員們談這個想法，他們熱烈支持。他們記下自己的感受，用手記的形式與我分享。

一旦動筆，我驚奇地發現有很多東西噴湧而出。原來，它們已經在我心裡很久了。那些諮商室裡遇見過的當事人，他們的面孔可能已經模糊不清了，但他們的感受、傷痛和成長卻是那樣清晰；那些帶過實習的學員，他們的名字可能已記不起了，但學習過程中的快樂、挫折和故事卻是那麼生動。我自己在帶教過程中經歷的迷惘、受挫、快樂和成長，它們也在內心中翻騰。

在二〇〇七年暑假的最後半個月裡，我享受著把這些想法和感受透過電腦鍵盤變成文字。寫作的激情在澎湃。往往淩晨四五點時就醒來，在濃濃睡意的清醒中聽著窗外的動靜。在社區裡住了那麼久，第一次知道淩晨竟然有那麼多聲音：嘩啦嘩啦的掃地聲，捲簾門拉起的聲音，趕早的賣菜人相互問候的聲音，踏踏踏的腳步聲……清晨因此而充滿活力。

我非常熱愛心理諮商。這些年，再忙也沒有放棄和心理諮商有關的工作；每次帶教心理諮商實習，我都在反思，都在總結經驗和教訓，也很想分享這些感受；與上百家企業多年的合作讓我深諳培訓的理論和實踐。而與這個小組的相遇，是一種天時、地利、人和，最終促成這本書的誕生。由於這樣的背景，這本書的本意不是以權威的面孔出現，而是一種思想的交流，是一種成長的紀錄和思索，是感性和理性的交融，想為那些在心理諮商路上前行的人們提供溫暖的分享和支援。

在這一次特別的帶教中，我們從二〇〇七年的夏天走到了秋天。培訓教室在中山北路校區圖書館的二樓，緊挨著溫柔的麗娃河，從窗

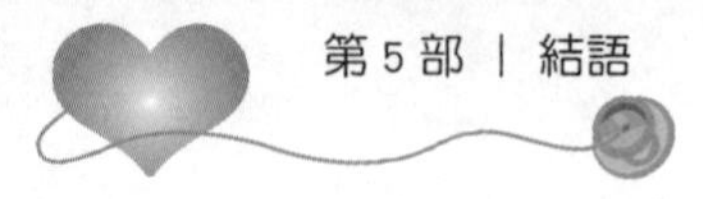

口望出去，看得見河邊的楊柳依依，聽得見八舍操場上的龍騰虎躍。只是很少會有人欣賞這種美景，因為每次訓練大家都高度集中注意力，生怕漏聽一個字。

這是一個專注的小組。從一開始，諮商培訓的氛圍就營造得非常好。每個走進教室的人，都會自覺地進入諮商師的角色。這種潛移默化造就了他們團隊的成長，團隊中每個人的成長。

每次下課都是夜色朦朧，只有那架白色的鞦韆上傳出吱吱嘎嘎的聲音，不論多晚，總是有人貪戀那一份搖曳。法國梧桐的葉子一片一片地掉落。平時掉落的葉子總是枯黃的，而在雨天，那些仍然潤澤的、金黃的葉子，會悄悄地鋪滿樹下。走在一張一張的手掌樹葉上，感受到秋意。一個收穫的季節。學員們收穫著證書，我和他們一起收穫著這本書。

收穫之前是耕耘。在實習進行一段時間後，學員們自發地組織了一次燭光晚會，給每個人加油鼓勵。晚會主持人充分運用了諮商技術。在放鬆訓練中，大家憶起原來在師大校園已相遇一百零七天，在實習小組中已相知三十天。

紅燭一根接一根點燃，每個人許下自己的美好心願。當歌聲響起時，每個人的內心都心潮澎湃，都想像著自己順利通過考試。那是我聽過的最美麗的天籟之聲，分明是一顆顆心在吟唱。活動結束後，天色已晚。偌大的校園裡格外安靜。在夜風中互道再見。靜靜地看著他們離去。

「加菲貓」瀟灑地騎著單車御風而去，學員們的汽車一部接一部開走。汽車走了，圖書館門前空無一人。那四部汽車竟然載走了全部的學員——這是一個多麼親密的團隊！看著汽車紅色尾燈一閃一閃地遠去，心裡是種暖暖的感覺。這就是我的學員們，我為之驕傲的學員們！

「天空沒有翅膀的痕跡，而我已飛過。」心理諮商的學習亦如此。實習結束了，我們不會再每週見面。但在每個人的天空裡，我們留下了相互的痕跡。時隔多年之後，那些面孔會模糊，但成長的痕跡會愈來愈清晰。在實習的過程中，這個小組幸運地從實習小組發展成為成長小組。當來訪者流著淚述說自己的困擾時，那些扮演諮商師的組員也眼中帶淚。一個人生命中的波瀾在另一個人心中也掀起浪花，兩者相撞時發出的共感和轟鳴震撼著相互的心靈。我們在彼此的生命故事中成長。

至本書簡體版出版時，訓練早已結束，但這個實習小組仍有一月一次的自發活動。二〇〇八年活動的主題是悅納自我。大家在繼續成長著，在彼此的支持和溫暖中成長著。感謝那些我帶教過的組員們，我在與你們的互動中成長著；感謝新蘭，為我的帶教錦上添花。感謝吳慶麟老師在百忙之中欣然為本書作序，他從二〇〇三年就是上海國家心理諮詢師鑒定工作的專家委員，他帶領、參與和見證著上海心理諮詢培訓工作的開展；感謝孫時進老師在地震災後繁忙的工作中閱讀此書並作序，他影響、思考和推動著上海的心理諮詢的發展。感謝未曾謀面的繁體版文字編輯和美編，當我看到一字一句、每一個標點都被修訂過的、設計清新靈動的繁體書清樣時，心裡充滿了喜悅和感動，你們所做的每一件事情都在傳遞一個資訊：你們愛書，你們愛讀者，你們願意和所有人分享美好的書。

在本書繁體版出版之時，離 12 C 小組同學完成心理諮詢學習恰巧五年。在五年期間，我們這個小組有些人的生活和事業發生很大變化，但有一點是不變的：每個月團隊有一次心理學公益學習和分享活動，大家仍保持著頻繁的聯繫和互動。組員們發展出對團隊成員強烈的認同感和信任感，團隊成為大家安全的港灣。這兩年有一些人的工作重心逐漸轉移到心理學方面，並且搭建出好幾個平台讓組員們在其中能夠共同工作和相互支持。我參與著、見證著、驚歎著，一個成長團隊的力量能夠這麼大，能夠延續這麼久！

這個團隊是一個活生生的例子，展示了心理學給人們帶來的改變。在整個人類都缺乏安全感的當下，在信任感稀缺的中國，擁有這樣的團隊，是一件幸福的事情。而這個奇蹟，是通過學習心理學做到的。

二〇一二年的深秋於麗娃河畔

國家圖書館出版品預行編目資料

做一個優秀的心理諮商師 / 嚴文華著 . -- 第一版 .
-- 臺北市 : 樂果文化出版 : 紅螞蟻圖書發行，
2012.12 面； 公分 . -- (樂心理 ; 1)
SBN 978-986-5983-18-5(平裝)
1. 心理諮商 2. 諮商技巧
178.4 101018910

樂心理 01

做一個優秀的心理諮商師

作者 / 嚴文華
總編輯 / 何南輝
行銷企劃 / 張雅婷
封面設計 / 鄭年亨
內頁設計 / Christ's Office

出版 / 樂果文化事業有限公司
讀者服務專線 / (02) 2795-3656
劃撥帳號 / 50118837 號 樂果文化事業有限公司
印刷廠 / 卡樂彩色製版印刷有限公司
總經銷 / 紅螞蟻圖書有限公司
地址 / 台北市內湖區舊宗路二段 121 巷 19 號（紅螞蟻資訊大樓）
電話： (02) 27953656
傳真： (02) 27954100

2012 年 12 月第一版 定價 / 390 元 ISBN 978-986-5983-18-5